2017
福建调查年鉴

国家统计局福建调查总队 编

图书在版编目（CIP）数据

福建调查年鉴. 2017 / 国家统计局福建调查总队编.
-- 北京 : 中国统计出版社, 2017.8
ISBN 978-7-5037-8134-6

Ⅰ. ①福… Ⅱ. ①国… Ⅲ. ①统计资料－福建－2017－年鉴 Ⅳ. ①C832.57-54

中国版本图书馆 CIP 数据核字(2017)第 083250 号

福建调查年鉴-2017

作　　者/国家统计局福建调查总队
责任编辑/李　冲
装帧设计/黄　晨
出版发行/中国统计出版社
通信地址/北京市丰台区西三环南路甲 6 号　邮政编码/100073
电　　话/邮购（010）63376909　书店（010）68783171
网　　址/http://www.zgtjcbs.com/
印　　刷/河北鑫兆源印刷有限公司
经　　销/新华书店
开　　本/880×1230mm　1/16
印　　张/14.5
字　　数/400 千字
版　　别/2017 年 8 月第 1 版
版　　次/2017 年 8 月第 1 次印刷
定　　价/280.00 元

如有印装差错，由本社发行部调换。

编辑委员会

编辑工作人员

编者说明

一、《福建调查年鉴-2017》，收录了 2016 年和历史主要年份福建省、市、县经济和社会发展等各方面的抽样调查数据，是一部从不同侧面反映福建经济和社会发展情况的资料性书籍。

二、全书内容分为六篇：1.综合；2.住户调查；3.价格调查；4.农村调查；5.企业调查；6.市县调查主要指标。并附录：全国及各省（市、区）调查主要指标。各篇首均有简要说明，各专题篇末均附有主要统计指标解释。

三、本资料使用的度量衡单位均采用国家统计标准计量单位。

四、本资料使用符号说明：

“#”表示其中项；

“…”表示不足小数位的数据；

“空格”表示没有或未掌握该指标数据。

五、本资料部分数据由于单位取舍不同而产生的误差均未作调整。

目 录

一、综合

二、住户调查

三、价格调查

四、农村调查

五、企业调查

六、市县调查主要指标

附录　全国及各省（市、区）调查主要指标

一、综　合

资料整理：何　柳

简要说明

一、本篇资料的主要内容

本篇资料主要包括国民经济和社会发展统计公报、有关调查内容全年分析、全省行政区划及国民经济和社会发展主要指标四部分。

二、本篇资料的主要来源

国民经济主要指标数据、统计公报部分资料来源于福建省统计局，全省行政区划资料来源于福建省民政厅，有关调查内容全年分析由国家统计局福建调查总队各专业处整理提供。

2016年福建省国民经济和社会发展统计公报

福建省统计局
国家统计局福建调查总队
2017 年 2 月 23 日

一、综合

初步核算，全年实现地区生产总值 28519.15 亿元，比上年增长 8.4%。其中，第一产业增加值 2364.14 亿元，增长 3.6%；第二产业增加值 13912.73 亿元，增长 7.3%；第三产业增加值 12242.28 亿元，增长 10.7%。第一产业增加值占地区生产总值的比重为 8.3%，第二产业增加值比重为 48.8%，第三产业增加值比重为 42.9%。人均地区生产总值 73951 元，比上年增长 7.5%。

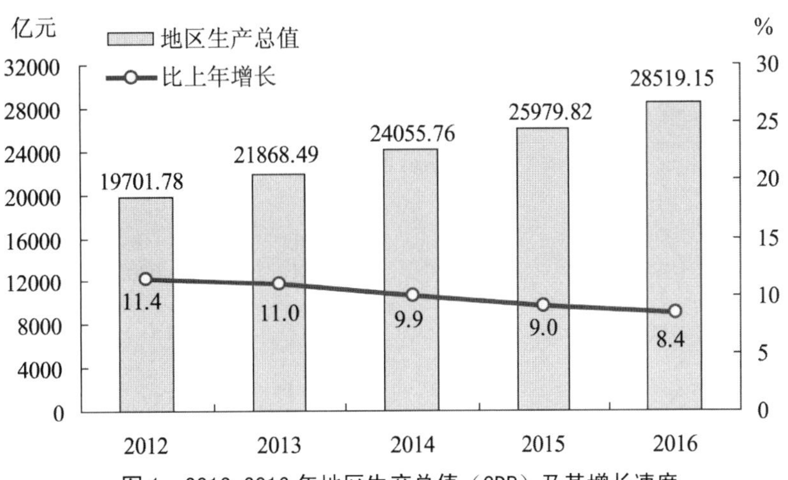

图 1　2012-2016 年地区生产总值（GDP）及其增长速度

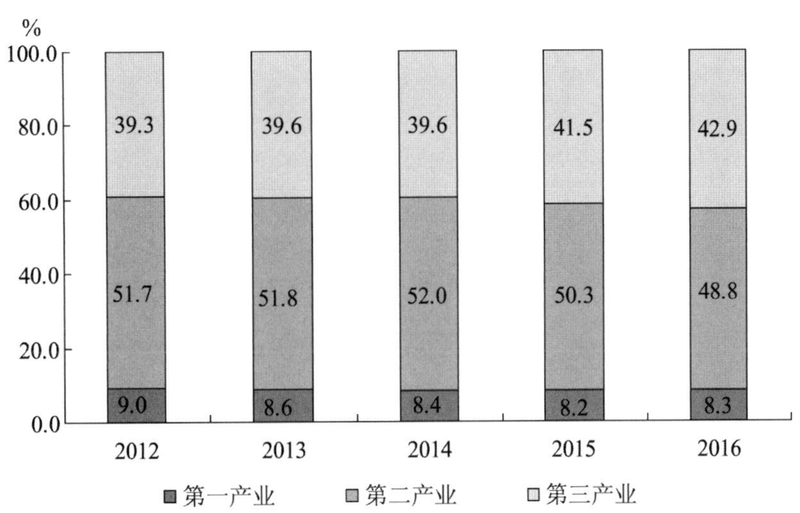

图 2　2012-2016 年三次产业增加值占地区生产总值比重

全年战略性新兴产业实现增加值3145.92亿元，比上年增长7.2%，占地区生产总值的比重为11.0%。

全年全省互联网重点企业实现互联网业务收入432.7亿元，比上年增长23.4%。

初步统计，全年全省电子商务交易总额10196亿元，比上年增长43.3%。限额以上批发和零售企业实现网上零售额543.15亿元，增长46.7%。“正统网”入驻电子商务企业7382家。

年末全省常住人口3874万人，比上年末增加35万人，增长0.91%，增幅比上年略高0.04个百分点。其中，城镇常住人口2464万人，占总人口比重为63.6%，比上年末提高1.0个百分点。全年出生人口56万人，出生率为14.5‰；死亡人口24万人，死亡率为6.2‰；自然增长率为8.3‰。

表1　2016年年末人口数及其构成

指　　标	年末数(万人)	比重(%)
常住人口	3874	100.0
其中：城镇	2464	63.6
乡村	1410	36.4
其中：男性	1970	50.9
女性	1904	49.1
其中：0-14岁	635	16.4
15-64岁	2906	75.0
65岁及以上	333	8.6

全年城镇新增就业60.73万人，有14.56万城镇下岗失业人员实现了再就业。年末城镇登记失业率为3.86%，比上年末上升0.20个百分点。

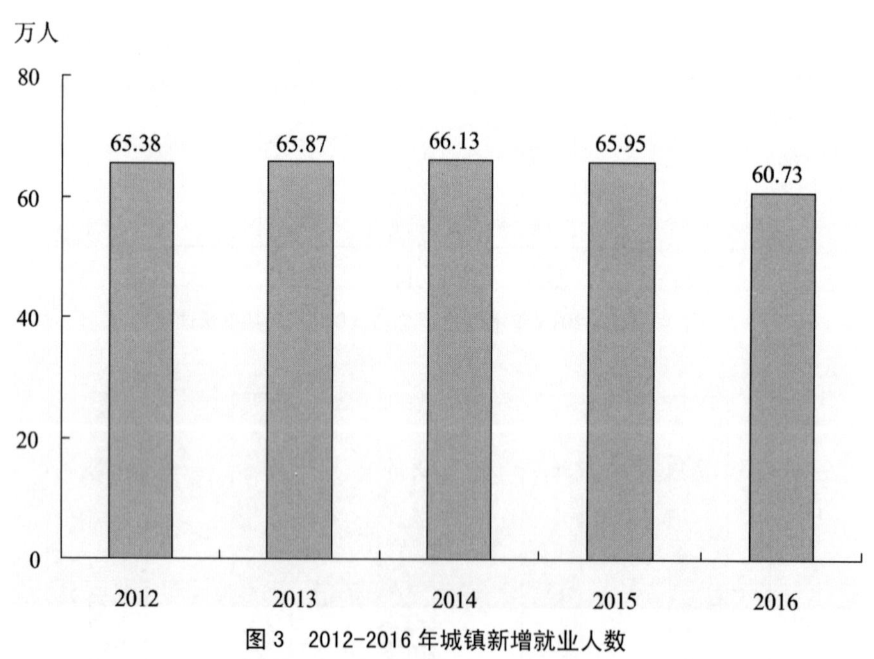

图3　2012-2016年城镇新增就业人数

全年居民消费价格比上年上涨1.7%，其中食品价格上涨4.7%。固定资产投资价格与上年持平。工业生产者出厂价格下降0.9%。工业生产者购进价格下降2.0%。农产品生产者价格上涨8.3%。12月份，福州市、厦门市、泉州市新建商品住宅销售价格同比分别上涨27.6%、41.9%和9.1%。

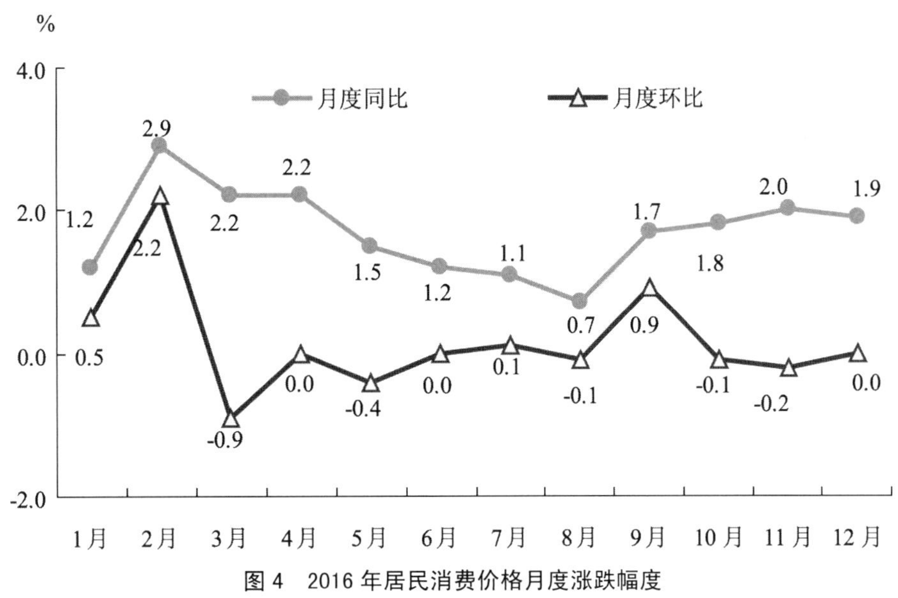

图 4 2016 年居民消费价格月度涨跌幅度

表 2 2016 年居民消费价格比上年涨跌幅度

指 标	全 省(%)		
		城 市	农 村
居民消费价格总水平	1.7	1.8	1.5
食品烟酒	3.9	4.0	3.6
衣着	0.3	0.1	1.1
居住	0.7	0.9	-0.1
生活用品及服务	-0.2	-0.3	0.2
交通和通信	-0.6	-0.6	-0.5
教育文化和娱乐	1.2	1.1	1.4
医疗保健	2.9	3.6	1.1
其他用品和服务	2.5	2.6	2.2

表 3 2016 年福州、厦门、泉州市新建商品住宅销售价格涨跌幅度(月度同比)

月份	1 月	2 月	3 月	4 月	5 月	6 月	7 月	8 月	9 月	10 月	11 月	12 月
福州	3.3	5.5	7.7	11.1	12.9	13.9	15.5	20.4	26.2	29.1	29.2	27.6
厦门	8.7	10.2	15.9	21.7	28.3	34.0	39.6	44.3	47.0	45.9	43.9	41.9
泉州	-1.0	0.0	0.7	1.9	1.9	1.8	2.5	3.8	5.4	6.2	8.4	9.1

全年全省一般公共预算总收入 4295.22 亿元，可比增长 6.6%，其中，地方一般公共预算收入 2654.78 亿元，同口径增长 7.0%；一般公共预算支出 4287.41 亿元，增长 7.1%。全省国税总收入（含海关代征）2470.4 亿元，增长 6.2%；全省地税系统组织各项收入 2460.83 亿元，下降 2.2%。

图 5　2012-2016 年一般公共预算总收入及其增长速度

二、农业

全年农林牧渔业完成总产值 4155.68 亿元，比上年增长 3.7%。粮食种植面积 1765.10 万亩，比上年减少 24.73 万亩，其中稻谷面积 1154.09 万亩，减少 29.36 万亩；烟叶种植面积 102.45 万亩，增加 0.41 万亩；油料种植面积 180.08 万亩，增加 1.59 万亩；蔬菜种植面积 1151.08 万亩，增加 35.67 万亩。

全年粮食产量 650.87 万吨，比上年减少 10.23 万吨，下降 1.5%。其中，稻谷产量 471.47 万吨，减少 13.56 万吨，下降 2.8%。

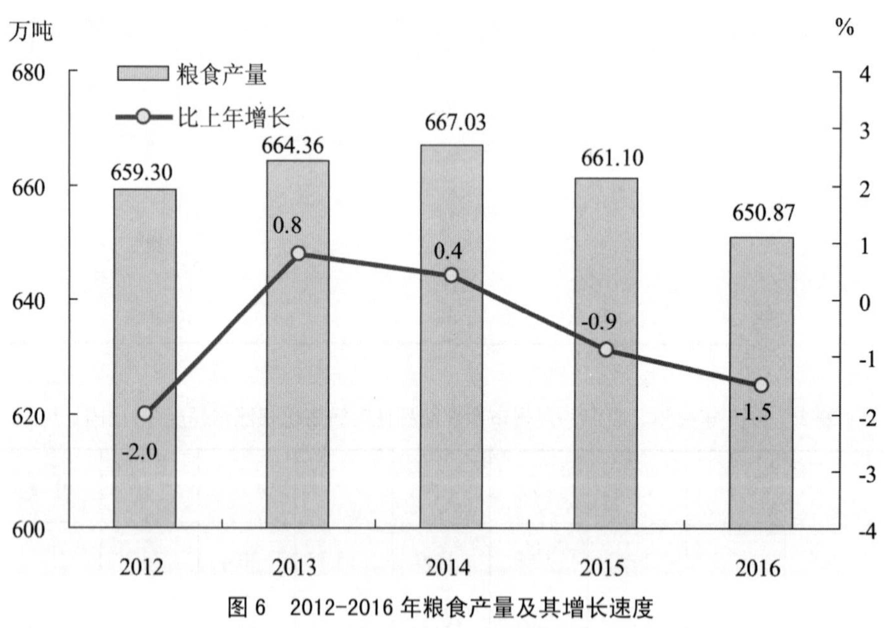

图 6　2012-2016 年粮食产量及其增长速度

全年肉蛋奶总产量 269.36 万吨，比上年增长 4.6%。肉类总产量 225.64 万吨，增长 4.2%。其中，猪肉产量 136.00 万吨，增长 1.1%；禽肉产量 80.48 万吨，增长 10.0%；牛肉产量 3.21 万吨，增长 4.5%；羊肉产量 2.52 万吨，增长 6.7%。年末生猪存栏 983.18 万头，下降 7.8%；生猪出栏 1720.52 万头，增长 0.7%。牛奶产量 15.45 万吨，增长 3.3%。

全年水产品产量 767.98 万吨，比上年增长 4.6%。其中，淡水产品产量 102.50 万吨，增长 5.0%；海洋捕捞 233.10 万吨，增长 0.4%；海水养殖 432.38 万吨，增长 7.0%。

表 4　2016 年主要农产品产量

产品名称	产量(万吨)	比上年增长(%)
粮食	650.87	-1.5
春收	38.63	1.9
夏收	129.83	-4.6
秋收	482.41	-1.0
油料	31.03	1.2
其中：花生	28.88	1.0
油菜籽	1.95	3.4
糖料	37.02	-15.0
甘蔗	37.02	-15.0
烤烟	14.33	-0.1
茶叶	42.68	6.1
水果	855.34	2.2
蔬菜	1833.43	2.4
食用菌	118.19	13.4

全年新增恢复有效灌溉面积 9.32 万亩，新增节水灌溉面积 76.35 万亩。

农业产业化持续推进，774 家省级以上重点龙头企业销售收入 3074.50 亿元，比上年增长 5.4%，带动农户 458.54 万户。

三、工业和建筑业

全年全部工业增加值 11517.21 亿元，比上年增长 7.4%。规模以上工业增加值增长 7.6%。在规模以上工业中，分经济类型看，国有及国有控股企业下降 0.4%；国有企业增长 4.6%，集体企业增长 1.7%，股份制企业增长 9.1%，外商及港澳台商投资企业增长 5.1%；私营企业增长 10.7%。分轻重看，轻工业增长 7.2%，重工业增长 8.0%。分门类看，采矿业增长 8.1%，制造业增长 8.0%，电力、热力、燃气及水生产和供应业增长 0.2%。工业产品销售率 96.52%，比上年下降 0.23 个百分点。

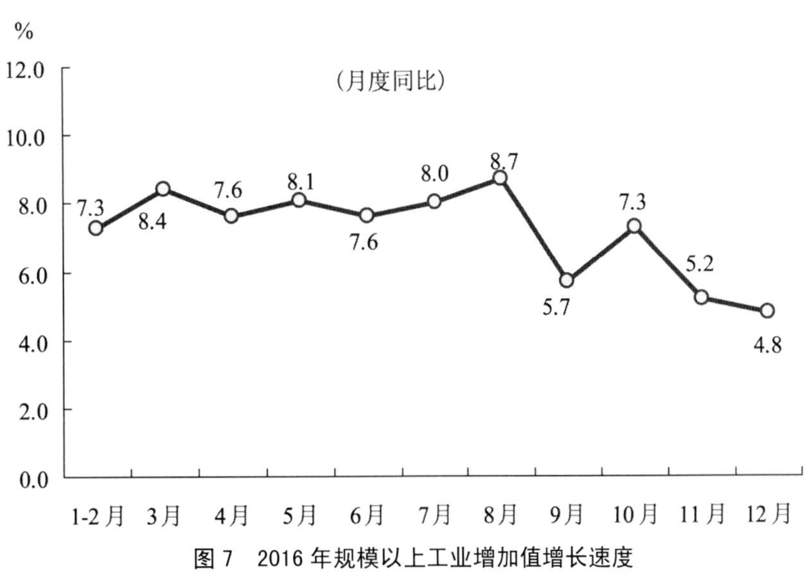

图 7　2016 年规模以上工业增加值增长速度

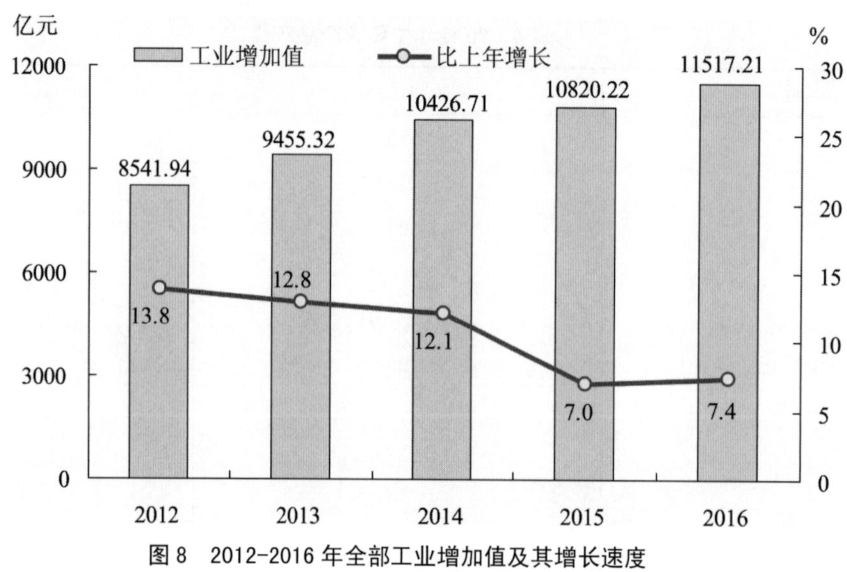

图 8　2012-2016 年全部工业增加值及其增长速度

规模以上工业的 38 个行业大类中有 15 个增加值增速在两位数。其中，化学纤维制造业比上年增长 22.2%，石油加工、炼焦和核燃料加工业增长 13.7%，黑色金属矿采选业增长 12.7%，有色金属冶炼和压延加工业增长 10.9%，废弃资源综合利用业增长 8.4%，黑色金属冶炼和压延加工业增长 4.0%，燃气生产和供应业增长 1.9%，化学原料和化学制品制造业增长 1.3%。规模以上工业中三大主导产业实现增加值 3744.42 亿元，增长 10.0%。其中，机械装备产业实现增加值 1754.08 亿元，增长 11.0%；电子信息产业实现增加值 777.02 亿元，增长 10.6%；石油化工产业实现增加值 1213.32 亿元，增长 8.6%。六大高耗能行业实现增加值 2571.88 亿元，比上年增长 5.8%，占规模以上工业增加值的比重为 23.3%。高技术制造业实现增加值 1116.55 亿元，增长 11.7%，占规模以上工业增加值的比重为 10.1%。装备制造业实现增加值 2547.00 亿元，增长 9.7%，占规模以上工业增加值的比重为 23.1%。

表 5　2016 年规模以上工业企业主要工业产品产量

产品名称	单位	产量	比上年增长(%)
纱	万吨	484.67	10.4
布	亿米	81.60	8.2
化学纤维	万吨	685.21	19.1
成品糖	万吨	0.56	-73.4
卷　烟	亿支	832.16	-11.6
彩色电视机	万台	1015.57	-28.9
原　煤	万吨	1346.68	-10.2
发电量	亿千瓦时	2004.60	6.5
其中：火电	亿千瓦时	915.32	-17.5
水电	亿千瓦时	630.55	43.6
粗　钢	万吨	1516.80	-4.4
钢　材	万吨	2859.58	0.5
十种有色金属	万吨	45.59	11.4
其中：精炼铜	万吨	32.99	21.1
原铝	万吨	12.41	-8.3
水　泥	万吨	8091.20	5.0
硫　酸（折 100%）	万吨	187.46	8.4
纯　碱（碳酸钙）	万吨	16.24	1577.5

续表

产品名称	单位	产量	比上年增长(%)
烧　碱	万吨	36.65	10.9
化　肥（折纯）	万吨	51.83	-14.9
发电设备	万千瓦	20.20	-13.8
汽　车	万辆	22.02	15.2
其中：轿车	万辆	1.59	-62.1
集成电路	亿块	1.63	16.9
移动通信手持机	万台	2568.63	20.3
微型计算机设备	万台	847.36	3.5

注：发电量为全社会口径。

全年规模以上工业企业实现利润 2643.25 亿元，比上年增长 19.5%；其中国有及国有控股企业 203.04 亿元，增长 31.8%；国有企业 2.60 亿元，下降 40.0%，集体企业 3.70 亿元，下降 36.1%，股份制企业 1552.31 亿元，增长 18.7%，外商及港澳台商投资企业 1046.48 亿元，增长 22.3%；私营企业 803.66 亿元，增长 13.0%。规模以上工业企业资产负债率 52.29%，同比下降 0.89 个百分点；每百元主营业务收入中的成本为 86.2 元，主营业务收入利润率为 6.28%。

全年全部工业产品（采矿业和制造业）销售收入中，销往省内比重为 43.8%，比上年上升 1.7 个百分点；销往省外的比重为 38.6%，下降 1.2 个百分点；销往境外的比重为 17.6%，下降 0.5 个百分点。

全年全社会建筑业实现增加值 2421.34 亿元，比上年增长 6.9%。全省具有资质等级的总承包和专业承包建筑业企业完成建筑业总产值 8531.45 亿元，增长 12.2%；实现利润 279.32 亿元，增长 6.2%；税金总额 280.89 亿元，增长 7.4%。

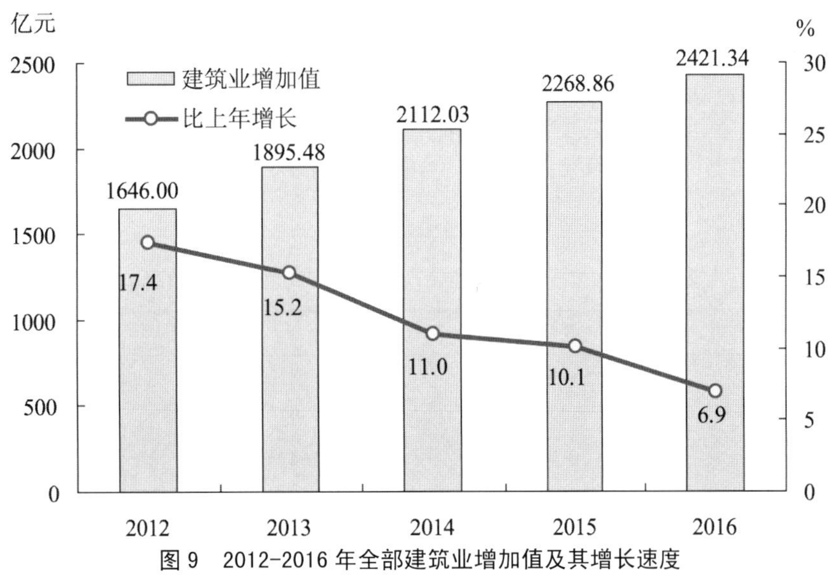

图 9　2012-2016 年全部建筑业增加值及其增长速度

四、固定资产投资

全年固定资产投资 22927.99 亿元，比上年增长 9.3%。

从含跨区项目情况看，第一产业投资增长 39.9%；第二产业投资增长 4.9%，其中，工业投资增长 7.3%；第三产业投资增长 9.3%。基础设施投资 7650.40 亿元，增长 22.3%，占固定资产投资的比重为 33.1%。民间投资 13307.68 亿元，增长 5.3%，占固定资产投资的比重为 57.6%。高技术产业投资 891.86 亿元，增长 60.6%，占固定资产投资的比重为3.9%。从到位资金情况看，全年到位资金22717.10亿元，比上年增长5.4%。其中，国家预算资金增长25.9%，国内贷款增长1.6%，利用外资下降35.1%，自筹资金下降0.9%，其他资金增长29.4%。

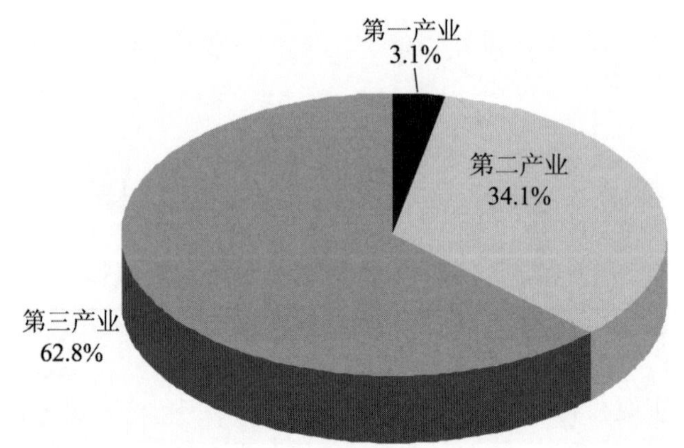

图10　2016年固定资产投资（含跨区项目）三次产业投资构成

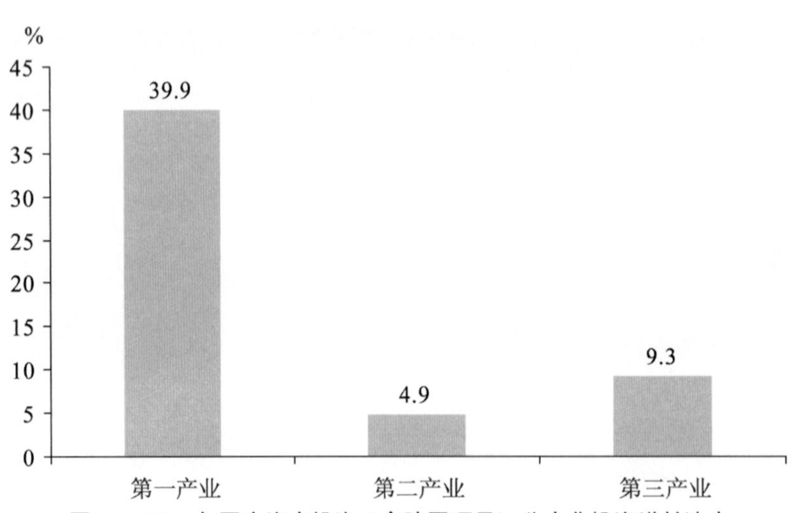

图11　2016年固定资产投资（含跨区项目）分产业投资增长速度

表6　2016年分行业固定资产投资（含跨区项目）情况

行　　业	投资额（亿元）	比上年增长(%)
农、林、牧、渔业	818.28	32.6
采矿业	219.46	-21.0
制造业	6454.57	5.8
电力、燃气及水的生产和供应业	1143.93	25.9
建筑业	80.57	-64.2
批发和零售业	413.80	-19.1
交通运输、仓储和邮政业	2678.05	7.5
住宿和餐饮业	191.48	-27.3
信息传输、软件和信息技术服务业	311.14	-2.5
金融业	50.57	-11.4
房地产业	5462.43	1.8
租赁和商务服务业	335.97	24.9

续表

行业	投资额（亿元）	比上年增长(%)
科学研究和技术服务业	115.96	39.7
水利、环境和公共设施管理业	3588.53	34.4
居民服务、修理和其他服务业	50.39	-27.6
教育	328.17	20.0
卫生和社会工作	198.67	15.5
文化、体育和娱乐业	323.98	21.9
公共管理、社会保障和社会组织	341.54	-4.7

全年房地产开发投资 4588.83 亿元，比上年增长 2.7%。其中，住宅投资 2999.29 亿元，增长 4.7%；办公楼投资 339.01 亿元，增长 3.4%；商业营业用房投资 590.95 亿元，下降 11.9%。商品房去化周期比 2016 年初减少 9 个月。

全年新开工建设城镇保障性安居工程住房 13.45 万套（户），基本建成城镇保障性安居工程住房 13.1 万套。

表 7　2016 年房地产开发和销售主要指标完成情况

指标	单位	绝对数	比上年增长(%)
投资完成额	亿元	4588.83	2.7
其中：住宅	亿元	2999.29	4.7
其中：90 平方米及以下	亿元	981.15	8.8
房屋施工面积	万平方米	31064.14	0.6
其中：住宅	万平方米	19436.54	-0.6
房屋新开工面积	万平方米	4875.06	-7.1
其中：住宅	万平方米	3168.77	-0.5
房屋竣工面积	万平方米	3665.25	6.7
其中：住宅	万平方米	2420.45	0.9
房屋销售面积	万平方米	4915.35	21.7
其中：住宅	万平方米	4134.46	24.7
本年实际到位资金	亿元	6067.78	7.6
其中：国内贷款	亿元	808.76	-4.5
其中：个人按揭贷款	亿元	1147.52	37.8
本年土地购置面积	万平方米	969.81	-8.2
土地购置费	亿元	1107.32	3.2

1029 个在建省重点项目完成投资 4227 亿元。全年建成或部分建成 155 个项目，新开工 160 个项目。

五、国内贸易

全年社会消费品零售总额 11674.54 亿元，比上年增长 11.1%。按经营地统计，城镇消费品零售额 10501.75 亿元，增长 10.9%；乡村消费品零售额 1172.79 亿元，增长 12.7%。按消费形态统计，商品零售额 10453.40 亿元，增长 11.4%；餐饮收入额 1221.14 亿元，增长 9.1%。

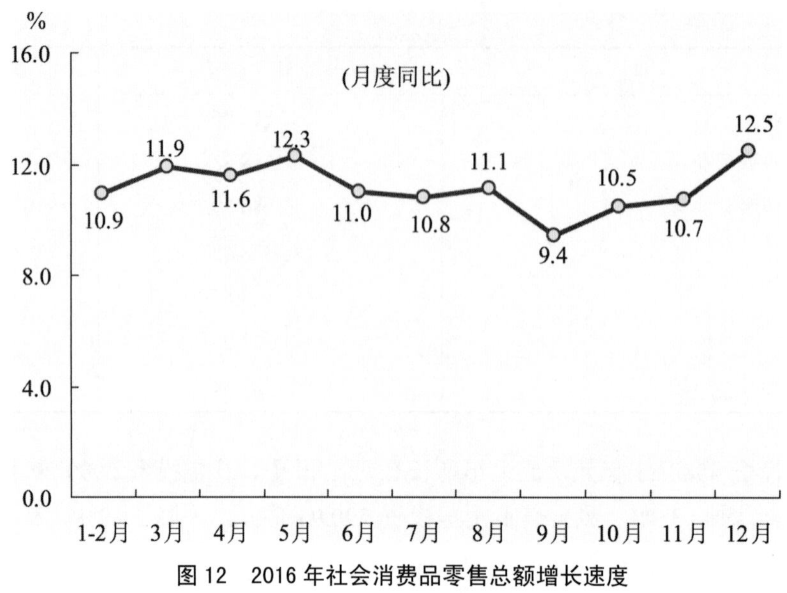

图 12 2016 年社会消费品零售总额增长速度

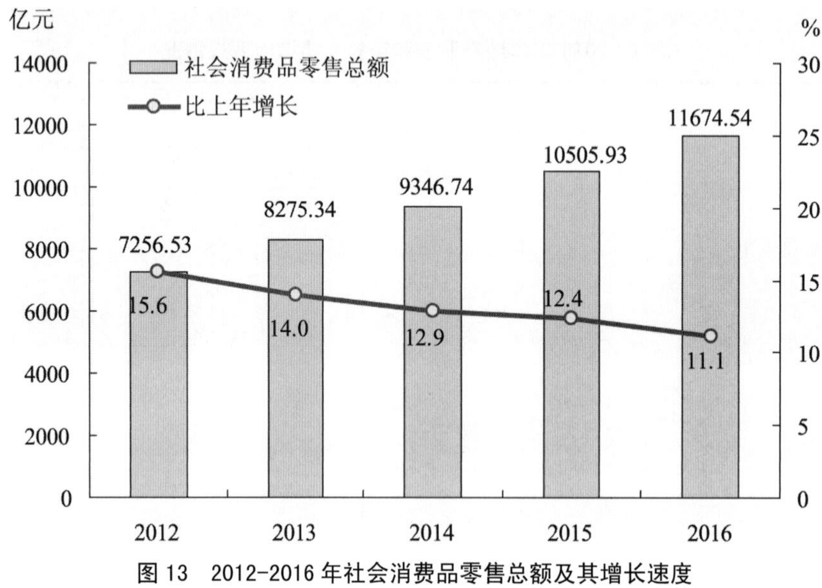

图 13 2012-2016 年社会消费品零售总额及其增长速度

在限额以上企业商品零售额中，通讯器材类零售额比上年增长 31.5%，服装鞋帽针纺织品类增长 28.3%，金银珠宝类增长 26.6%，粮油食品类增长 19.4%，日用品类增长 16.8%，家具类增长 15.9%，化妆品类增长 13.8%，汽车类增长 11.7%，体育、娱乐用品类增长 11.4%，家用电器和音响器材类增长 7.4%，石油及制品类下降 6.7%。

六、对外经济

全年进出口总额 10351.56 亿元，比上年下降 1.2%。其中，出口 6838.87 亿元，下降 2.2%；进口 3512.69 亿元，增长 0.7%。进出口顺差 3326.18 亿元。

表 8 2016 年进出口主要分类情况

指　标	绝对数(亿元)	比上年增长(%)
进出口总额	10351.56	-1.2
出口额	6838.87	-2.2
其中：一般贸易	5028.25	-1.6

续表

指　标	绝对数(亿元)	比上年增长(%)
加工贸易	1479.65	-6.8
其中：机电产品	2384.59	-4.0
其中：高新技术产品	824.45	-9.3
进口额	3512.69	0.7
其中：一般贸易	2418.01	4.8
加工贸易	752.47	-11.3
其中：机电产品	1211.28	7.6
其中：高新技术产品	911.09	8.1

表 9　2016 年对主要国家和地区进出口情况

国家和地区	出口额(亿元)	比上年增长(%)	进口额(亿元)	比上年增长(%)
美国	1326.06	-2.6	361.62	-22.5
欧盟	1199.07	1.0	285.49	12.4
东盟	1128.17	7.3	507.16	6.1
日本	371.34	2.5	235.27	38.1
香港地区	554.90	-5.0	6.79	-58.9
台湾地区	253.42	9.2	403.07	-12.6
韩国	220.64	-3.8	207.38	7.8
俄罗斯联邦	79.28	-2.9	44.29	54.3

新设外商直接投资企业 2355 家，比上年增长 39.4%。实际利用外商直接投资 81.95 亿美元，增长 6.7%。

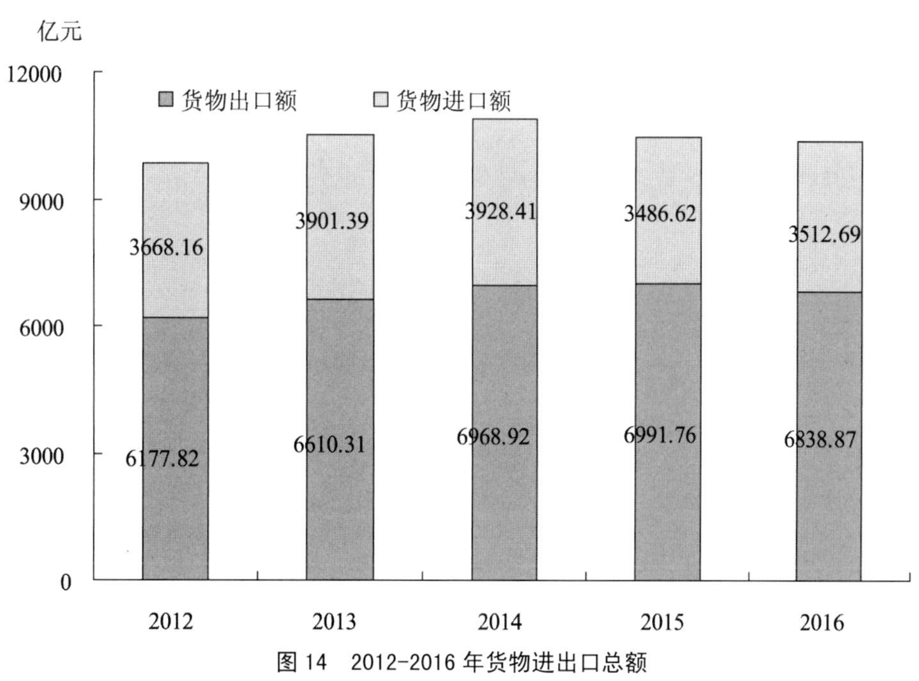

图 14　2012-2016 年货物进出口总额

表 10 2016 年分行业外商直接投资情况

行 业	实际利用金额(万美元)
总计	819465
农、林、牧、渔业	34509
采矿业	447
制造业	430776
电力、燃气及水的生产和供应业	11040
建筑业	5153
批发和零售业	141818
交通运输、仓储和邮政业	10427
住宿和餐饮业	4158
信息传输、软件和信息技术服务业	42141
金融业	55768
房地产业	27195
租赁和商务服务业	45150
科学研究和技术服务业	8390
水利、环境和公共设施管理业	357
居民服务、修理和其他服务业	633
教育	
卫生和社会工作	1391
文化、体育和娱乐业	112
公共管理、社会保障和社会组织	
国际组织	

备案和核准对外直接投资项目 607 个，中方协议投资额 111.55 亿美元，分别比上年增长 78.0%和 137.9%。对外直接投资额 54.66 亿美元，增长 164.7%。

全年对外承包工程完成营业额 9.50 亿美元，增长 2.5%；对外劳务合作劳务人员实际收入总额 7.05 亿美元，增长 13.0%。

七、交通、邮电和旅游

全年交通运输、仓储和邮政业实现增加值 1685.18 亿元，比上年增长 7.3%。公路通车里程 106756.53 公里，比上年增长 2.1%。其中海西高速公路网通车里程 5019.78 公里，增长 0.4%。铁路营业里程 3196.5 公里，与上年持平。

表 11 2016 年各种运输方式完成货物运输量情况

指 标	单位	绝对数	比上年增长(%)
货运量	万 吨	120379.05	8.4
铁路	万 吨	2918.01	3.5
公路	万 吨	85769.64	7.5
水运	万 吨	31668.01	11.4
民航	万 吨	23.39	5.8
货物周转量	亿吨公里	6074.83	11.4
铁路	亿吨公里	129.45	0.6
公路	亿吨公里	1094.70	7.3
水运	亿吨公里	4846.44	12.7
民航	亿吨公里	4.24	21.2

表 12 2016 年各种运输方式完成旅客运输量情况

指 标	单位	绝对数	比上年增长(%)
旅客发送量	万 人	54236.62	0.4
铁路	万 人	10495.67	13.4
公路	万 人	39137.19	-3.1
水运	万 人	2016.40	1.0
民航	万 人	2587.34	8.5
旅客周转量	亿人公里	987.52	7.9
铁路	亿人公里	338.61	10.9
公路	亿人公里	251.95	-5.7
水运	亿人公里	2.72	-4.4
民航	亿人公里	394.25	16.0

全年沿海港口新增货物通过能力 1801 万吨；沿海港口完成货物吞吐量 5.08 亿吨，比上年增长 1.0 %。其中外贸货物吞吐量 2.03 亿吨，增长 0.8%。集装箱吞吐量 1440.16 万标箱，增长 5.6%。

年末全省汽车保有量 495.09 万辆（含三轮汽车和低速货车），比上年末增长 13.5%，其中私人汽车保有量 436.68 万辆，增长 15.2%。全省轿车保有量 302.59 万辆，增长 14.9%，其中私人轿车保有量 281.50 万辆，增长 15.8%。

全年完成邮电业务总量 1560.28 亿元，比上年增长 44.9%。其中，邮政业务总量 300.69 亿元，增长 38.4%；电信业务总量 1259.59 亿元，增长 46.6%。邮政业全年完成邮政函件业务 10867.65 万件，包裹业务 63.15 万件，快递业务量 128985.77 万件。年末全省电话用户总数 4975 万户，其中：固定电话用户 816 万户；移动电话用户 4159 万户，其中 4G 电话用户 2567 万户，净增 1025 万户，移动宽带用户普及率为 78.6%，比上年提高 9.6 个百分点。全省电话普及率为 129.6%，其中：固定电话普及率 21.3%，移动电话普及率 108.3%。全省互联网用户 4413 万户，增加 319 万户，其中：固定宽带用户 1145 万户，增加 100 万户，固定宽带家庭普及率为 77.2%，比上年提高 9.2 个百分点；移动互联网用户 3268 万户，增加 219 万户。全省互联网用户普及率为 115%，提高 10.9 个百分点。

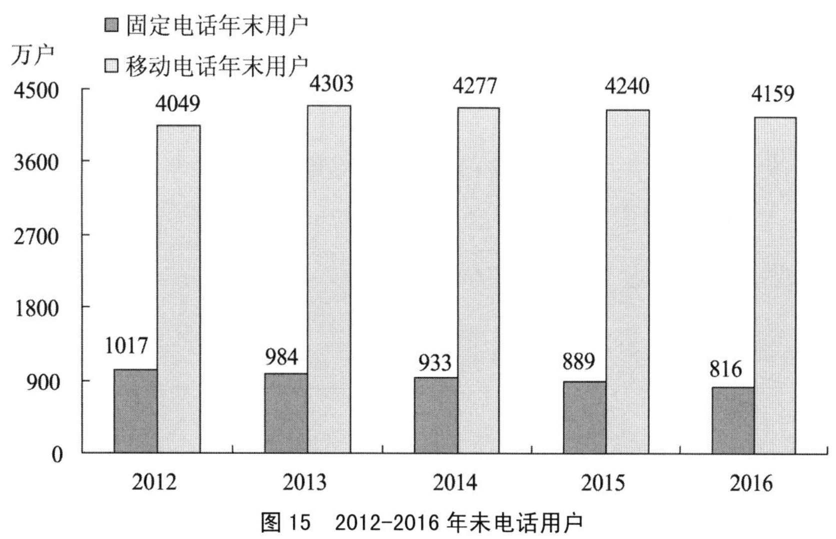

图 15 2012-2016 年末电话用户

全年接待入境游客 680.79 万人次，比上年增长 15.1%。其中，接待外国人 254.12 万人次，增长 18.6%；台湾同胞 267.20 万人次，增长 12.2%；港澳同胞 159.47 万人次，增长 14.7%。在入境旅游者中，过夜游客 611.48 万人次，增长 18.3%。国际旅游外汇收入 66.26 亿美元，增长 19.1%。全年接待国内旅游人数 30864.30 万人次，增长 18.1%；国内旅游收入 3495.21 亿元，增长 24.9%。旅游总收入 3935.16 亿元，增长 25.3%。

八、金融

年末全省金融机构本外币各项存款余额40487.03亿元，比上年末增长9.9%；金融机构本外币各项贷款余额37787.26亿元，增长12.1%。

全年农村合作金融机构人民币各项贷款余额3096.09亿元，比上年末增长10.3%。中资金融机构人民币个人消费贷款余额11345.2亿元，比上年末增长28.7%。

表13 2016年全部金融机构本外币存贷款情况

指　　标	年末数(亿元)	比上年末增长(%)
各项存款余额	40487.03	9.9
其中：住户存款	15412.31	9.1
非金融企业存款	14089.09	9.2
其中：人民币存款	39275.82	10.4
各项贷款余额	37787.26	12.1
其中：短期贷款	13058.36	1.5
中长期贷款	21936.14	16.2
其中：人民币贷款	36356.06	13.1

年末境内A股上市公司106家，比上年增加8家，市价总值14596.24亿元，下降6.1%；上市公司B股数量为1家，市价总值11.63亿元，下降34.3%。

全年内外资保险公司保费收入917.6亿元，比上年增长18.0%，其中：财产险保费收入274.3亿元；人身险保费收入643.3亿元（寿险保费收入487.2亿元，健康险和意外伤害险保费收入156.1亿元）。支付各类赔款及给付317.6亿元，其中：财产险赔款168.1亿元；寿险业务给付108.7亿元；健康险和意外伤害险赔款及给付40.8亿元。

九、人民生活和社会保障

全年全省居民人均可支配收入27608元，比上年增长8.7%；扣除价格因素，实际增长6.9%。按常住地分，农村居民人均可支配收入14999元，比上年增长8.7%，扣除价格因素，实际增长7.1%；城镇居民人均可支配收入36014元，比上年增长8.2%，扣除价格因素，实际增长6.3%。全省居民人均生活消费支出20167元，比上年增长7.0%，扣除价格因素，实际增长5.2%。按常住地分，农村居民人均生活消费支出12911元，增长7.9%，扣除价格因素，实际增长6.3%；城镇居民人均生活消费支出25006元，增长6.3%，扣除价格因素，实际增长4.4%。

年末参加城镇基本养老保险人数967.86万人，比上年增加84.21万人。其中参保职工795.48万人，参保的离退休人员172.38万人。全省企业参加基本养老保险离退休人员为129.23万人，全部实现养老金按时足额发放。全省参加城镇基本医疗保险人数1297.90万人，其中参保职工792.12万人，参保的城镇居民505.78万人。全省参加新型农村合作医疗保险人数2574.44万人，比上年增加24.47万人。全省参加失业保险人数575.52万人，增加29.25万人。

年末全省领取失业保险金人数5.18万人，比上年增加0.16万人；全省纳入城市最低生活保障的居民8.52万人，减少4.32万人；纳入农村最低生活保障的居民46.1万人，减少25.56万人；“五保”供养对象7.55万人。全年全省脱贫260425人，“造福工程”搬迁15.6万人。

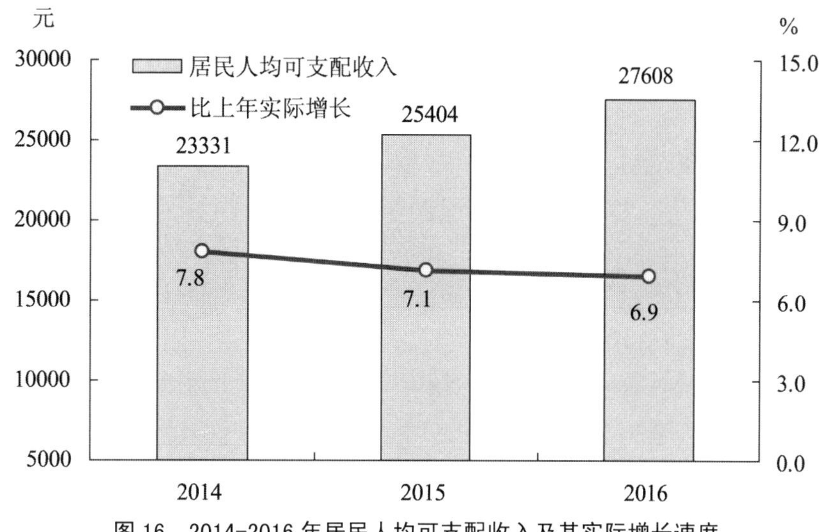

图 16　2014-2016 年居民人均可支配收入及其实际增长速度

年末全省养老机构床位数增至 16.5 万张，每千名老人拥有养老床位 31 张。全省建立社区服务中心（站）2243 个。全年销售社会福利彩票 50.16 亿元，筹集福利彩票公益金 14.71 亿元。

十、教育和科学技术

全年全日制研究生教育招生 1.41 万人，在学全日制研究生 4.27 万人，毕业生 1.20 万人。普通高等教育招生 21.16 万人，在校生 75.64 万人，毕业生 19.95 万人。高校毕业生就业率为 96.28%。中等职业教育（不含技工校）招生 13.70 万人，在校生 38.05 万人，毕业生 13.17 万人。全省普通高中招生 21.71 万人，在校生 63.47 万人，毕业生 19.70 万人。初中招生 40.89 万人，在校生 115.48 万人，毕业生 37.51 万人。普通小学招生 53.08 万人，在校生 298.67 万人，毕业生 41.56 万人。特殊教育招生 0.40 万人，在校生 2.55 万人，毕业生 0.37 万人。学前教育在园幼儿 156.61 万人。九年义务教育巩固率为 98.1%，高中阶段毛入学率为 94.9%。

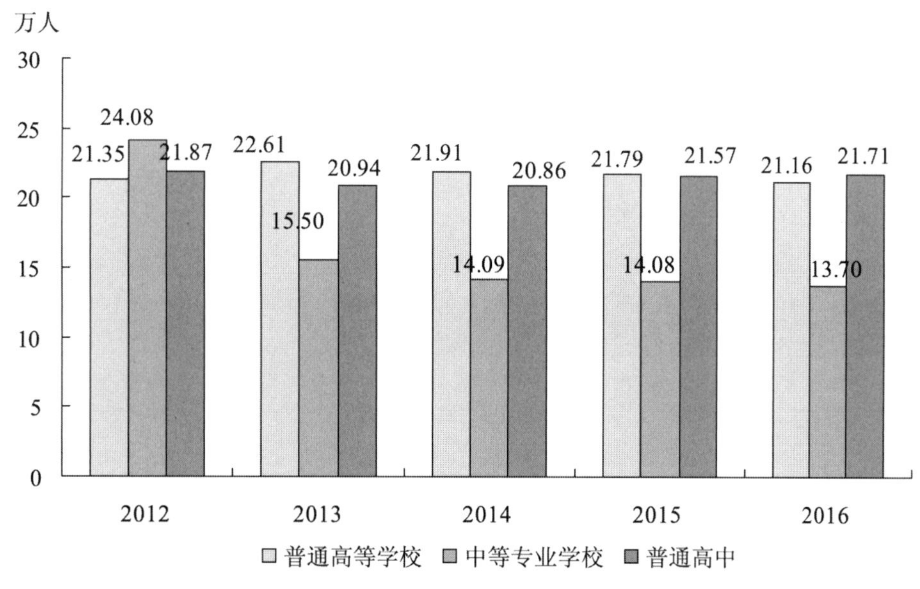

图 17　2012-2016 年各类学校招生人数

全年研究与试验发展（R&D）经费支出预计 442 亿元，比上年增长 12.8%，占全省生产总值的 1.55%。全省已布局建设 26 个省级产业技术重大研发平台、22 个产业技术公共服务平台和 28 个省级产业技术创新战略联盟，拥有国家重点实验室 10 个、省级重点实验室 190 个、国家级工程技术研究中心 7 个、省级工程技术研究中心 472 个。全省众创空间 400 多家，其中省级众创空间 113 家，国家级众创空间 26 家。科技企业孵化器备案 160 家，孵化面积 246 万平方米，在孵企业 4202 家、创造就业岗位 7.6 万个。全省 9 个设区市各建设一个创新创业示范中心，已培育省级小微企业创业基地 49 个。新增省级创新型企业 255 家，总数 681 家；新认定高新技术企业 906 家，总数 2535 家。新认定省级企业技术中心 23 家，新认定国家级企业技术中心 2 家。全省专利申请受理 130376 件，专利授权 67142 件，分别比上年增长 56.8%和 9.0%。其中，发明专利申请 27041 件，增长 53.1%，发明专利授权 7170 件，增长 25.1%。截至 2016 年底，全省共拥有有效发明专利 23793 件，比上年增长 33.2%；每万人口发明专利拥有量 6.198 件，比上年增加 1.503 件。全年共登记技术合同 5220 项，成交额 105.73 亿元。

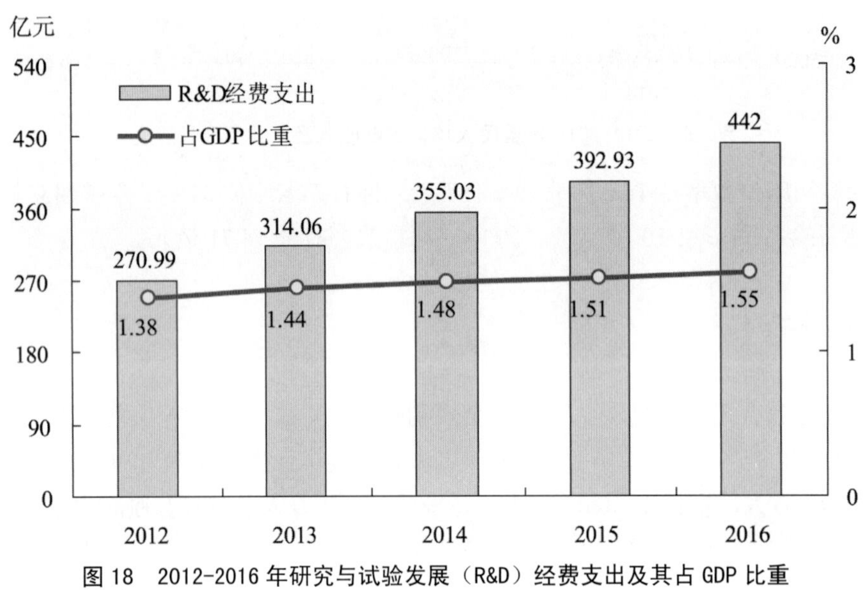

图 18　2012-2016 年研究与试验发展（R&D）经费支出及其占 GDP 比重

年末全省共有 1149 家机构获得资质认定，比上年增加 133 家，国家产品质量监督检验中心 22 个，省级产品质量监督检验中心 37 个。全省现有独立的认证机构 2 个、分支机构 6 个，累计获得 53335 张产品及管理体系认证证书。全省共有法定计量技术机构 75 个，全年强制检定工作计量器具 141.8165 万台（件）。全年制修订国家标准 32 项、行业标准 56 项、地方标准 90 项，累计全省共制修订国家标准 1046 项、行业标准 1109 项、地方标准 1635 项。

年末全省共有国家级地面气象观测站 70 个，高空气象探测站 4 个，天气雷达观测站 8 个，风廓线雷达站 12 个，大型海洋气象浮标站 5 个。共有地震前兆台站（点）36 个，前兆测项 331 个；测震台站（点）120 个，强震动观测台站（点）123 个；GPS 观测基准站 61 个。共有 856 个海洋环境监测站位、13 个重点监测区域、17 个重点海域的 187 个生物质量样品、1 个海漂垃圾监测区域，共有 7 个海上水文气象观测浮标站位、20 个沿海自动验潮站、1 对中程高频地波雷达站、1 套卫星遥感监测系统、1 套海床基观测系统、5 套船基自动站、1 套海岛基站。测绘地理信息部门公开出版地图 22 种。

十一、文化、卫生和体育

年末全省文化系统共有艺术表演团体 70 个，全省共有公共图书馆 88 个，文化馆 97 个，博物馆 98 个。文化系统各类艺术表演团体演出 1.29 万场，本年度首演剧目 139 个，观众 595.02 万人次，其中：政府采购公益性观众 256.43 万人次；各级公共图书馆组织各类讲座 3574 次，书刊文献外借 2454.64 万册，总流通人数 2553.01 万人次；各级文化馆组织举办展览 955 个，组织文艺活动 3165 次、培训班 11032 期和公益性讲座 598 次，共有 768.16 万人次参加；博物馆共举办 271 个基本陈列和 559 个展览，共有 2582.01 万人次参观，其中：未成年人参观 953.28 万人次。

年末共有影院 240 个，银幕 1266 块，2016 年电影票房 15.95 亿元。广播电台 4 座，电视台 4 座，广播电视台 67 座，教育电视台 1 座。有线电视用户 738.69 万户，有线数字电视用户 715.17 万户。年末广播节目综合覆盖率为 98.96%；电视节目综合覆盖率为 99.12%。

全年出版图书 4379 种，总印数 0.95 亿册；报纸 45 种（不含校报、副牌），总印数 10.61 亿份；期刊 176 种，总印数 0.38 亿册；音像电子出版物 4.7 万盒（张）。年末全省共有各级各类档案馆 114 个。

年末全省共有各级各类医疗卫生机构 2.79 万个，其中医院 588 个，卫生院 880 个，村卫生室 18974 个。年末共有卫生技术人员 22.38 万人，其中执业（助理）医师 8.26 万人，注册护士 9.65 万人。年末共有医疗机构床位 17.88 万张，乡村医生和卫生员 2.6 万人。

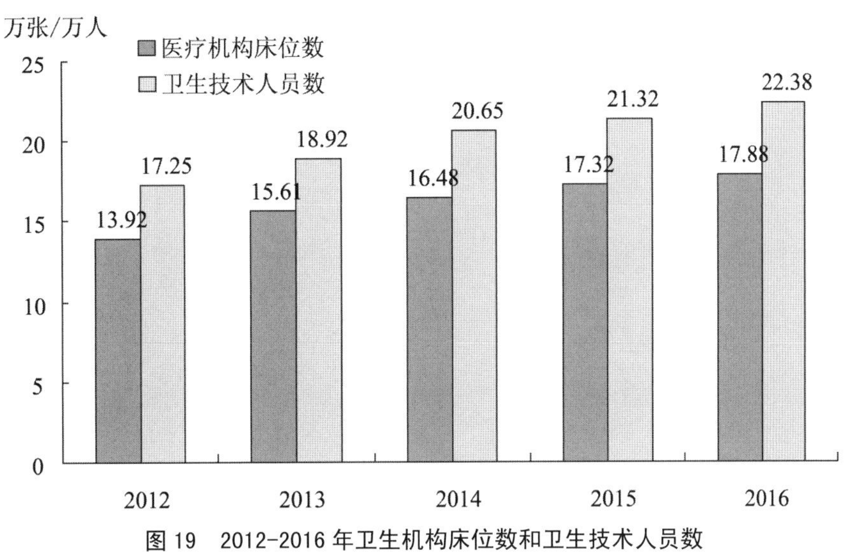

图 19　2012-2016 年卫生机构床位数和卫生技术人员数

全年我省运动员在世界三大赛中共获得 8 金 1 银 2 铜，其中，在第三十一届巴西里约奥运会上，共有 4 人获得金牌、1 人获得银牌、2 人获得铜牌；在全国最高级别比赛中获得 39 金 32 银 26 铜。新建 120 个城市社区多功能运动场、50 个社区室内健身房、50 个笼式足球场和 10 个拆装式游泳池。全年销售体育彩票 80.66 亿元。

十二、资源、环境和安全生产

初步核算，全年能源消费总量 12357.75 万吨标准煤，比上年增长 1.46%。其中，全社会用电量增长 6.3%。万元地区生产总值能耗下降 6.42%。

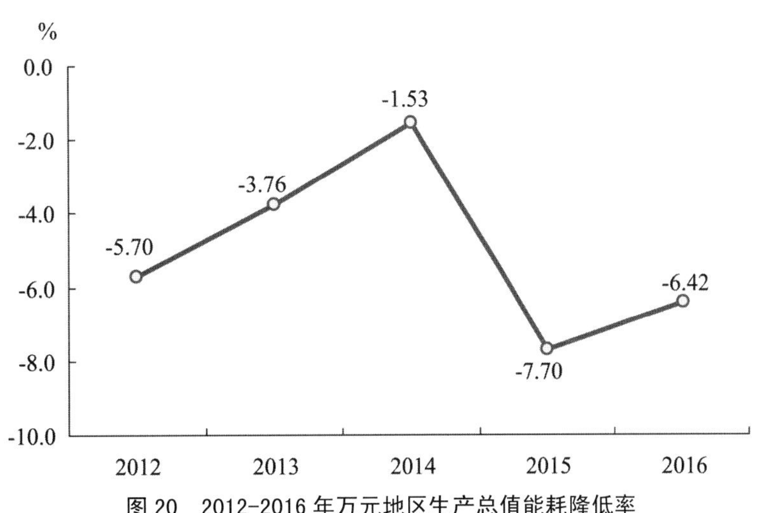

图 20　2012-2016 年万元地区生产总值能耗降低率

全年植树造林总面积 130.05 万亩，占任务的 130.05%，其中，人工荒山造林 15.45 万亩(含非规划林地造林 2.83 万亩)；人工迹地更新面积 69.11 万亩，低产低效林改造 17.57 万亩。全省森林覆盖率 65.95%。商品材产量 576.85 万立方米，同比增长 16.3%。全省共有国家湿地公园 6 处。全省城市（县城）新增建成区绿地面积 2600 公顷，预计建成区绿地率 39%；全省城市（县城）新增公园绿地面积 850 公顷，预计人均公园绿地面积 13.2 平方米。

厦门、泉州获得国家生态市命名，福州、漳州、三明获得省级生态市命名，其中福州通过国家生态市考核验收；64 个县获得省级以上生态县命名，其中 32 个县获得国家生态县命名；519 个乡镇（街道）获得国家级生态乡镇（街道）命名。共建立各级自然保护区 93 个，其中国家级 17 个、省级 22 个，自然保护区总面积 45.5 万公顷。有风景名胜区 53 处，其中国家级风景名胜区 18 处、省级 35 处，风景名胜区总面积 22.5 万公顷，占全省土地面积的 1.85%。

全省 12 条主要河流整体水质为优，Ⅰ类-Ⅲ类水质比例为 96.5%；119 个县级以上集中式生活饮用水源地水质达标率为 96.6%。近岸海域优良水质（Ⅰ、Ⅱ类）比例 88.7%。

24 个设市城市（含平潭综合实验区、建阳区，下同）除漳平市、南安市、龙海市外，其他城市空气质量均达到国家《环境空气质量标准》（GB3095-2012）二级标准。24 个设市城市中，区域声环境质量“较好”的城市有 14 个；道路交通声环境质量属于“好”水平的有 10 个，属于“较好”水平的有 12 个。

市县生活垃圾无害化处理率 96.5%，市县污水处理率 88.6%。

全省地质灾害造成直接经济损失 24067 万元。全省共发生森林火灾 29 起，其中一般火灾 8 起，较大火灾 21 起；受害面积 221.1 公顷；森林火灾发生率和受害率分别为 0.32 次/十万公顷和 0.02‰。全年海洋灾害造成直接经济损失约 16.22 亿元，减少 47.3%。全年发生（现）海洋赤潮 8 次，比上年增加 5 次；累计赤潮面积 109 平方公里，比上年减少 151 平方公里。

全省共发生生产安全事故 2270 起、死亡 1181 人，按可比口径，分别比上年下降 12.3%和 6.0%；较大事故 22 起、死亡 78 人，分别下降 24.1%和 21.2%。发生 1 起重大水上交通事故，造成 11 人死亡（含失踪）。亿元生产总值生产安全事故死亡率 0.041。

注：1. 本公报未包括金门县和连江县的马祖列岛。
2. 本公报所列数据为初步统计数，部分合计数或相对数由于单位取舍不同而产生的计算误差，均不做机械调整。
3. 本公报福建省地区生产总值、各产业增加值按现价计算，增长速度按可比价格计算。
4. 本公报卫生机构数含村卫生室。

资料来源：

本公报中城镇新增就业、登记失业率、社会保障数据来自省人社厅；财政数据来自省财政厅；国税数据来自省国税局；地税数据来自省地税局；重点项目投资数据来自省发改委；新建公路里程、公路运输、水运、港口货物吞吐量数据来自省交通运输厅；铁路数据来自南昌铁路局福州办事处；民用汽车数据来自省公安厅；商品房去化周期、保障性住房、城市污水处理、公园绿地面积数据来自省住建厅；货物进出口数据来自福州海关；外商直接投资、对外直接投资、对外承包工程、对外劳务合作等数据来自省商务厅；邮政业务数据来自省邮政管理局；互联网业务收入、电话用户、电信业务总量等数据来自省通信管理局；旅游数据来自省旅游局；货币金融数据来自人行福州中心支行；上市公司数据来自福建证监局；保险业数据来自福建保监局；省级企业技术中心数据来自省经信委；产业技术重大研发平台、工程技术研究中心、技术合同等数据来自省科技厅；教育数据来自省教育厅；专利数据来自省知识产权局；质量检验数据来自省质监局；气象数据来自省气象局；地震数据来自省地震局；测绘数据来自省测绘局；各类地质灾害数据来自省国土厅；水产品产量数据、海洋数据来自省海洋渔业厅；艺术表演团体、博物馆、公共图书馆、文化馆数据来自省文化厅；广播、电视、电影、报纸、期刊、图书数据来自省新闻出版广电局；档案数据来自省档案局；体育数据来自省体育局；卫生数据来自省卫计委；低保数据来自省民政厅；扶贫、造福搬迁工程数据来自省农业厅；环境监测数据来自省环保厅；水资源数据来自省水利厅；安全生产数据来自省安监局；林业数据来自省林业厅；其他数据来自福建省统计局和国家统计局福建调查总队。

2016年福建省补短板惠民生情况分析

2016 年，福建省上下主动把握引领经济发展新常态，精准施策，奋力推进供给侧结构性改革，着力补齐经济社会尤其是民生领域短板，既持续改善民生，更为经济稳定增长打下坚实基础，经济发展更有后劲，发展成果更多惠及人民群众。

一、补短板成效显著

（一）补齐发展环境短板，夯实发展基础

1.城市轨道交通发展迅猛

随着福州地铁 1 号线（一期）开通试运营，标志着福建开启了地铁时代。二期工程也已全线开工，完成投资 176 亿元；2 号线 22 个车站也已开工，完成投资 48 亿元；6 号线部分站点已顺利开工。与此同时，厦门地铁 1 号线 24 个车站中有 22 个车站完成主体，2 个车站主体正在加紧施工，累计铺轨 57.1 公里，完成投资 163 亿元；2 号线已完成 1 个车站主体建设，29 个车站主体施工也在有序推进，完成投资 76 亿元，3 号线过海段已开工，完成投资 19 亿元。

2.污水垃圾处理率持续提高

2016 年，全省建成城市（含县城）污水处理厂 99 座，污水处理规模达 503 万吨/日；建成污水管网 1.3 万公里，市县生活污水处理率达 88.6%，全省 61%的乡镇建成污水处理设施。全省累计建成生活垃圾无害化处理厂（场）70 座，处理规模达 2.8 万吨/日，无害化处理率达 96.5%，其中建成生活垃圾焚烧厂 18 座，处理能力 1.6 万吨/日，焚烧比例达 57%。全省 73%的乡镇建成生活垃圾转运系统。

3.信息通信基础设施建设加快推进

截至 2016 年底，全省各设区市和平潭综合实验区均达到光网城市标准，20M 及以上固定宽带用户占比达 83.2%。互联网宽带接入端口总量达 2491 万个，光缆线路长度达 99 万公里。4G 网络覆盖的深度和广度得到了进一步的提升，4G 基站达 8.8 万个，4G 网络覆盖所有行政村。

（二）补齐产业发展短板，增强发展后劲

作为东部沿海相对后发地区，福建经济发展一直受困于“一产偏分散、二产偏传统、三产偏慢速”的问题。2016 年福建努力优化产业结构，发展短板正在得到弥补，后劲不断增强。据统计，2016 年全省生产总值同比增长 8.4%，比全国生产总值快 1.7 个百分点，在东部地区排名前列。

1.农业发展转向规模化

长期以来，全省农业生产以分散的小农家庭经营为主，致使农业劳动生产率低、农产品人工成本高现象凸显，而且在加工、流通、服务环节也存在短板。2016 年，全省发挥多种形式农业适度规模经营引领作用，大力发展现代特色农业，推动一、二、三产业融合发展，使加工环节强起来，流通环节活起来。全年农林牧渔业总产值 4155.68 亿元，按可比价计算比上年增长 3.7%。一是新型经营主体培育加快。截至 2016 年底，省级以上农业龙头企业达到 771 家，农民合作社、家庭农场分别达到 3.2 万家、1.8 万家，其中省级规范社超过 3000 家、示范农场 600 家。二是特色现代农业发展加快。新建和改扩建“一区两园”项目 454 个，建成 41 个特色优势产业集中区，新建省级补贴的温室大棚面积 2.27 万亩，累计建成设施农业生产基地 180 多万亩，千亩以上设施农业基地超过 110 个。三是农村三产融合成效初显。全省规模以上农产品加工企业发展到 4300 多家，产值 9800 多亿元，农产品加工率达 45%。全省具有一定规模的休闲农业经营主体达到2900多家，年接待游客8180多万人次，营业收入达120多亿元。

2.工业发展转向智能化

福建工业化是以轻工业起步并迅速形成优势的，轻工业增加值比重仍超过50%，传统产业在全省的工业经济存量中占有相当大的比重，据统计，2015年全省高技术制造业增加值占规模以上工业增加值比重仅为9.5%，且比全国平均水平低2.3个百分点。2016年，全省工业强化科技自主研发平台建设，加大智能制造、互联网协同等产业生产组织方式应用，引导各类要素向战略性新兴产业和高新技术产业聚集。2016年全省规模以上工业实现增加值11017.39亿元，同比增长7.6%。一是高技术行业发展提速。2016年，全省规模以上高技术制造业实现增加值增长11.7%，高于规上工业4.1个百分点。从新产品看，2016年我省太阳能电池、城市轨道车辆、智能手机等产品产量分别增长144.2%、46.2%、34.0%。二是智能制造初显成效。据对福州、厦门、泉州、漳州等地116家企业智能化应用情况调查，有半数企业智能化率达50%以上。三是转型升级力度有力提升。2016年，全省改建和技改投资1853.35亿元，增长27.2%，比工业投资增幅高19.9个百分点。其中，制造业改建和技改投资1457.85亿元，增长34.4%，比制造业投资增幅高28.6个百分点。

3.服务业发展转向网络化

全省服务业发展较慢是产业发展的一个短板，长期以来服务业占比不到四成，甚至低于全国平均水平，这种局面正在改变。2016年，在技术创新的驱动下，移动互联网与传统行业加速渗透，不断催生新的服务模式，服务业发展迅猛。全省第三产业增加值增长10.7%，增速超二产3.4个百分点。信息传输、软件和信息技术服务业保持较快增长。2016年1-11月，营业收入749.15亿元，增长16.5%；营业利润119.39亿元，增长7.4%。传统商贸流通业转型升级步伐加快，网上零售持续快速增长。2016年，全省限额以上批发和零售企业通过互联网实现的商品零售额543.15亿元，比上年增长46.7%，占限额以上零售额的比重为9.2%，比上年提高2.5个百分点。

（三）补齐社会事业短板，增进百姓福祉

1.深化改革，优化医疗卫生供给侧

针对医疗资源不平衡，群众就医难的困境，在医疗领域的供给端鼓励更多的民营资本进入，实施家庭医生签约服务，实行分级诊疗制度，不断扩大、优化供给，满足居民多样化的医疗卫生服务需求。一是实施家庭医生签约服务。2016年，全省开展签约医疗服务机构975个，建成签约服务团队6219个，签约家庭医生1.28万人，签约居民447万户，签约服务人数1279万人，签约率达34.6%，高于国家制定的15%目标任务。二是有序双向转诊就医格局形成。1-11月省级医院收治由下级医疗机构上转的住院人数8.34万人，占同期住院人数的2.4%，向下转诊的住院人数1.44万人，比上年增长71.8%。三是鼓励民营资本进入医疗领域。2016年，省财政安排1500万元专项资金扶持社会资本举办的医疗机构。全省社会资本办医床位2.07万张，占全省医院床位数的16.1%。

2.拓宽渠道，推动优质教育均衡化

面对教育资源不平衡，欠发达地区学校建设较为薄弱的困境，各级政府教育部门积极扩大公办幼儿园资源，实施“全面改薄”，建设现代职业院校及高等学校，推动优质教育均衡发展。稳步推进基础教育发展，省级补助建设的100所公办幼儿园项目已全部开工，农村中小学校实现宽带网络接入，全面完成义务教育学校标准化建设，提前一年通过国家义务教育发展基本均衡县评估认定。推进省级示范性现代职业院校建设，新增64个学徒制试点。新设立福建商学院和厦门医学院，进一步拓宽适用、应用型人才的培养渠道。

3.改善监管，提升食品药品安全水平

2016年，全省不断提升食品药品安全监管水平，积极构建食品安全综合治理体系，持续治理“餐桌污染”、扎实建设“食品放心工程”，全年省级共检查食品药品生产经营企业1371家次，收回药品GSP认证证书21家；全省立案查处食品药品违法案件3353起。

（四）补齐民生保障短板，改善生活质量

1.改善保障性住房供给

一是改善住房条件。截至12月底，新开工各类棚户区改造项目13.45万套，占年度目标任务的107.6%；基本建成13.1万套，占年度目标任务的219.7%。二是支持农民进城购房。截至11月底，省农行共为10562户农民提供“安家贷”，累计发放561亿元贷款。落实户籍改革方案和居住证制度，进一步简化农业转移人口购房落户手续，落实购房就读鼓励政策。同时，结合造福工程、农村危旧房改造等，对搬迁户、危改户农民进城购房给予财政补助，鼓励农民进城购房。三是异地扶贫搬迁造福工程加快实施，全年完成搬迁任务15.6万人。

2. 提高社会保障水平

2016年，全省财政统筹1738亿元用于社会保障，提高城乡居民基础养老金最低标准，企业养老金增长7.02%；城乡居民医保财政补助每人每年由380元提高到420元，实现大病保险全覆盖；城乡低保对象、特困人员以及重度和生活困难残疾人等兜底保障政策逐步完善、惠及124万人。推进扶贫开发与农村低保制度衔接，全省已有15.75万贫困人口纳入农村低保。

3. 加大环境污染治理力度

碳排放权交易、重点生态区位商品林赎买等“15+3”年度改革任务全面实施。率先建立党政领导生态环境保护目标责任制，开展环保督察，划定生态保护红线，水、大气、生态环境质量保持全优。实施最严格水资源管理制度，加强小流域整治，重要流域都有了“河长”，完成安全生态水系治理537公里，12条主要河流Ⅰ-Ⅲ类水质比例达96.5%，同比提高3.2个百分点，Ⅰ-Ⅱ类水质占比提高16.4个百分点，近岸海域一、二类海水水质面积占比达88.9%、居全国前列。加强工业污染源和面源污染治理，9个设区城市空气优良天数比例为98.4%。

二、补短板任重道远

（一）“三偏弱”困扰着产业优

一是农产品竞争力偏弱。虽然福建农产品产量持续增长，但大而不强、多而不优、竞争力弱等问题，与国际农产品市场竞争加剧的矛盾日益凸显。二是大型工业企业生产带动作用偏弱。2016年，全省444家大型工业企业实现增加值增长5.7%，增速低于全省平均水平1.9个百分点，对规模以上工业增加值增长贡献率由2015年全年的27.3%下降至21.4%。三是助推制造业转型升级的动力偏弱。据统计，2016年1-11月，规模以上专业技术服务业、科技推广和应用服务业营业收入分别下降6.5%和12.2%，现代生产性服务业助推动力偏弱。

（二）民生瓶颈困扰着民众获得感

一是政府投入不足，医疗卫生资源配置不均。据统计，2016年全省医疗卫生与计划生育支出380.93亿元，仅占全省生产总值的1.3%，比2015年全国医疗卫生与计划生育支出占国内生产总值1.7%仍低0.4个百分点，且优质医疗资源多集中于大中城市，城乡优质医疗资源配置不均矛盾尚未有效改善。二是房市租售结构有待改善，住房有效需求有待释放。2016年12月份，厦门市新建商品住宅销售价格比上年上涨41.9%，涨幅比上年同期扩大35.4个百分点。另据中国房地产报2016年5月份发布的《中国城市房屋租售比前20大城市排名》显示，厦门房屋租售比达1∶718，低于国际公认的合理水平（1∶100到1∶200），一定程度上抑制了刚性需求及改善性住房需求。三是区域发展不平衡。城镇居民人均可支配收入最高的厦门和最低的南平城镇居民人均可支配收入之比由上年的1.63∶1扩大为1.66∶1。城镇居民可支配收入最低的南平增速为6.5%，比全省平均水平低1.7个百分点，比收入最高的厦门低2.1个百分点。

（三）投入机制单一困扰着美丽乡村建设

据国家统计局福建调查总队对三明、泉州、漳州、龙岩和宁德等市17个县（市、区）50个行政村（含

37 个美丽乡村）调查显示，目前，农村垃圾整治资金来源严重依赖财政拨款，到位资金中有 61.0%受访调查村资金来源于政府财政拨款，28.6%来源于村集体，9.9%来源于村民集资，仅有 0.5%来源于企业捐助或其他。

三、补短板贵在持续

2016 年，虽然补短板取得了显著成效，但补短板仍是一项长期系统的基础性工程，必须抢抓当前宏观政策有力时机和市场有利条件，继续深入持久补足“再上新台阶，建设新福建”的短板。

（一）创新投融资体制，扩大有效投资

要创新投融资体制，放宽市场准入，鼓励社会资本特别是民间资本参与。民间资本能进入的补短板领域，要优先支持民间资本进入；市场不能有效配置的补短板领域，要鼓励国有企业牵头组织实施推进。要大力推广政府和社会资本合作（PPP）模式，建立完善价格形成、调整和补偿机制。

（二）打造现代产业体系，推动产业升级

一是加快发展特色现代农业。深入推进农业供给侧结构性改革，推进“互联网+现代农业”。以现代农业园区为载体，推动三次产业融合发展，培育农副产品精深加工、农村电商、休闲农业等新产业新业态。二是加快发展先进制造业。依托龙头骨干企业，建设一批创新平台，延伸下游高附加值链，增强产业集群竞争优势。通过技改基金、技改投资事后奖补、融资租赁业务风险补偿等推动企业智能化改造，促进融合创新、跨界创新，培育“互联网+”新业态。三是加快发展现代服务业。推动服务业模式创新、业态创新，引导制造业主辅分离，提升现代生产性服务业对“智造、创造”的助推力。

（三）改善基本公共服务，协调区域发展

一是强化医疗保障。加强县级综合医院能力建设，推动城市慢性病家庭医生签约服务、乡村卫生服务一体化管理。二是创新住房供给。完善购租并举的住房制度，鼓励发展机构化、专业化住房租赁企业，创新多样化住房供给，增加廉租房、平价房供给，满足刚需人群的真实需求。三是协调区域发展。进一步加强山海协作，充分发挥山海优势，加强产业承接与转移,促进山区经济发展，让山区享有与沿海同等的发展机会，推动共同富裕。

2016年福建省小微商业运行情况简析

据对全省 550 家小微商业企业和个体商户问卷调查显示，2016 年福建小微商业经营发展逐季向好，用工需求保持稳定，企业流动资金周转基本正常，企业经营信心有所增强，但也面临竞争激烈、成本上升、市场份额萎缩等问题。

一、小微商业运行情况

（一）经营情况逐季向好。2016 年四季度全省小微商业景气指数为 120.3，同比提高 6.1 点。被调查的小微商业中，39.4%选择当季经营情况较好，41.5%选择持平，19.1%选择偏差。分行业看，批零业景气指数为 123.3，同比提高 5.9 点；住餐业景气指数为 113.6，同比提高 6.6 点；分单位性质看，个体景气指数为 120.6，同比提高 4.7 点；企业景气指数为 119.1，同比提高 10.3 点。2016 年一季度、二季度、三季度和四季度小微商业景气指数分别为 98.4、104.6、117.1 和 120.3，呈逐季上升的运行态势。

（二）用工需求保持稳定。四季度，被调查的 379 家批发零售业样本单位户均从业人员 3.5 人，其中，93.4%的样本单位反映本季用工人数与上季基本持平，1.6%反映增加，5.0%反映减少；被调查的 171 家住宿餐饮业样本单位户均从业人员 5.3 人，其中，96.4%的样本单位反映本季度用工人数与上季基本持平，0.6%反映增加，3.0%反映减少。

（三）资金周转基本正常。调查显示，四季度，92.3%的被调查样本单位认为“流动资金充裕与正常”，仅 7.7%认为资金紧张。从单位性质看，93.7%的被调查个体经营户认为“流动资金充裕与正常”，比企业（88.2%）高出 5.5 个百分点；从行业分布看，认为“流动资金充裕与正常”的餐饮业样本单位占比例最高，达 94.0%，其他依次是零售业、住宿业和批发业，比例分别为 93.5%、90.6%和 88.2%。

（四）网络销售增长较快。被调查样本单位中，有 34 家通过自建网站、淘宝天猫、京东商城以及微信等互联网平台进行营销，2016 年户均营业收入 21.47 万元，比上年增长 14.4%。其中，企业 25 家，2016 年户均营业收入 26.92 万元，比上年增长 14.8%；个体户 9 家，2016 年户均营业收入 6.34 万元，比上年增长 9.3%。

（五）经营信心有所增强。调查显示，84.7%的被调查样本单位预计 2017 年一季度经营收入增速将加快和持平，比上年提高 3.6 个百分点。从单位性质看，个体经营户预期较企业乐观，预计增速将加快和持平的个体经营户占 86.9%，预计增速将加快和持平的企业占 77.9%，个体经营户比企业高 9.0 个百分点。

二、亮点及增长因素

（一）节日促销激发消费活力。春节、情人节、母亲节、国庆节、圣诞节以及近年兴起的“双十一”、“双十二”购物狂欢节等节日带来了一轮又一轮的购物热潮，商家充分融合线上线下两种方式，有效利用大促销的社会氛围，推出丰富多彩的活动，激发消费者购买热情。如春节期间，万达广场在推出商品满额减、高倍积分等优惠活动的同时推出送大米、抽轿车、台湾美食节、汽车展销会等活动，吸引众多消费者前往。此外，各大商家还纷纷举办各类年中促销、周年庆、年货节等活动以此来聚拢人气、提升业绩。

（二）发展旅游促进消费增长。2016 年全省旅游业围绕“清新福建”旅游品牌，实施“旅游＋”跨界融合，进一步延伸旅游产业链条，推动旅游、商贸和现代农业的发展，对住宿餐饮业以及零售业的增长起到积极的促进作用。如长泰县融合“旅游＋体育”，在马洋溪生态旅游区开展山重最美乡村越野跑，吸引 150 多个亲子家庭以及来自德国、英国、安哥拉、新加坡等国家及港澳台地区的“跑友”参加，带旺旅游人气；三元区融合“旅游＋农业”，推出岩前提子采摘、米洋“开心农场”、月亮湾农事耕作体验园等“都市农业”项目，实现休闲农业与乡村旅游共赢。

（三）会展活动带动消费需求。2016 年，全省各地承办了众多高级别、大规模的商品展会，带来了大量客流和商机，推动周边住宿餐饮业的持续增长，同时也有力地刺激了各类商品消费需求，进而促进消费品市场的繁荣。如第十二届中国（南安）国际水暖泵阀交易会，吸引了 636 家企业参展，共接待客流 10 多万人次；第二届中国（泉州）海上丝绸之路国际品牌博览会，吸引了包括国内外约 400 家纺织服装品牌参展，与会客商达 12.32 万人；漳州首届海峡两岸素食文化节活动，吸引了近 200 家海峡两岸素食企业集中参展，观展人数达 30 万人次。第九十五届糖酒会（福州）吸引了来自 40 多个国家和地区的 1 万多家企业参会，近 20 万名国内外商家亲临现场参观采购，总交易额达 210.7 亿元。

（四）“互联网＋”推动商贸发展。近年来，全省各级政府高度关注互联网经济发展，不断给予政策推动，各地电商发展迅速。在阿里研究院公布的 2016 年中国“电商百佳城市”榜单中，福建除三明外，其他所有城市全部上榜，其中，泉州和厦门进入前十，分别列第七位和第九位。县域电商是福建电商发展的一大亮点。全省各地农民通过电商平台大规模创业，涌现出数个甚至数十个淘宝村，极大地促进了农村地区小微商业的发展。2016 年全省淘宝村、淘宝镇数量从上年的 71 和 7 个分别上升到 107 和 13 个，分别居全国第五和第四位。

三、存在的主要问题

（一）行业竞争激烈。调查显示，85.2%的被调查单位认为“竞争激烈”是经营中面临的首要困难。小微商业企业规模小、进入门槛低、同类行业经营者多，共同分割市场份额，抢占市场资源；加上部分商家易随大流，跟风而来，同质化竞争激烈，造成供需不平衡。

（二）市场需求萎缩。调查显示，47.6%的被调查单位认为当前市场需求呈现萎缩态势。受当前宏观经济增速回落、全社会提倡勤俭节约和理性消费等因素影响，市场消费受到一定抑制，消费增长动力有所减弱。此外，居民用于住房、养老、教育等方面支出不断增加，因而相应减少了其他方面的消费支出。

（三）经营成本上升。调查显示，43.1%的被调查单位认为经营成本上升影响企业经营发展。从被调查的 550 家样本数据看，2016 年支付的员工报酬和经营性费用（包括用于经营的房租、水电费、通讯费、交通运输费、广告费等）占营业收入的比例达 8.8%，比 2015 年提高 0.5 个百分点。工人工资、商铺租金、交通运输等各项支出持续增长，增加了企业成本，挤压企业利润空间，加大小微商业的经营压力。

2016年福建省新设立小微商业经营情况调查简析

据对全省 1185 家新设立小微商业企业和个体经营户跟踪调查，结果显示：2016 年福建新设立小微商业企业和个体经营户经营状况稳中向好，但也存在融资难、招工难等问题，企业期盼进一步加大促进小微商业发展的政策扶持力度。

一、基本情况

（一）经营情况稳中向好。据对 550 家正常营业的企业和个体经营户问卷调查显示，22.5%的小微商业经营情况较好，同比提高 7.1%，55.5%经营情况一般，同比下降 1.9%，22.0%经营情况偏差，同比下降 5.2%。分行业看，“经营情况较好和一般”的批零业经营户占 78.5%，比住餐业高 4.3 个百分点；分单位性质看，“经营情况较好和一般”的个体经营户占 81.2%，比企业高 6.5 个百分点。

（二）规模实力有所增强。据对 550 家正常营业的企业和个体经营户问卷调查显示，2016 年新设立小微商业企业和个体经营户资产和营业收入增长较快，规模和实力有所增强。2016 年末正常营业的单位户均资产 104.15 万元，同比增长 14.9%，其中，小微企业户均资产 173.3 万元，个体经营户户均资产 39.0 万元。2016 年正常营业的单位户均营业收入 141.54 万元，同比增长 21.2%，其中，小微企业户均营业收入 188.6 万元，个体经营户户均营业收入 98.2 万元。

（三）用工情况较为平稳。2016 年四季度末，正常营业的单位户均从业人员 3.9 人，与上年同期持平，其中，小微企业户均 5.3 人，个体经营户户均 2.6 人。四季度，550 家正常营业的单位支付的人均月薪为 2679 元，同比增长 3.8%，其中，小微企业人均月薪 2860 元，个体经营户人均月薪 2504 元。

（四）市场需求总体较好。调查的 550 家正常营业的企业和个体经营户反映，2016 年四季度市场需求情况与上季度基本相同的占 61.3%，同比提高 5.7 个百分点；反映比上季好的占 19.9%，同比提高 4.0 个百分点；仅 18.8%的企业和个体经营户反映市场需求情况比上季度差，同比下降 9.7 个百分点。

二、存在问题

（一）营业状态不稳，关、停、并、转趋升。2016 年四季度，跟踪调查的 1185 家新设立小微商业企业和个体经营户中，正常营业的有 550 家，占 46.4%，同比下降 6.1 个百分点；筹建中的有 140 家，占 11.8%，下降 2.5 个百分点；停业的有 129 家，占 10.9%，提高 2.4 个百分点；关闭、搬迁及被兼并等有 366 家，占 30.9%，提高 6.2 个百分点。从正常营业比例看，住餐业比批零业高，住餐业正常营业比例为 52.4%，比批零业高 6.7 个百分点。从稳定性情况看，企业相对稳定，企业正常营业的比例为 43.4%，同比下降 3.0 个百分点，比个体经营户的比例下降幅度低 6.4 个百分点。

（二）融资需求不旺，融资仍较困难。调查的 550 家正常营业的企业和个体经营户中，457 家企业和个体经营户无融资需求，占总数的 83.1%，同比下降 4.3 个百分点。有融资需求的 93 家企业和个体经营户反映融资较为困难，其中：81.7%未获得融资，9.7%获得少部分所需融资，5.4%获得大部分所需融资，仅 3.2%

的企业和个体经营户获得全部所需融资。获得融资的企业和个体经营户的融资渠道主要是从银行贷款和向个人借款，占比分别为58.8%和41.2%。

（三）用工需求不强，满意员工难招。大部分新设立小微商业企业和个体经营户在创设初期规模不大，现有员工基本满足经营需要，因而招工需求不强。四季度，正常营业的企业和个体经营户中，89.3%的样本单位没有用工需求，比上年同期高3.9个百分点。调查的有招工需求的59家企业和个体经营户中，仅27.1%反映能招到全部或大部分所需员工，27.1%反映仅招到少部分所需员工，45.8%反映未能招到所需员工。分行业看，餐饮业最难招到所需员工，100%有招工需求的餐饮业企业和个体经营户均反映未能招到或仅招到少部分所需员工，其他依次为零售业、批发业和住宿业，分别为75.0%、73.1%和25.0%；分单位性质看，73.9%的个体经营户反映招工难，比企业高1.7个百分点。

（四）新设立小微企业扶持力度有待进一步加大。调查的550家正常营业的企业和个体经营户中，71.1%反映没有享受到优惠政策，反映有享受优惠政策的企业和个体经营户仅占28.9%。享受优惠政策的企业和个体经营户中，有98.1%享受税费减免政策，3.1%享受政府资金支持，0.6%享受贷款优惠，0.6%享受房租减免三年优惠，有2.4%的企业和个体经营户同时享受两项以上优惠政策。

三、企业期盼

据对550家正常营业的企业和个体经营户问卷调查显示，新设立小微商业企业和个体经营户对政府政策措施有四盼：一是期盼政府加大财政金融支持力度，占51.3%；二是期盼进一步减少审批和资质资格认证，占45.8%；三是期盼政府加大对新设立单位经营场所的支持，占34.9%；四是期盼处罚违法违规行为、营造公平市场环境，占27.8%。

2016年福建省工业产品市场占有情况分析

2016 年是“十三五”的开局之年。面对国际、国内环境的深刻变化和风险挑战，福建工业企业迎难而上，积极开拓省内、省外和境外市场，产品销售收入小幅增长。但从市场结构看，省外、境外市场份额均下降。本文通过分析福建工业产品三大市场的销售变化情况，找出福建工业产品省外、境外市场份额下降的主要原因，进而就如何有效地增强工业产品竞争力、提高市场份额提出相关对策建议。

一、三大市场占有状况

2016 年，全省工业产品销售收入[1]达 42671.97 亿元，比上年增长 8.0%，增幅比上年提高 1.8 个百分点。省内、省外、境外三大市场销售份额比为 43.8：38.6：17.6（见下图），总体呈现以下特点。

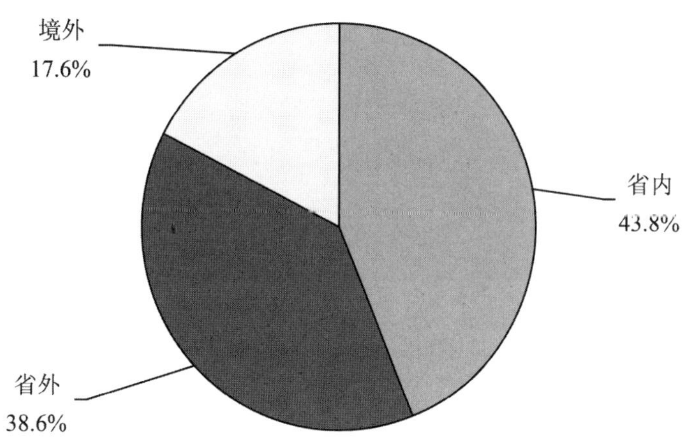

图　2016 年福建工业产品三大市场销售结构

（一）省内市场销售增长，市场份额持续攀升

2016 年，福建工业产品省内市场销售收入为 18686.06 亿元，比上年增长 12.4%，增幅比上年提高 1.8 个百分点；市场销售份额为 43.8%，比上年提高 1.7 个百分点，创历史新高。从大类行业看，35 个大类行业中，有 28 个行业省内市场销售收入增长，23 个行业市场销售份额提高。其中，提高幅度较大的 5 个行业依次是：废弃资源综合利用业（提高 11.6 个百分点）、有色金属冶炼和压延加工业（提高 10.8 个百分点）、印刷和记录媒介复制业（提高 9.0 个百分点）、黑色金属冶炼和压延加工业（提高 6.4 个百分点）、有色金属矿采选业（提高 5.9 个百分点）。分产品看，省内市场销售份额较大的产品主要有：搪瓷制品、城市轨道交通设备、水泥、石灰和石膏制品，饲料，毛皮鞣制制品等，市场销售份额均在 90%以上。

（二）省外市场销售增长，市场份额略有下降

受境外市场需求不足、贸易环境日益恶化等因素影响，福建乃至全国部分产品境外销售受阻，部分企业将产品转移回国内销售，加大了国内市场的竞争压力。福建工业产品竞争力偏弱，省外市场销售受到了挤压。2016 年，福建工业产品省外市场销售收入为 16484.18 亿元，比上年增长 4.9%，增幅比上年回落 5.3 个百分点；市场销售份额为 38.6%，比上年下降 1.2 个百分点。从大类行业看，有 15 个行业省外市场销售收入下降，23 个行业市场销售份额回落。其中，回落幅度较大的 5 个行业依次是：废弃资源综合利用业（回

[1] 仅包括采矿业和制造业，不包括电力、燃气和水的生产和供应业。

落 11.6 个百分点）、有色金属冶炼和压延加工业（回落 11.5 个百分点）、黑色金属冶炼和压延加工业（回落 6.8 个百分点）、医药制造业（回落 6.6 个百分点）、有色金属矿采选业（回落 5.9 个百分点）。分产品看，省外市场销售份额较大的产品主要有：羽毛、羽绒产品，铁路运输设备，环保、社会公共服务设备，非电力家用器具，雷达及配套设备等，市场销售份额均在 80%以上。

（三）境外市场销售由降转升，市场份额进一步缩减

2016 年，在国家及福建促进外贸增长等相关政策以及“一带一路”等战略推动下，福建对境外部分市场（如东盟、乌克兰、沙特等）出口增长，拉动境外市场销售收入上升，但受国际市场需求低迷、贸易摩擦加剧等因素制约，境外市场销售份额进一步缩减。全年福建工业产品境外市场销售收入为 7497.47 亿元，由 2015 年的下降 9.0%转为增长 4.7%；市场销售份额为 17.6%，下降 0.6 个百分点，连续 10 年下降。从大类行业看，有 12 个行业境外市场销售收入下降，15 个行业市场销售份额回落。其中，回落幅度较大的 5 个行业依次是：印刷和记录媒介复制业（回落 5.7 个百分点），家具制造业（回落 4.2 个百分点），计算机、通信和其他电子设备制造业（回落 4.2 个百分点），电气机械和器材制造业（回落 3.2 个百分点），汽车制造业（回落 2.9 个百分点）。分产品看，境外市场销售份额较大的产品主要有：家具、电子器件、视听设备、光学仪器、眼镜等，市场销售份额均在 60%以上。

（四）部分行业积极开拓市场，市场份额呈逆势上扬

2016 年，在国际市场需求低迷、国内市场竞争激烈的双重压力下，福建仍有部分行业积极开拓市场，在逆境中抢占市场份额，实现逆势上扬。据对全省文教、工美、体育和娱乐用品制造业，橡胶和塑料制品业，医药制造业等行业的 284 户企业调查显示：有 84.9%的受访企业通过提升产品品质的方式提高竞争力，35.9%的受访企业通过拓展营销网络、创新营销渠道的方式开辟新兴市场，22.2%的受访企业通过调整出口产品结构的方式巩固市场，取得了显著的成效。上述行业 2016 年境外市场销售份额分别比上年提高 1.5、1.4 和 0.9 个百分点。

二、省外、境外市场销售份额下降的主要原因

（一）世界经济复苏乏力制约出口

2016 年，世界经济增速持续放缓，全球经济复苏艰难。根据 IMF《全球经济展望》的估算，2016 年全球经济约增长 3.1%，不仅低于 1980-2015 年的历史均值 3.5%，还低于 2008-2015 年的危机均值 3.3%。部分国家进口下降，2016 年前三季度，美国商品进口同比下降 5.1%，日本下降 9.2%，欧元区下降 3.0%，俄罗斯下降 26.0%。

国际需求不足，大大制约了福建企业进一步开拓境外市场的能力。据对 2278 户工业出口企业调查，2016 年新签外贸订单总额为 2189.79 亿元，比上年下降 1.8%。其中，29.2%的企业新签外贸订单额下降。如：福建省石狮市某集团公司、泉州某材料科技股份有限公司反映，受到美、日、欧盟等市场需求减弱的影响，新签外贸订单额分别下降 36%和 40%。

（二）优势产品竞争力偏弱制约国内销售

一是优势产品数量偏少。2015 年，全国重点监测的 36 种产品中，福建占有率居前五的仅有 3 种，而国内市场销售份额居前的山东和江苏分别达到了 25 种和 21 种。二是优势产品市场份额偏低。2015 年，36 种主要工业产品中，福建市场份额较高的化学纤维和彩色电视机，国内市场销售份额分别为 11.9%和 9.9%，均居全国第 3 位，但是与排名靠前的省份相比，市场份额偏低。2015 年，化学纤维国内市场销售份额排名前两位的是浙江和江苏，销售份额分别比福建高出 32.7 和 17.7 个百分点；彩色电视国内市场销售份额排名前两位的是广东和山东，销售份额分别比福建高出 33.1 和 2.3 个百分点。

（三）创新动能不足制约高技术行业发展

近年来，虽然福建高技术产业的总量及规模逐渐扩大，但相当部分企业仍处于产业价值链的低端部分，

自主创新意识不高，企业研发人才优势偏弱、R&D 投入强度偏低。2015 年，全省规模以上工业企业科研机构中拥有博士和硕士 7126 人，占科研机构总人数的 9.8%，低于全国 13.5%的平均水平；R&D 投入占主营业务收入比重为 0.88%，比全国平均水平低 0.02 个百分点。由于科技投入低，创新动能不足，企业产品附加值低，竞争力逐渐下降，技术密集型的行业尤为明显。2015 年，福建高技术行业增加值率为 23.5%，比全省规模以上工业增加值率平均水平低 1.0 个百分点。2011-2015 年间，福建高技术产业竞争力弱，且逐年下降。与其他省份相比，2015 年，福建高技术产业竞争力指数为-0.690，与位居东部前 3 位的江苏（10.633）、山东（4.727）、浙江（2.065）差距明显；位次居东部“六省一市”下游水平（见下表）。竞争力的劣势在一定程度上制约了福建高技术企业开拓市场，2016 年，列入调查的高技术行业企业境外市场销售份额为 48.6%，比上年下降 1.3 个百分点。

表　东部“六省一市”高技术产业竞争力指数（2011-2015 年）

地区	2011		2012		2013		2014		2015	
	指数	位次	指数	位次	指数	位次	指数	位次	指数	位次
上海	2.725	3	0.852	4	0.604	4	0.624	4	1.107	4
江苏	6.730	1	7.554	1	7.414	1	7.354	1	10.633	1
浙江	1.168	4	0.871	3	0.787	3	0.765	3	2.065	3
安徽	-0.630	7	-0.374	6	-0.378	6	-0.315	6	-0.558	5
福建	-0.050	5	-0.124	5	-0.221	5	-0.241	5	-0.690	6
江西	-0.612	6	-0.408	7	-0.409	7	-0.347	7	-1.367	7
山东	3.017	2	3.107	2	3.303	2	3.412	2	4.727	2

（四）成本压力导致劳动密集行业竞争优势减弱

近年来，在人工、物流、厂租成本不断提高的情况下，福建劳动密集型行业成本居高不下。2016 年，福建规模以上劳动密集型行业每百元主营业务收入中的主营业务成本为 86.78 元，比全省平均水平高 0.58 元。高成本使福建劳动密集型行业竞争优势减弱，越来越多的订单向东南亚等国家转移，出口市场不断被挤占。2016 年 1-10 月，我国劳动密集型产品在欧盟市场份额同比下滑 1.8 个百分点，在美国市场份额下滑 1.2 个百分点，在日本市场份额下滑 2.1 个百分点，而同期部分东南亚国家同类产品在欧美日的市场份额均有所提升。2016 年，福建 5 类传统出口产品出口额同比均为下降，其中：家具及其零件类比上年下降 10.2%、箱包及类似容器类下降 18.7%、鞋类下降 11.4%、塑料制品类下降 6.6%、纺织服装类下降 8.7%；降幅分别比上年扩大 8.7、18.5、8.8、5.4 和 8.8 个百分点。

三、提高福建工业产品市场份额的几点建议

（一）深化供给侧结构性改革，扩大有效供给

目前，福建高技术产业、战略性新兴产业还大多处于国际垂直分工体系的中低层，缺乏核心竞争力。对此，福建应紧盯新兴市场需求，尤其在新一代信息技术产业、新材料产业等市场关注度较高的行业，应进一步扩大有效供给。一是主管部门应围绕《福建省“十三五”战略性新兴产业发展专项规划》，加大政策扶持力度以及宣传力度，对战略性新兴产业项目实行定期督查，及时帮助企业协调解决项目建设中存在的问题。二是打造新兴产业生产性服务业集群。服务化是制造业迈向中高端后的发展方向,因此建议围绕新兴产业打造生产性服务业集群，在重点集群中建立提供“运输仓储、研发设计、检验检测、贸易营销、专业配套服务”的一系列公共平台，同时引导企业重点关注核心产品的生产，而将上述“非生产性活业务”分离出来，委托第三方企业承担，尽早实现生产性服务业与产业集群“双轮互动”的发展格局，从而有效地提升先进制造业的知识和技术含量，加快产业集群的创新速度，推动产业结构优化升级。

（二）推进两化融合，降低企业成本

把握“互联网+”“中国制造 2025”发展趋势，深度促进“两化”融合。一是通过建立企业信息化平台，利用云计算、虚拟化等技术，整合基础电信和应用服务提供商资源，以“改买为租、按需购买、即买即用”方式，为中小企业提供服务器和软件产品租赁等信息化服务，进一步降低中小企业经营成本，提升管理效率，实现互联网化转型升级。二是切实推进“机器换工”。虽然当前福建出台了相关政策措施鼓励企业发展机器人，但由于初期投入成本高、经营维护开支大、资金投入回收期长等因素的影响，企业缺乏积极性。因此在加强宣传的同时应提高“机器换工”补助标准。

（三）整合优势，抱团开拓国外市场

“十三五”时期，随着自贸试验区和“海上丝绸之路”核心区的建设与运营，2017 金砖会议将在福建召开，境外市场份额有望进一步扩大，成为制造业产品增长的主要空间。为此建议：一是由政府引导全省优势产业（如电子信息、纺织服装产业等）中的龙头企业构建跨区域产业联盟试点。“联盟”通过建立信息交流平台，实现企业和其他相关主体的沟通与交流，再依据市场需求确定研发方向和目标市场定位，抱团开拓高端市场。二是以产业联盟的名义通过“国际采购团、国际产业协会、电子商务平台”等方式和途径，加大在海外的推介力度，吸引新兴市场国家的采购商。三是密切关注国外新技术法规的实施动态，与国际标准接轨，不断改进生产工艺和检测方法，加强原材料和成品检测，避免在日益强化的国外技术性贸易壁垒中丢失市场。

2016年福建省市场物价变动情况分析

2016 年福建省居民消费价格总水平比上年上涨 1.7%，涨幅与上年持平。其中：城市上涨 1.8%，农村上涨 1.5%；食品价格上涨 4.7%，非食品价格上涨 0.9%；消费品价格上涨 1.8%，服务价格上涨 1.6%。全省商品零售价格总水平比上年上涨 0.7%；农业生产资料价格总水平比上年上涨 0.2%。

一、居民消费价格变动特点

从 2016 年各月同比看，全省 CPI 呈“N”型走势：1 月份上涨 1.2%，2 月涨幅 2.9%为今年以来最高；3-8 月涨幅持续回落，8 月涨幅 0.7%回落至“1”以下，为今年以来最低月涨幅；受 9 月份“莫兰蒂”和“鲇鱼”强台风、中秋国庆节假日需求拉动等影响，CPI 涨幅明显回升，9-12 月同比分别上涨 1.7%、1.8%、2.0% 和 1.9%。从各月环比看，1 月、2 月、9 月分别上涨 0.5%、2.2%、0.9%，3 月、5 月分别下降 0.9%、0.4%，其余月份价格变动总体平稳。

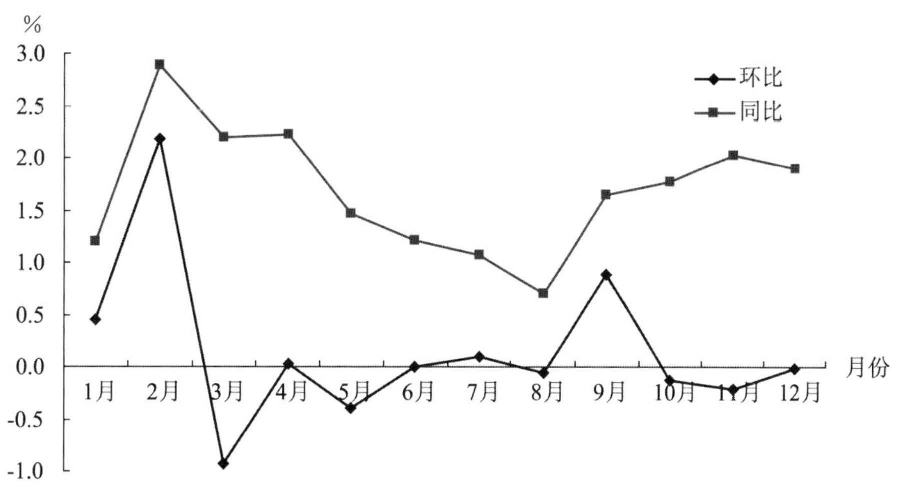

图 1　2016 年各月福建省居民消费价格环比、同比走势图

（一）八大类商品和服务价格“六升二降”

2016 年全省居民消费价格八大类商品和服务价格同比涨幅呈“六升二降”：食品烟酒类、衣着类、居住类、教育文化和娱乐类、医疗保健类、其他用品和服务类分别上涨 3.9%、0.3%、0.7%、1.2%、2.9%、2.5%；生活用品及服务类、交通和通信类分别下降 0.2%、0.6%。

（二）食品烟酒类影响程度居八大类之首

2016 年全省食品烟酒类价格比上年上涨 3.9%，拉动居民消费价格总水平上涨 1.17 个百分点，影响程度为 68.8%，居八大类之首。其中，食品、烟酒、在外餐饮分别上涨 4.7%、1.5%、3.0%，茶及饮料持平。

1.食品类上涨 4.7%，拉动全省居民消费价格总水平上涨 0.93 个百分点，调查的 14 类食品有 8 类价格上涨，涨价面达 57.1%，鲜菜、猪肉价格涨幅较大，是影响食品类价格上涨的主要因素。

（1）鲜菜价格大幅上涨。受年初极寒天气、9 月的“莫兰蒂”和“鲇鱼”强台风以及节假日需求等因素影响，2016 年全省鲜菜价格上涨 16.4%，涨幅比上年扩大 7.6 个百分点，比全国平均上涨 11.7%高 4.7 个百分点，位居全国第 3 位。各月鲜菜价格波动较大，2 月同比和环比涨幅均为全年最高月涨幅，分别上涨

75.2%和47.9%。

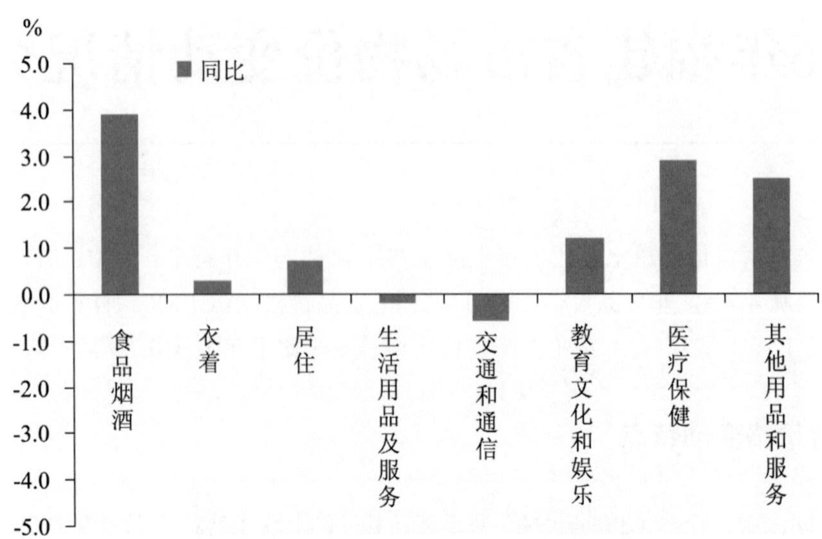

图2 2016年福建省居民消费价格分类别同比涨跌幅

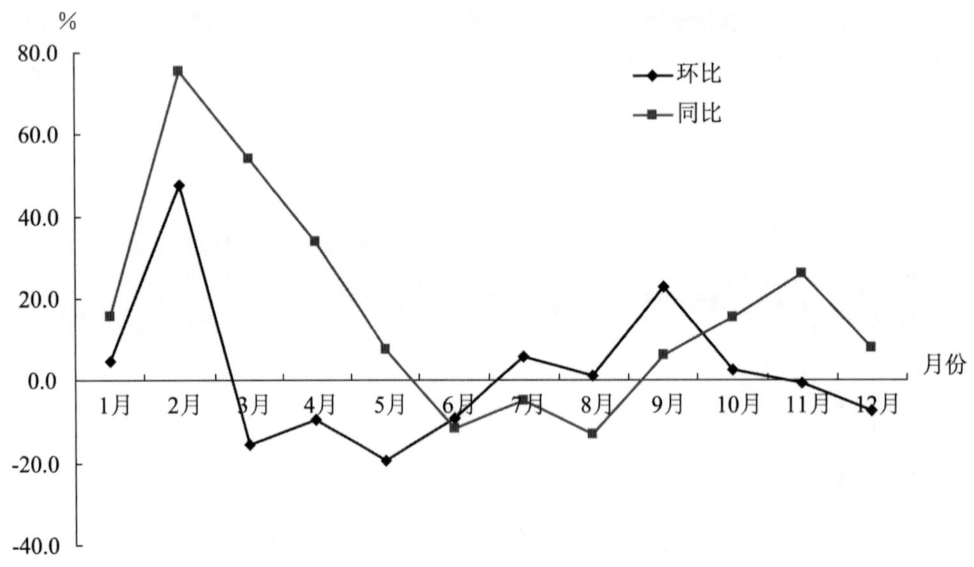

图3 2016年各月福建省鲜菜价格环比、同比涨跌幅

（2）猪肉价格止涨企稳。2016年全省猪肉价格上涨17.0%，涨幅比上年扩大8.6个百分点，猪肉价格呈现“冲高-回落-企稳”态势。从各月同比看，1-7月猪肉价格涨幅均为两位数，4月涨幅最高为32.2%，8-12月各月价格涨幅回落到7.1%-7.7%。从各月环比看，1-5月持续上涨，2月涨幅最高为4.8%，6月止涨企稳、价格持平，下半年除了9月和12月均上涨0.1%外，其余各月降幅在1.2%-2.3%之间。

（3）水产品价格上涨4.1%，比上年扩大3.1个百分点，拉动全省居民消费价格上涨0.13个百分点。其中，淡水鱼上涨1.5%、海水鱼上涨2.8%、虾蟹类上涨5.7%、其他水产品及制品上涨5.4%。

（4）蛋类价格下降4.0%，其中，鸡蛋下降4.3%、其他蛋及制品下降2.2%。自2015年4月起，全省蛋类价格月同比已连续21个月下降。

（5）干鲜瓜果类价格下降3.7%，其中，鲜瓜果由于市场供应充足导致下降4.3%。

2.烟酒类价格上涨1.5%，其中，烟草上涨2.3%，酒类上涨0.2%。烟草价格上涨主要是2016年前5个月受2015年5月10日烟草税上调政策的翘尾影响。

3.在外餐饮上涨3.0%，其中，正餐上涨3.1%、快餐上涨3.0%、地方小吃上涨5.2%，其他在外餐饮持平。

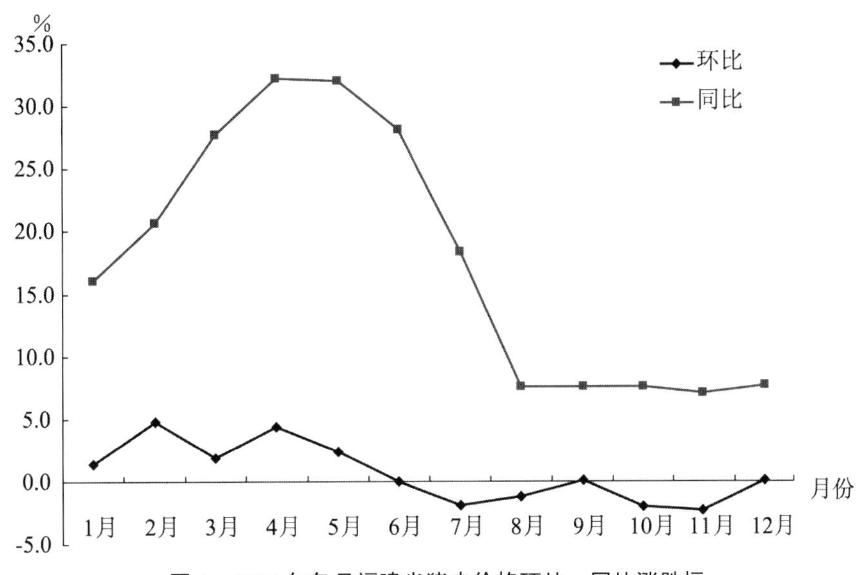

图 4　2016 年各月福建省猪肉价格环比、同比涨跌幅

（三）工业品价格小幅下跌

受经济下行、消费不景气等因素影响，2016 年全省工业品价格比上年下降 0.2%，拉动全省居民消费价格总水平下降 0.07 个百分点。从各月价格走势看，1-7 月全省工业品价格同比降幅在 0.2%-1.8%之间波动，8 月份开始止跌回升，8-12 月同比涨幅在 0.4%-2.0%之间。

1.汽油、柴油分别下降 2.3%、2.7%。主要受国家多次调整成品油价格的影响；管道燃气、液化石油气分别下降 5.3%、5.9%。

2.家用器具、交通工具、通信工具、文娱耐用消费品分别下降 2.8%、0.4%、3.9%、3.7%。

3.药品及医疗器具上涨 3.4%，其中，中药、西药、滋补保健品分别上涨 4.2%、3.4%、4.1%。国家药品零售价格限价政策取消后，大部分药品由厂家自主定价，为维持利润，部分市县个别药品价格出现上涨。

4.衣着类上涨 0.3%，其中，服装上涨 0.4%、服装材料上涨 1.7%、鞋类下降 0.1%、其他衣着及配件下降 0.2%。

5.金饰品上涨 11.9%。受国际黄金价格波动等因素影响，2016 年全省金饰品价格涨幅较大。从各月同比看，除 1 月下降 4.2%外，其余各月均呈上涨态势，7、8、9 月分别上涨 21.2%、22.9%和 20.8%；从各月环比看，1、2、7 月价格涨幅较大，分别上涨 4.0%、5.8%、5.8%。

（四）服务价格持续上涨

受医疗服务价格调整、劳动力价格上涨以及城乡居民服务消费需求不断增加等因素影响，全省服务价格继续上涨。2016 年全省服务价格比上年上涨 1.6%，拉动居民消费价格总水平上涨 0.59 个百分点。调查的 65 种服务价格，上涨的有 45 种，涨价面 69.2%，有 12 种持平，8 种下降。

1.医疗服务上涨 2.7%，其中：综合医疗类、中医医疗服务类、治疗类、康复类、诊断类分别上涨 5.7%、5.2%、2.7%、1.4%、1.2%。主要受 2015 年全省部分市县公立医院陆续实行医改政策的翘尾影响，2016 年 1 月南平和泉州又再次对公立医院的部分医疗服务项目价格进行调整。

2.受春运、寒暑假、节日出行旅游需求增多等因素影响，交通和旅游价格上涨。交通费上涨 1.7%，其中，飞机票上涨 6.1%、市内公共交通上涨 1.1%、出租车上涨 1.0%；旅游价格上涨 2.7%。

3.受经营成本增加影响，教育服务上涨 1.5%，其中，学前教育上涨 4.9%、小学初中教育上涨 1.7%、高中中职教育上涨 1.3%、高等教育上涨 0.6%、课外教育上涨 2.4%。

4.受人工费用上涨以及需求增加等因素影响，部分服务项目价格涨幅较大。如美发上涨 7.3%、衣着加工服务费上涨 1.7%、物业管理费上涨 3.0%、家庭服务上涨 3.1%、车辆修理与保养上涨 2.3%、私房房租上涨 1.1%、自有住房上涨 1.6%。

二、居民消费价格位次情况

（一）全省居民消费价格涨幅低于全国

2016 年全省居民消费价格总水平比上年上涨 1.7%，比全国平均上涨 2.0%低 0.3 个百分点。按指数从高到低排序，居全国各省（市、区）第 17 位。

（二）各设区市居民消费价格变动情况

2016 年全省 9 个设区市居民消费价格涨幅从高到低依次是：福州市上涨 2.3%、厦门市上涨 1.7%、泉州市上涨 1.7%、龙岩市上涨 1.5%、漳州市上涨 1.5%、宁德市上涨 1.4%、南平市上涨 1.3%、莆田市上涨 1.3%、三明市上涨 1.1%。

三、农业生产资料价格小幅上涨

2016 年全省农业生产资料价格总水平比上年上涨 0.2%，十大类呈“四升六降”，其中，仔畜幼禽及产品畜、农业生产服务分别上涨 20.7%、1.5%，共拉动全省农业生产资料价格总水平上涨 1.5 个百分点；饲料、化学肥料分别下降 3.1%、1.3%，共拉动全省农业生产资料价格总水平下降 1.21 个百分点。

（一）仔畜、产品畜价格涨幅较大。2016 年全省仔畜幼禽及产品畜价格上涨 20.7%，拉动全省农业生产资料价格总水平上涨 1.29 个百分点，是影响全省农业生产资料价格上涨的主要因素。其中，仔畜、产品畜价格分别上涨 38.5%、11.2%，幼禽下降 1.5%。

（二）农业生产服务价格持续上涨。受劳动力成本上升以及农村外出打工人员增加的影响，全省农业生产服务价格持续上涨，尤其是春耕备耕期间，农村劳动力需求增多，拉动价格进一步上扬。2016 年全省农业生产服务价格上涨 1.5%，拉动全省农业生产资料价格总水平上涨 0.21 个百分点。其中，机械作业费、农业用电、农业用工分别上涨 2.1%、0.6%和 1.4%。

2016年福建省工业生产者价格降幅收窄　止跌回升

2016 年，随着供给侧结构性改革等政策的推进，去产能、去库存力度的加大，加之原油、煤炭、钢材、有色金属等大宗商品市场行情有所好转，福建省工业生产者出厂价格呈降幅逐步收窄、止跌回升的走势。据调查，2016 年工业生产者出厂价格比上年下降 0.9%，降幅比 2015 年收窄 2.1 个百分点（详见图 1），其中 9 月份开始出厂价格同比结束了持续 55 个月负增长的走势。

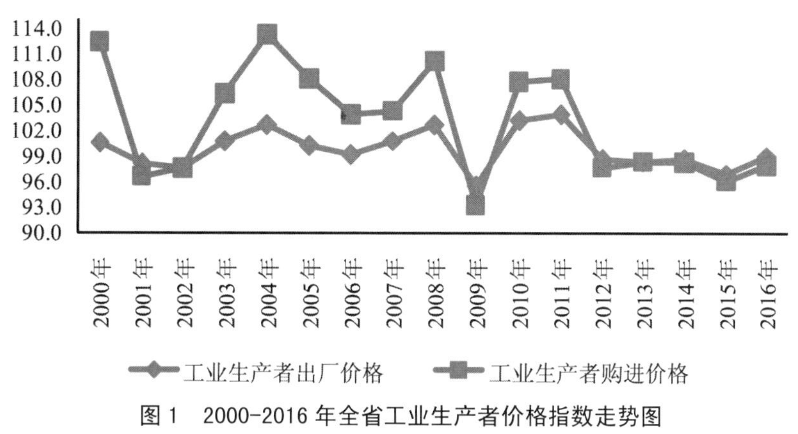

图 1　2000-2016 年全省工业生产者价格指数走势图

一、总体运行情况

（一）工业生产者价格月同比指数逐月回升，由负转正

出厂价格：1-8 月份工业生产者出厂价格同比均为下降，但降幅逐月收窄；9 月份，工业生产者出厂价格同比上涨 0.1%，结束了自 2012 年 2 月以来同比连续 55 个月下降态势，首次由负转正。10-12 月份工业生产者出厂价格涨幅持续扩大，分别比 9 月份扩大 0.5、1.6 和 3.2 个百分点。

购进价格：1-9 月份工业生产者购进价格同比均为下降，但降幅逐步收窄；10 月份，工业生产者出厂价格同比上涨 0.3%，结束了自 2012 年 3 月以来同比连续 55 个月下降态势，首次由负转正。11-12 月份工业生产者购进价格涨幅持续扩大，分别比 10 月份扩大 1.8 和 3.6 个百分点（详见图 2）。

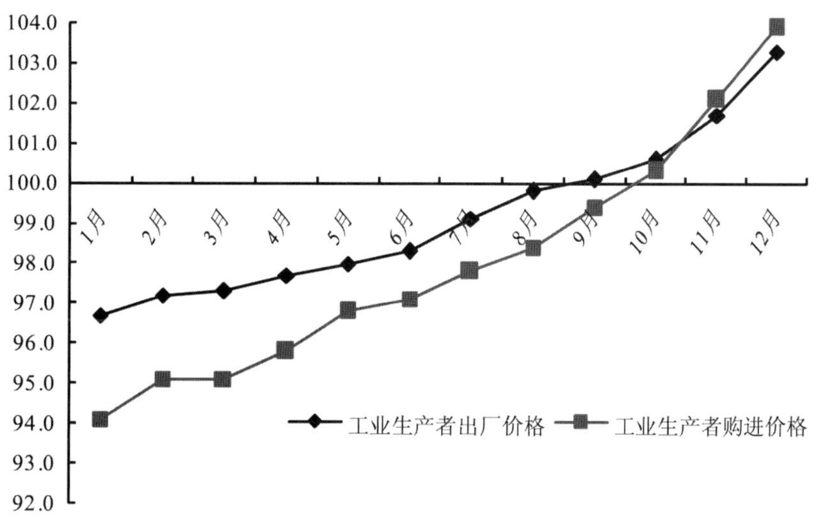

图 2　2016 年工业生产者价格月同比指数情况

（二）生活资料价格指数高于生产资料，上游产品出厂价格降幅大于下游产品

2016 年全省生产资料出厂价格下降 2.1%，降幅比上年收窄 2.9 个百分点。其中，采掘、原材料、加工类价格分别下降 3.0%、4.2%、1.3%。生活资料出厂价格上涨 1.2%，涨幅比上年扩大 0.7 个百分点。其中，食品、衣着、一般日用品、耐用消费品类价格分别上涨 1.0%、1.8%、1.1%、0.3%。生活资料比生产资料出厂价格指数高 3.3 个百分点。

全省初级产品出厂价格下降 2.4%，中间产品出厂价格下降 1.6%，最终产品出厂价格下降 0.5%。初级产品比中间产品价格降幅大 0.8 个百分点，比最终产品价格降幅大 1.9 个百分点。

（三）六成行业出厂价格比上年下降，下降面缩小

2016 年,调查的 38 个行业大类中有 23 个行业工业生产者出厂价格比上年下降，下降面为 60.5%，比上年缩小 5.3 个百分点。其中，价格降幅超过 5.0%的仅有 3 个行业，比上年同期少了 5 个；价格涨幅超过 1.0%的有 9 个行业，比上年同期多了 5 个。降幅较大的行业分别是：燃气生产和供应业下降 14.5%，化学纤维制造业下降 9.8%，石油加工、炼焦和核燃料加工业下降 8.2%。

（四）9 大类购进价格呈“6 降 3 升”

2016 年全省工业生产者购进价格比上年下降 2.0%，降幅较上年收窄 1.9 个百分点。其中，9 大类购进价格中降幅较大的是：燃料、动力类下降 7.0%、有色金属材料及电线类下降 5.7%。购进价格指数较上年回升较多的是：黑色金属材料类、农副产品类、化工原料类，分别回升 10.4、3.9、2.9 个百分点（详见表 1）。

表 1 工业生产者购进价格指数情况

项目名称	比上年涨跌幅（%）		二者差
	2016 年	2015 年	
工业生产者购进价格	-2.0	-3.9	1.9
⑴燃料、动力类	-7.0	-6.4	-0.6
⑵黑色金属材料类	-3.5	-13.9	10.4
⑶有色金属材料及电线类	-5.7	-5.1	-0.6
⑷化工原料类	-2.5	-5.4	2.9
⑸木材及纸浆类	1.2	-0.7	1.9
⑹建筑材料及非金属类	-1.1	-2.4	1.3
⑺其它工业原材料及半成品类	-0.6	-1.2	0.6
⑻农副产品类	0.3	-3.6	3.9
⑼纺织原料类	0.6	-2.0	2.6

二、影响工业生产者价格指数回升的主要行业

2016 年，皮革、毛皮、羽毛及其制品和制鞋业，农副食品加工业，文教、工美、体育和娱乐用品制造业，黑色金属冶炼和压延加工业等 4 个行业合计影响工业生产者出厂价格总水平上涨约 0.5 个百分点，是影响工业生产者出厂价格指数回升的重要因素。

（一）皮革、毛皮、羽毛及其制品和制鞋业产品出厂价格比上年上涨 2.6%，影响工业生产者出厂价格上涨 0.2 个百分点。其中,皮鞋制造价格上涨 4.1%，手提包（袋）、背包价格上涨 3.9%，皮手套及皮装饰制品制造价格上涨 6.3%。

（二）农副食品加工业产品出厂价格比上年上涨 1.7%，影响工业生产者出厂价格上涨 0.11 个百分点。其中,蛋白质饲料价格上涨 16.1%，冷冻虾价格上涨 9.8%，鲜、冷藏肉价格上涨 7.6%。

（三）文教、工美、体育和娱乐用品制造业产品出厂价格比上年上涨 2.3%，影响工业生产者出厂价格上涨 0.07 个百分点。其中,漆器工艺品制造价格上涨 7.7%，贵金属首饰价格上涨 3.4%，运动用球类器材及

器械价格上涨 6.8%。

（四）黑色金属冶炼和压延加工业产品出厂价格比上年上涨 1.4%，影响工业生产者出厂价格上涨 0.06 个百分点。其中,钢筋价格上涨 8.5%，中小型型钢价格上涨 9.9%，中板价格上涨 6.7%，生铁价格上涨 7.7%。

三、在全国的排位及华东地区比较

（一）在全国位次逐步后移，且波动幅度小于全国

2016 年全省工业生产者出厂价格比上年下降 0.9%，降幅比全国下降 1.4%小 0.5 个百分点，按指数从高到低排序，居全国 31 个省（市、区）第 4 位，位次较上年后移 2 位；全省工业生产者购进价格同比下降 2.0%，降幅与全国持平，按指数从高到低排序，居全国 30 个省（市、区）（不含西藏）第 12 位，位次较上年后移 5 位。

月同比指数从高到低排序，1-8 月份全省工业生产者出厂价格指数在全国位次保持在第 4 位左右，9-12 月份分别后移到全国第 11、22、24、25 位，位次逐步后移。主要原因是福建工业生产结构与全国不同，今年工业生产者出厂价格指数快速回升，主要是受原油、煤炭、钢材、有色金属等资源型大宗商品价格大幅上涨的带动，而福建资源型产品产出占比较小，指数计算权数亦相对较小，所以价格指数波动幅度明显小于全国平均水平（详见图 3）。

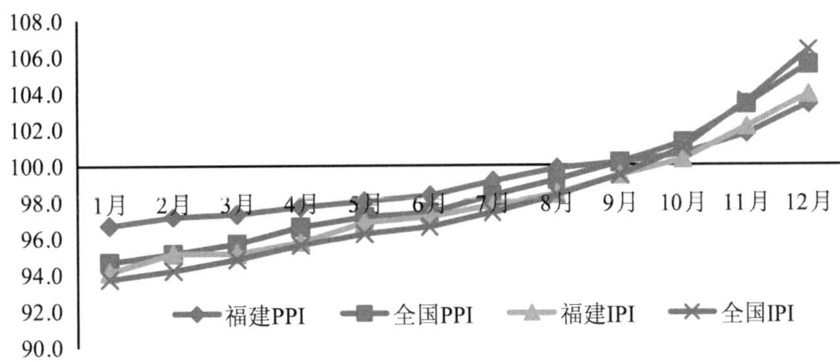

图 3　2016 年全国和福建工业生产者价格指数月同比情况

（二）指数排名居华东地区前列，但差距较小

2016 年，在华东六省一市中，按工业生产者出厂价格指数从高到低排序，福建居首位，分别比上海、江西、安徽、山东、浙江、江苏高 0.3、0.5、0.6、0.6、0.8、1.0 个百分点；按工业生产者购进价格指数从高到低排序，福建与江苏、山东并列居第 2 位（详见表 2）。

表 2　2016 年华东地区工业生产者价格指数情况

单位：%

地　区	出厂价格指数	位次	购进价格指数	位次
上　海	98.8	2	97.7	6
江　苏	98.1	7	98.0	2
浙　江	98.3	6	97.8	5
安　徽	98.5	4	98.4	1
福　建	**99.1**	**1**	**98.0**	**2**
江　西	98.6	3	97.7	6
山　东	98.5	4	98.0	2

2016年福建省农产品生产者价格情况分析

2016 年福建省农产品生产者价格同比上涨 8.3%，涨幅比上年提高 7.1 个百分点,比全国平均水平高 4.9 个百分点。全省农产品生产者价格同比呈“三升一降”态势，其中：农业、牧业、渔业产品价格分别上涨 8.8%、15.7%和 7.3%，林业产品价格下跌 4.3%。

一、全省农产品生产者价格运行的主要特点

2016 年，福建农产品生产者价格涨幅呈现“前高后低，稳中有降”的态势，一季度同比上涨 10.8%，上半年达到全年最高值 11.4%，前三季度略有回落，为 10.5%，全年达到最低值 8.3%。

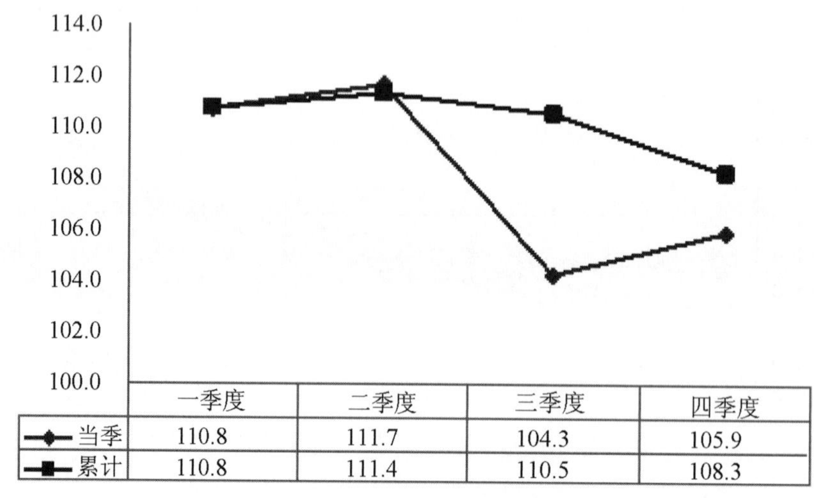

	一季度	二季度	三季度	四季度
当季	110.8	111.7	104.3	105.9
累计	110.8	111.4	110.5	108.3

2016 年农产品生产者价格指数分季情况

（一）农业产品价格上涨

2016 年全省农业产品价格同比上涨 8.8%，其中蔬菜和水果价格上涨明显，食用菌、茶叶价格有所下降。

1.蔬菜价格同比上涨 11.7%。全年蔬菜价格波动较大，个别品种涨幅明显，主要受气候变化以及市场需求等因素影响。今年夏季台风雨水较多，导致蔬菜产量下降价格上涨。其中芥菜类、甘蓝类、葱蒜类等蔬菜涨幅居前，分别上涨 25.5%、24.0%和 23.0%；叶菜类、白菜类、水生蔬菜、茄果类、豆类和瓜菜类蔬菜分别上涨 16.4%、16.1%、15.5%、13.7%、3.8%和 2.2%；根茎类蔬菜价格持平。

2.食用菌价格同比下降 0.4%。其中，平菇、香菇价格分别上涨 1.4%、0.8%，茶树菇价格持平，双孢蘑菇、黑木耳价格分别下降 2.1%和 3.6%。

3. 水果价格同比上涨 27.8%。其中荔枝、枇杷、龙眼分别上涨 67.1%、53.0%、40.6%，主要是受霜冻影响，水果产量大幅减少。

4.茶叶价格同比下降 2.4%。其中红茶、绿茶、清茶、乌龙茶分别下降 9.3%、0.1%、1.3%、3.9%。茶叶价格受品种、时间、气候变化等因素影响波动较大。

（二）林业产品价格有所下降

全省林业产品价格同比下降 4.3%。其中，木材采伐产品同比下降 3.4%，毛竹下降 3.6%，林产品价格

下降 5.8%。据调查，从 2013 年开始，永安市竹木加工企业经济效益逐年下降，尤其是出口企业更为明显，对毛竹和杉木的需求持续回落。

（三）牧业产品价格持续上涨

2016 年牧业产品价格同比上涨 15.7%，在四大类农产品中涨幅居首。分类别看：猪、活家禽价格分别上涨 23.5%和 2.0%，畜禽产品价格下降 2.7%。猪价上涨主要原因：一是由于 2013-2015 年上半年养殖效益差，存栏量减少；二是开展生猪养殖污染专项整治后，许多养殖场被相继拆除。畜禽产品中，鸡蛋价格上涨 0.3%，鸭蛋价格下跌 9.1%。

（四）渔业产品涨幅较快

渔业产品价格同比上涨 7.3%。分类别看：海水养殖产品价格上涨 10.1%，涨幅居首,其中海水养殖虾、蟹、贝类和藻类价格同比分别上涨 5.5%、17.8%、13.2%和 16.1%。海水捕捞产品价格同比上涨 7.8%，其中海水捕捞鲜鱼、虾、蟹和软体水生动物价格分别上涨 7.0%、2.1%、10.6%和 12.3%。

二、影响农产品价格变动的主要因素

（一）供求因素

从总量上来看，2016 年全省城镇常住人口 2464 万人，比 2015 年末增加 61 万人，随着福建省城镇人口增长和农产品深加工需要，农产品总需求稳步提升，虽然随着现代农业的大力发展，农产品总供给相应增长，但和刚性增长的需求相比仍存在差距；从结构上来看，随着全省人民生活水平的提高，消费结构出现转型，中低端农产品生产供给与市场群体对优质农产品需求之间的矛盾日益突出，形成了结构上的供需失衡。这两方面的供需失衡，共同导致了价格上涨。

（二）气候因素

农产品生产者价格由于对劳动力依赖程度高，生产周期长，容易受自然因素影响。受超强厄尔尼诺事件影响，2016 年福建气候异常，极端天气气候事件频发，气象灾害造成的损失重，气候年景差，全年共经历了 6 次寒潮、7 个台风（3 个登陆）、8 次高温、24 次强对流和 33 场暴雨过程，其中莫兰蒂、尼伯特、鲇鱼等台风和年初低温霜冻灾害对全省大部地区农业生产带来巨大影响，如龙眼、荔枝、枇杷等水果大幅减产，供应量减少，生产价格明显上涨，2016 年水果生产价格比上年上涨 27.8%，其中龙眼、荔枝、枇杷分别上涨 40.6%、67.1%、53.0%。

（三）政策因素

从生猪生产周期看，近期生猪价格居于高位，带有恢复性和补偿性，是过去三年生猪价格偏低引发产能适应性调整的结果。同时按照《福建省人民政府关于进一步加强生猪养殖面源污染防治工作六条措施的通知》（闽政〔2014〕44 号）、《福建省人民政府办公厅关于贯彻落实生猪养殖面源污染防治工作六条措施的实施意见》（闽政办〔2014〕158 号）要求，全省各级政府加大禁养区关闭拆除力度，严格生猪养殖准入门槛，加快推进标准化改造。2016 年猪存栏数 983.18 万头，比上年减少 82.98 万头，同比下降 7.8%。

三、稳定农产品生产价格的建议

（一）推进农业供给侧结构性改革

一是进一步完善全省农业生产结构和区域布局规划，优化农业发展结构，做好部分农产品以需定产。积极发展订单农业，充分利用好订单农业的市场性、契约性、预期性和风险性，以先找市场后生产的生产模式避免盲目生产，使农产品供给更加有利于价格优势发挥；二是不断提高农产品质量，大力发展无公害农产品、绿色农产品和有机农产品供给，在增加农产品数量的同时，不断提升农产品质量、缓解供需平衡问题，使农产品价格在合理区间发挥作用。

（二）加大农业保险推广力度

农业保险是增强农业和农民抵御自然灾害能力的有效途径，是稳定和保障农民收入、不断提高农民生活水平的重要保障。必须采取有效措施进一步发展农业保险，做到真正惠农，稳定农价。一是创新农业保险产品，提高保险覆盖面；二是健全基层保险网络，提高服务水平；三是简化理赔程序，缩短赔付到账时间。

（三）提高市场监管水平

建立健全农产品交易市场建设与管理的法律法规，完善农产品进入市场的质量安全标准体系和检验检测体系，严格市场准入制度。 严厉打击哄抬物价、强行打压农产品价格和强买强卖的不法行为。加强对农业生产资料市场的监管监督，严厉打击不法商贩销售假冒伪劣农资坑农害农行为。同时政府应该有效运用好农产品最低收购保护价政策,切实保护广大农牧民利益，保证农产品价格相对稳定。

2016年福建省居民收支稳定增长

2016 年福建省居民人均可支配收入 27608 元，比上年增长 8.7%，增幅回落 0.2 个百分点；扣除价格因素实际增长 6.9%，增幅回落 0.2 个百分点。人均生活消费支出 20167 元，比上年增长 7.0%，增幅提升 0.2 个百分点；扣除价格因素实际增长 5.2%，增幅提升 0.2 个百分点。

按常住地分，2016 年福建省城镇居民人均可支配收入 36014 元，比上年增长 8.2%，扣除价格因素实际增长 6.3%；农村居民人均可支配收入 14999 元，比上年增长 8.7%，扣除价格因素实际增长 7.1%。城镇居民人均生活消费支出 25006 元，比上年增长 6.3%，扣除价格因素实际增长 4.4%；农村居民人均生活消费支出 12911 元，比上年增长 7.9%，扣除价格因素实际增长 6.3%。

一、居民收入变化特点

表 1　2016 年福建居民人均可支配收入情况表

指　标	全体居民人均可支配收入		城镇居民人均可支配收入		农村居民人均可支配收入	
	绝对数（元）	增幅（%）	绝对数（元）	增幅（%）	绝对数（元）	增幅（%）
可支配收入	**27608**	**8.7**	**36014**	**8.2**	**14999**	**8.7**
工资性收入	16042	8.1	22213	7.2	6785	9.7
经营净收入	5280	7.1	4919	7.6	5821	6.7
财产净收入	2622	10.5	4199	9.9	256	10.0
转移净收入	3664	12.4	4682	12.4	2137	11.4

（一）居民收入差距缩小

从居民家庭按收入高低五等分分组看，2016 年最高收入组与最低收入组家庭的人均可支配收入比为 7.47∶1，相比 2015 年的 7.53∶1 呈现进一步缩小的态势。2016 年福建城镇居民与农村居民人均可支配收入之比由 2015 年的 2.41∶1 缩小为 2.40∶1。

（二）工资性收入结束翘尾因素影响，增幅环比回落

受 2015 年三季度兑现的行政事业单位工资改革和提高最低工资标准等因素影响，2016 年上半年福建居民人均工资性收入维持了两位数的增长。2016 年三季度，随着增资政策的翘尾影响告一段落，城乡居民工资性收入环比呈不同程度回落态势。全年来看，全体居民人均工资性收入增幅较上半年回落 2.8 个百分点；城镇居民人均工资性收入增幅较上半年回落 3.0 个百分点；农村居民人均工资性收入增幅较上半年回落 2.3 个百分点。

（三）受第二产业经营收入下降影响，经营净收入增幅回落

2016 年福建居民人均经营净收入增幅较上年回落 0.2 个百分点。其中，第一产业经营收入比上年增长 3.9%，增幅与上年持平；第二产业经营收入比上年下降 11.8%，是经营净收入增幅回落的主要原因；第三产业经营净收入比上年增长 15.1%，增幅上升 6.7 个百分点，占经营净收入比重达 57.6%，成为 2016 年居民经营净收入增长的最大支撑点。

（四）住房类收入强力拉动，财产净收入实现高增长

受到房地产市场升温的影响，2016 年福建居民出租房屋收入和虚拟房租收入均实现了快速增长。受此二者的拉动，居民财产净收入实现了两位数的高增长。2016 年福建居民人均财产净收入 2622 元，比上年增长 10.5%，增幅上升 4.5 个百分点。其中，居民出租房屋财产性收入 725 元，比上年增长 13.9%；居民房屋虚拟租金收入 1709 元，比上年增长 13.1%。二者合计占财产净收入的比重从 2015 年的 90.5%上升到 92.8%。

（五）养老金政策兑现，转移净收入维持两位数增长

2016 年福建继续提高养老金与离退休金发放标准，并于 9 月份补发了 2016 年 1 月以来的增加部分。受此影响，2016 年福建居民人均养老金与离退休金收入达到 3225 元，比上年增长 13.1%，使全年的居民转移净收入增幅较前三季度提高了 6.5 个百分点，尽管比 2015 年低 2.3 个百分点，但仍实现了 12.4%的两位数增长。

二、居民增收主要因素

（一）自贸区、电商和旅游产业发展，改善居民就业环境

1.自贸区发展激发投资实体经济热情。福建自贸区的发展吸引众多优质企业入驻，实施创新举措带动全省企业经营形势向好，促进居民经营收入增加。自挂牌至 2016 年 11 月底，福建自贸试验区新增企业 47330 户，注册资本 9033.95 亿元，新增合同外资 78.5 亿美元。

2.电商等新兴业态蓬勃发展，农产品销售日趋活跃。福建各级政府高度重视互联网经济发展，相继出台了一系列政策予以大力推动。福州、莆田、三明等市着力发展特色电商经济，将“跨境电商”、“农村电商”作为发展电子商务的突破口，取得良好效果。福建已成为全国三大网货制造基地之一，2015 年国家电子商务示范基地数已位居全国第 4 位，县域电子商务发展指数居全国第 3 位，电子商务百佳县数量居全国第 2 位。据长汀县电商中心数据显示，2016 年上半年长汀全县实现网上交易额 11.4 亿元，其中农产品交易额突破 6 亿元大关，占总交易额的 52.6%。

（二）政府关注弱势群体，多举措增加转移收入

1.兑现了养老金与离退休金的增长。9 月份兑现 2016 年的提高养老金与离退休金政策，退休人员月人均基本养老金在 2015 年 12 月的基础上增长 6.5%左右。

2.再次提高城乡居民社保标准。将城乡居民社会养老保险的基础养老金最低标准再次提高 15 元，增加到每人每月 100 元。从 2016 年 7 月 1 日起补发，2016 年 12 月底前发放到位。

3.多地相继提高最低生活保障标准。福州、厦门、三明、泉州等地均提高了城乡低保标准，最高提至每人每月 610 元。

（三）楼市升温推高城镇居民财产净收入增幅

2016 年 2 月，福州市公开出让四幅地块，中庚集团以楼面价每平方米 23183 元竞得“地王”。此后，福州、厦门“地王”频现，拉动附近区域楼盘价格大幅上涨。至 2016 年 12 月，福州、厦门新建商品住宅销售价格同比分别上涨 27.6%、41.9%，二手住宅价格同比分别上涨 16.6%、32.4%。受此影响，城镇居民的出租房屋财产性收入和虚拟房租收入分别较上年增长 14.2%和 12.4%，拉动经营净收入增幅较上年提高 5.1 个百分点。

（四）农产品价格上涨带动居民经营净收入增长

上半年全省鲜菜价格同比上涨 28.2%，涨幅比上年同期提高 22.2 个百分点，创近十年新高；全年同比累计上涨 16.4%，依然维持在高位。2016 年全省猪肉价格同比上涨 17.0%，比上年同期扩大 8.6 个百分点；特别是 5 月份，全省生猪平均价格每公斤达 21.4 元，为历史的最高点，自繁自养出栏一头育肥猪盈利 850 元以上，2016 年以来生猪养殖均处于高盈利区间。这些都较大提高了生猪和蔬菜生产大县农民经营净收入。

三、居民消费变化特点

表 2 2016 年福建居民人均消费支出情况表

指 标	绝对数（元）	增幅（%）
生活消费支出	**20167**	**7.0**
食品烟酒	6907	7.3
衣着	1093	-3.7
居住	5200	12.1
生活用品及服务	1111	6.1
交通通信	2504	8.6
教育文化娱乐	1905	6.8
医疗保健	1054	2.5
其他用品和服务	393	-16.7

（一）居民消费增速呈加速势头

2016 年福建居民人均生活消费支出首次突破 2 万元大关，达 20167 元，比上年增长 7.0%。在同期收入增长放缓的情况下，居民消费支出增幅比 2015 年上升 0.2 个百分点。其中，八大类消费支出呈“六升二降”态势，生活用品及服务支出、居住支出和食品烟酒支出的增幅更是分别比上年上升了 4.6、3.7 和 1.4 个百分点，扭转了上年居民消费支出增幅回落速度快于可支配收入的态势。

（二）物价上涨推高食品消费支出

2016 年福建居民的恩格尔系数为 34.2%，人均食品烟酒支出比上年增长 7.3%，增幅上升 1.4 个百分点，拉动消费支出增长 2.5 个百分点。而 2016 年以来食品烟酒支出的增长主要是受到了食品价格上涨的影响，全年福建居民消费价格指数中，食品类同比上涨 4.7%，远高于 1.7%的 2016 年居民消费价格上涨总水平，其中鲜菜和猪肉价格的大幅上涨更是推高了食品消费支出的增幅。

（三）居住消费有力拉动居民消费支出增长

居住消费成为拉动福建居民消费支出增长的重要因素。2016 年福建居民居住支出比上年增长 12.1%，增幅提高 3.7 个百分点；占消费支出比重达到 25.8%，列八大类消费的次席，仅次于食品烟酒支出；拉动消费支出增长 3.0 个百分点，居八大类消费之首。

（四）城乡居民主要消费结构趋同

2015 年，福建城镇居民八大类消费支出中金额列前三位的分别是食品烟酒（7759 元）、居住（5811 元）和交通通信（3022 元），三者合计占生活消费支出比重的 70.5%；农村居民八大类消费支出中金额列前三位的也分别是食品烟酒（4494 元）、居住（2908 元）和交通通信（1249 元），三者合计占消费支出比重 72.3%，城乡趋向一致。2016 年，福建城镇和农村居民此三项支出占消费支出比重则分别为 72.1%和 73.4%，二者的比重差距由 1.8 个百分点继续缩小为 1.3 个百分点，城乡居民的主要消费结构进一步趋同。

四、值得关注的问题

（一）宏观经济发展动力转弱，居民收入持续增长难度大

近年来，我国经济发展进入新常态，经济增速换挡回落，从高速增长转向中高速增长，实体经济仍然处于调整期，在去产能过程中工业生产回升仍显乏力。2016 年福建 GDP 同比增长 8.4%，较上年回落 0.6 个百分点。宏观经济发展动力转弱，居民增收外部环境不宽松，持续增收难度加大。

（二）极端天气影响农村居民增收

受超强厄尔尼诺现象影响，2016 年福建气候较为异常，极端天气气候事件频发，气象灾害造成的损失

较重，气候年景较差。一是全年四季降水皆偏多；二是年初的寒潮范围广、低温低，果树和蔬菜冻害严重；三是前汛期闽西北降水多、雨强大，局地灾情重；四是登陆台风偏多、偏强，致灾重；五是秋季气温异常偏高。上述因素都给从事种植、捕捞和滩涂养殖等行业生产经营者带来不利影响。

（三）食品价格上涨增加低收入群体生活压力

2016 年的总体物价水平虽然与上年持平，但是其中食品价格上涨较快，尤其是作为城乡居民“菜篮子”中重要组成部分的鲜菜和猪肉价格，上涨幅度一度达到近年的新高，对低收入居民家庭的生活造成了较大压力。2015 年福建 20%低收入组家庭居民的恩格尔系数为 37.9%，2016 年则上升到 39.2%。低收入群体的生活状况应得到更多关注。

五、对策建议

（一）加快供给侧改革，营造良好经济环境

大力实施创新驱动发展战略和加快促进战略性新兴产业、先进制造业、现代服务业等行业发展，提高供给的质量和水平，增加有效供给，满足和引领新消费。同时营造良好的经济发展环境，实施重大公共设施和基础设施工程，构建便捷高效的现代综合交通运输体系。

（二）提高农民抵御自然灾害能力

一方面加强农业基础设施建设，增强农民在面对自然灾害时的防御能力，降低农民遭遇自然灾害时受到的损失；另一方面进一步完善政策性农业保险保障体系，弥补自然灾害对农业生产造成的损失，避免农民因灾致贫、返贫。

（三）增加公共投入，转移支付继续向困难人群倾斜

加快医疗、教育制度改革，增加财政的公共支出，减轻居民在医疗和教育方面承担的费用，增加政府负担份额。同时进一步加大政府统筹救助专项基金投入，完善低收入家庭价格联动机制，减轻低收入家庭生活负担。

1-1 行政区划(2016年底)

设区市名称	县级行政单位数(个)				县级行政单位名称
	合计	县级市	市辖区	县	
总 计	**85**	**13**	**28**	**44**	
福州市	13	2	5	6	鼓楼区 仓山区 台江区 马尾区 晋安区 福清市 长乐市 闽侯县 连江县 罗源县 闽清县 永泰县 平潭县
厦门市	6		6		思明区 海沧区 湖里区 集美区 同安区 翔安区
莆田市	5		4	1	城厢区 涵江区 荔城区 秀屿区 仙游县
三明市	12	1	2	9	三元区 梅列区 永安市 明溪县 清流县 宁化县 大田县 尤溪县 沙县 将乐县 泰宁县 建宁县
泉州市	12	3	4	5	鲤城区 丰泽区 洛江区 泉港区 石狮市 晋江市 南安市 惠安县 安溪县 永春县 德化县 金门县
漳州市	11	1	2	8	芗城区 龙文区 龙海市 云霄县 诏安县 漳浦县 长泰县 东山县 南靖县 平和县 华安县
南平市	10	3	2	5	延平区 建阳区 邵武市 武夷山市 建瓯市 顺昌县 浦城县 光泽县 松溪县 政和县
龙岩市	7	1	2	4	新罗区 永定区 漳平市 长汀县 上杭县 武平县 连城县
宁德市	9	2	1	6	蕉城区 福安市 福鼎市 霞浦县 古田县 屏南县 寿宁县 周宁县 柘荣县

1-2 年末总人口及人口变动(1952-2016)

年 份	总人口(万人)	按性别分类		按城乡分		人口出生率(‰)	人口死亡率(‰)	人口自然增长率(‰)	人口密度(人/平方公里)
		男	女	城镇	农村				
1952	1270					37.92	13.32	24.60	102
1957	1461					37.56	9.80	27.76	118
1962	1602					41.14	11.65	29.49	129
1965	1759					41.19	7.92	33.27	142
1970	2020					34.23	6.98	27.25	163
1975	2297					29.19	6.58	22.61	185
1978	2446					25.35	6.31	19.04	197
1979	2487					22.91	6.28	16.63	201
1980	2519					18.68	6.27	12.41	203
1981	2563					23.40	6.25	17.15	207
1982	2620					27.91	6.35	21.56	211
1983	2668					24.53	6.31	18.22	215
1984	2720					25.68	6.25	19.43	219
1985	2769					23.88	6.18	17.70	223
1986	2820					24.02	5.85	18.17	227
1987	2875					24.91	5.79	19.21	232
1988	2929					24.34	5.81	18.53	236
1989	2984					24.67	6.10	18.57	241
1990	3037					24.44	6.71	17.73	245
1991	3079					20.03	6.26	13.77	248
1992	3116					18.18	6.02	12.16	251
1993	3150					16.72	5.62	11.10	254
1994	3183					16.24	5.95	10.29	257
1995	3227					15.20	5.90	9.30	261
1996	3261					13.22	5.94	7.28	263
1997	3282					12.41	6.09	6.32	265
1998	3299					11.53	6.20	5.33	266
1999	3316					11.06	5.85	5.21	267
2000	3410	1757	1653	1432	1978	11.60	5.85	5.75	275
2001	3445	1775	1670	1473	1972	11.56	5.52	6.04	278
2002	3476	1790	1686	1587	1889	11.35	5.57	5.78	280
2003	3502	1805	1697	1624	1878	11.43	5.58	5.85	282
2004	3529	1818	1711	1681	1848	11.58	5.62	5.96	285
2005	3557	1793	1764	1758	1799	11.6	5.62	5.98	287
2006	3585	1810	1775	1807	1778	12.00	5.75	6.25	289
2007	3612	1824	1788	1856	1756	12.00	5.90	6.10	291
2008	3639	1830	1809	1929	1710	12.20	5.90	6.30	293
2009	3666	1848	1818	2019	1647	12.20	6.00	6.20	296
2010	3693	1900	1793	2109	1584	11.27	5.16	6.11	298
2011	3720	1912	1808	2161	1559	11.41	5.20	6.21	300
2012	3748	1927	1821	2234	1514	12.74	5.73	7.01	302
2013	3774	1938	1836	2293	1481	12.20	6.01	6.19	304
2014	3806	1936	1870	2352	1454	13.70	6.20	7.50	307
2015	3839	1949	1890	2403	1436	13.90	6.10	7.80	310
2016	3874	1970	1904	2464	1410	14.50	6.20	8.30	313

1-3 主要年份国民经济主要指标

项 目	2005	2010	2014	2015	2016
年末总人口(万人)	3557	3693	3806	3839	3874
年末从业人员(万人)	1868.50	2241.59	2648.51	2768.41	2797.03
地区生产总值(亿元)	6554.69	14737.12	24055.76	25979.82	28519.15
第一产业(亿元)	827.36	1363.67	2014.80	2118.10	2363.22
第二产业(亿元)	3175.92	7522.83	12515.36	13064.82	13844.96
第三产业(亿元)	2551.41	5850.62	9525.60	10796.90	12310.97
人均地区生产总值(元)	18605.00	40025.00	63472.00	67966.00	73951.00
一般公共预算总收入(亿元)	788.11	2056.01	3828.40	4144.03	4295.36
地方一般公共预算收入(亿元)	432.60	1151.49	2362.21	2544.24	2654.83
一般公共预算支出(亿元)	593.07	1695.09	3306.70	4001.58	4275.40
金融机构人民币各项存款余额(亿元)	7248.40	18309.45	30747.61	35576.06	39275.82
金融机构人民币各项贷款余额(亿元)	5068.68	15231.36	28417.70	32132.96	36356.06
固定资产投资(亿元)	2241.70	8067.33	18141.37	21300.91	23107.49
#房地产投资(亿元)	540.39	1818.86	4567.40	4469.61	4588.83
价格指数(以上年价格为100)					
居民消费价格指数	102.2	103.2	102.0	101.7	101.7
#服务项目价格指数	104.0	101.2	102.3	103.2	101.6
工业生产者出厂价格指数	100.2	103.2	98.6	97.0	99.1

1-3 续表 1

项 目	2005	2010	2014	2015	2016
工业生产者购进价格指数	108.1	107.7	98.3	96.1	98.0
固定资产投资价格指数	100.7	103.3	100.4	98.3	100.0
人民生活					
城镇单位在岗职工平均工资(元)	17146	32647	54235	58719	63138
全体居民人均可支配收入(元)			23330.85	25404.36	27607.93
按常住地分:					
城镇居民人均可支配收入(元)			30722.39	33275.34	36014.26
农村居民人均可支配收入(元)			12650.19	13792.70	14999.19
储蓄存款(亿元)	3903.05	8101.02	12578.95	13243.35	14366.68
农林牧渔业总产值(亿元)	1373.01	2307.06	3522.31	3717.87	4155.68
主要农产品产量					
粮食(万吨)	662.04	661.89	667.03	661.10	650.87
油料(万吨)	27.42	26.64	29.82	30.67	31.03
甘蔗(万吨)	93.33	61.55	53.12	43.57	37.02
烤烟(万吨)	11.51	12.45	15.38	14.35	14.33
茶叶(万吨)	18.48	27.26	37.21	40.23	42.68
园林水果(万吨)	479.36	564.48	701.72	744.79	761.6
肉类(万吨)	164.85	180.21	213.71	216.55	225.64
水产品(万吨)	542.37	587.42	695.98	733.89	767.98
食用菌(万吨)	56.00	76.27	104.25	113.20	118.19
造林面积(千公顷)	24.22	29.87	44.34	87.11	10.30

注：全体居民人均可支配收入、城镇居民人均可支配收入和农村居民人均可支配收入2013-2016年为新口径数据，2005-2012年为老口径数据。

1-3 续表 2

项 目	2005	2010	2014	2015	2016
工业总产值(亿元)	9995.89	23805.32	41579.84	43888.84	47275.84
主要工业品产量					
原煤	1331.74	2442.73	1504.45	1531.77	1346.68
原盐(万吨)	34.49	33.39	29.24	20.62	12.50
罐头(万吨)	78.57	203.21	269.48	284.06	303.18
布(亿米)	20.13	31.2	68.55	73.67	81.60
纱(万吨)	68	184.74	395.55	445.35	484.67
机制纸及纸板(万吨)	187.11	432.06	653.91	665.37	727.00
农用化肥(万吨)	60.27	57.87	48.71	52.06	51.83
烧碱(折100%)(万吨)	25.51	20.11	25.23	32.23	36.65
水泥(万吨)	2713.62	5921.2	7732.33	7746.18	8091.20
平板玻璃(万重量箱)	641.51	2765.35	5241.35	5009.45	5403.59
生铁(万吨)	393.96	558.81	907.70	980.09	980.44
钢材(万吨)	735.9	1340.56	3019.64	2820.73	2859.58
发电量(亿千瓦时)	778.25	1356.32	1749.11	1764.90	1812.95
交通邮电					
客运量(万人)	55615	77153	60765	54031	54237
货运量(万吨)	40400	66159	111779	111063	120379
沿海主要港口货物吞吐量(万吨)	19605.25	32687.01	49166.24	50282.09	50776.09
社会消费品零售总额(亿元)	2351.72	5310.03	9346.74	10505.93	11674.54

1-3 续表 3

项　　目	2005	2010	2014	2015	2016
海关进出口总额(亿美元)	544.11	1087.8	1774.08	1688.46	1568.19
出口总额(亿美元)	348.42	714.93	1134.52	1126.80	1036.72
进口总额(亿美元)	195.69	372.87	639.56	561.66	531.47
教育					
在校学生数(万人)					
普通高等学校	40.70	64.78	74.85	75.85	75.64
普通中学	250.17	198.21	175.48	221.09	222.91
小学	273.27	238.89	274.63	288.31	298.67
科技					
从事科技活动人员(万人)	8.62	17.93	25.74	25.28	27.28
研究与试验发展经费内部支出(亿元)	53.73	170.90	355.03	392.93	454.29
专利申请量(项)	9460	21994	58075	83146	130376
专利授权量(项)	5147	18063	37857	61621	67142
文化卫生					
图书出版总印数(万份)	10643	7749	8619	8800	9709
期刊出版总印数(万份)	2841	2940	4426	3970	4215
报纸出版总印数(万份)	87962	99982	111945	106072	90608
卫生机构数(个)	7932	6999	8788	8911	8713
#医院、卫生院(个)	1318	1325	1437	1450	1470
卫生技术人员数(人)	100937	140133	206545	213162	220889
#医生(人)	44309	55402	75372	78173	80131
卫生机构床位数(张)	88239	112334	164781	173199	178902

1-4　主要年份国民经济主要比例关系

项　　目	2005	2010	2014	2015	2016
地区生产总值	**100**	**100**	**100**	**100**	**100**
第一产业	12.6	9.3	8.4	8.2	8.3
第二产业	48.5	51	52	50.3	48.5
第三产业	38.9	39.7	39.6	41.5	43.2
固定资产投资		**100**	**100**	**100**	**100**
第一产业		1.6	2.1	2.4	3.1
第二产业		35.8	35.6	35.2	34.1
第三产业		62.6	62.2	62.3	62.8
农林牧渔业总产值		**100**	**100**	**100**	**100**
农业		42.3	43.4	43.5	42.9
林业		8.2	9.2	8.5	7.6
牧业		16.5	14.8	15.4	16.4
渔业		29.2	29.1	29.1	29.7
农林牧渔服务业		3.8	3.4	3.5	3.4
工业		**100**	**100**	**100**	**100**
大型企业		23.7	32.9	31.1	27.9

1-4　续表

项　　目	2005	2010	2014	2015	2016
中型企业		40.9	35.9	30.7	28.7
小微型企业		35.4	31.2	38.2	43.4
货运量	**100**	**100**	**100**	**100**	**100**
#铁路	8.9	5.7	3.0	2.5	2.4
公路	68.3	68.9	73.9	71.9	71.2
水运	22.8	25.4	23.1	25.6	26.3
民航	0.025	0.024	0.019	0.020	0.019
客运量	**100**	**100**	**100**	**100**	**100**
#铁路	2.7	4.7	13.7	17.1	19.4
公路	94.3	91.7	79.9	74.8	72.2
水运	1.8	1.9	3.0	3.7	3.7
民航	1.2	1.8	3.4	4.4	4.8
社会消费品零售总额		**100**	**100**	**100**	**100**
城镇		89.0	90.1	89.9	90.0
乡村		11.0	9.9	10.1	10.0

1-5 国民经济主要指标发展速度

项　　目	2016年为以下各年%				"十一五"时期年均发展速度(%)	"十二五"时期年均发展速度(%)
	2005	2010	2014	2015		
年末总人口	108.91	104.90	101.79	100.91	100.75	100.78
年末从业人员	149.69	124.78	105.61	101.03	103.71	104.31
地区生产总值	435.10	193.52	118.55	109.77	117.59	110.71
第一产业	285.63	179.30	117.30	111.57	110.51	104.20
第二产业	435.94	184.04	110.62	106.00	118.82	112.56
第三产业	482.52	210.42	129.24	114.02	118.05	109.59
一般公共预算总收入	545.02	208.92	112.20	103.65	121.14	115.05
地方一般公共预算收入	613.68	230.56	112.39	104.35	121.63	117.18
一般公共预算支出	720.89	525.22	129.30	106.84	123.37	118.74
金融机构人民币各项存款余额	541.86	214.51	127.74	110.40	120.36	114.21
金融机构人民币各项贷款余额	717.27	238.69	127.93	113.14	124.61	116.10
固定资产投资	1030.80	286.43	127.37	108.48	130.30	121.43
#房地产投资	849.17	252.29	100.47	102.67	127.47	119.70
物价指数(以上年价格为100)						
居民消费价格指数	99.51	98.55	99.71	100.00	100.19	102.77
#服务项目价格指数	97.69	100.40	99.32	98.45	99.46	100.39
人民生活						
城镇单位在岗职工平均工资	368.24	193.40	116.42	107.53	113.75	112.46
全体居民人均可支配收入(元)			118.33	108.67		
按常住地分:						
城镇居民人均可支配收入(元)			117.22	108.23		
农村居民人均可支配收入(元)			118.57	108.75		
储蓄存款(亿元)	368.09	177.34	114.21	108.48	115.72	110.33
农林牧渔业总产值	302.67	180.13	117.98	111.78	110.94	104.28
工业总产值	472.95	198.59	113.70	107.72	118.95	113.53

1-5 续表

项 目	2016年为以下各年%				“十一五”时期年均发展速度(%)	“十二五”时期年均发展速度(%)
	2005	2010	2014	2015		
交通邮电						
客运量(万人)	97.52	70.30	89.26	100.38	106.77	93.12
货运量(万吨)	297.97	181.95	107.69	108.39	110.37	110.92
沿海主要港口货物吞吐量(万吨)	258.99	155.34	103.27	100.98	110.76	109.00
社会消费品零售总额(亿元)	496.43	219.86	124.90	111.12	117.69	114.62
海关进出口总额(亿美元)	288.21	144.16	88.39	92.88	114.86	109.19
出口总额(亿美元)	297.55	145.01	91.38	92.01	115.46	109.53
进口总额(亿美元)	271.59	142.53	83.10	94.62	113.76	108.54
教育						
在校学生数(万人)						
普通高等学校	185.85	116.76	101.06	99.72	109.74	103.21
普通中等学校	89.10	112.50	127.03	100.82	97.02	96.79
普通小学	109.29	125.02	108.75	103.59	97.35	103.83
科技						
从事科技活动人员(万人)	316.47	152.15	105.98	107.91	115.78	107.10
研究与试验发展经费内部支出(亿元)	845.51	265.82	127.96	115.62	126.04	118.12
专利申请量(项)	1378.18	592.78	224.50	156.80	118.38	130.47
专利授权量(项)	1304.49	371.71	177.36	108.96	128.54	127.82
文化卫生						
图书出版总印数(万份)	91.22	125.29	112.65	110.33	93.85	102.58
期刊出版总印数(万份)	148.36	143.37	95.23	106.17	100.69	106.19
报纸出版总印数(万份)	103.01	90.62	80.94	85.42	102.59	101.19
卫生机构数(个)	109.85	124.49	99.15	97.78	97.53	104.95
#医院、卫生院(个)	111.53	110.94	102.30	101.38	100.11	101.82
卫生技人员数(人)	218.84	157.63	106.94	103.62	106.78	108.75
#医生(人)	180.85	144.64	106.31	102.50	104.57	107.13
卫生机构床位数(张)	202.75	159.26	108.57	103.29	104.95	109.05

二、住户调查

资料整理：詹蔚洁　林际品　李　君　陈　岚

简要说明

一、本篇资料的主要内容

本篇资料反映全省人民生活现状及变化情况，分为城镇居民生活和农村居民生活两部分，以及农民工监测调查情况。城乡居民生活状况调查内容主要包括居民现金和实物收支情况、住户成员及劳动力从业情况、居民家庭食品和能源消费情况、住房和耐用消费品拥有情况、家庭经营和生产投资情况、社区基本情况以及其他民生状况等。农民工监测调查的主要内容包括农村劳动力就业基本情况；外出从业人员及本地非农务工人员工作条件、收支情况、生活情况和社会保障情况；农村劳动力本地非农自营和创业情况；农民工子女教育情况；调查小区人口、劳动力及举家外出情况等。

二、本篇资料来源

城乡居民生活状况的数据来源于国家统计局福建调查总队居民收支处统一组织开展的住户收支与生活状况调查，是对城乡居民家庭抽样调查汇总的结果。农民工调查的数据来源于国家统计局福建调查总队住户专项处组织开展的农民工监测调查。

三、城乡住户调查方法

城乡住户调查是依据国家统计局统一制定的城乡住户调查方案收集资料，逐级审核，汇总整理调查数据。抽样方法是全省使用统一的抽样框，以省为总体，在对县级调查网点代表性进行评估的基础上，采用分层、多阶段随机抽样与人口规模大小成比例（PPS 方法）、随机等距抽样相结合的方法抽选调查住宅，确定调查户。参加全省汇总的调查样本户为 5000 户。

四、农民工监测调查方法

农民工监测调查方法是以第六次人口普查为抽样框资料，以省为总体，采用分层、多阶段、PPS 抽样方法随机抽选调查小区。在抽中调查小区内，按照系统抽样方法随机抽选调查住宅和住户。农民工调查网点分布在全省 45 个县(市、区)、300 个小区，共抽取了 2870 个样本农户。

2-1　全省居民家庭基本情况(2013-2016年)

指　标	单位	2013	2014	2015	2016
一、基本情况					
户均常住成员	人/户	3.09	3.09	3.14	3.16
户均常住从业人数	人/户	1.72	1.72	1.70	1.71
平均每户家庭从业人口比重	%	55.66	55.76	54.19	54.10
平均每一从业人口负担人数(包括从业者本人)	人	1.80	1.79	1.85	1.85
二、户主文化程度					
(一)未上过学	%	1.26	1.19	0.98	0.68
(二)小学	%	8.21	8.25	7.56	7.20
(三)初中	%	11.72	11.57	11.63	11.86
(四)高中	%	5.79	5.86	6.10	6.17
(五)大学专科	%	2.20	2.15	2.40	2.50
(六)大学本科	%	2.02	2.07	1.97	1.97
(七)研究生	%	0.13	0.14	0.11	0.05
三、常住从业人员就业类型					
(一)雇主	%	1.90	1.43	1.03	0.79
(二)公职人员	%	2.96	2.90	2.38	2.67
(三)事业单位人员	%	5.63	5.48	6.27	6.61
(四)国有企业雇员	%	4.83	4.60	4.42	4.09
(五)其他雇员	%	45.50	48.17	50.14	49.49
(六)农业自营	%	23.67	22.50	21.25	20.37
(七)非农自营	%	15.51	14.91	14.50	15.97
四、常住从业人员从事主要行业					
(一)第一产业	%	25.32	24.58	23.21	22.31
(二)第二产业	%	27.58	27.78	27.93	25.85
(三)第三产业	%	47.10	47.64	48.86	51.84
五、常住户家庭收入与支出					
居民可支配收入	元/人	21217.95	23330.85	25404.36	27607.93
居民消费支出	元/人	16176.63	17644.47	18850.19	20167.48

2-2 全省居民人均可支配收入(2013-2016年)

单位：元

指　　标	2013	2014	2015	2016
可支配收入	**21217.95**	**23330.85**	**25404.36**	**27607.93**
工资性收入	12520.78	13658.54	14845.26	16041.91
经营净收入	4129.55	4593.15	4928.64	5280.21
财产净收入	2049.05	2238.62	2371.97	2621.87
转移净收入	2518.57	2840.54	3258.50	3663.95

2-3 全省居民人均可支配收入构成(2013-2016年)

单位：%

指　　标	2013	2014	2015	2016
可支配收入构成	**100.00**	**100.00**	**100.00**	**100.00**
工资性收入	59.01	58.54	58.44	58.11
经营净收入	19.46	19.69	19.40	19.13
财产净收入	9.66	9.60	9.34	9.50
转移净收入	11.87	12.18	12.83	13.27

2-4 全省居民人均生活消费支出(2013-2016年)

单位：元

指　　标	2013	2014	2015	2016
生活消费支出	**16176.63**	**17644.47**	**18850.19**	**20167.48**
食品烟酒	5543.06	6081.92	6439.96	6907.01
食品	4212.34	4610.81	4826.82	5266.46
烟酒	489.86	525.10	537.89	590.01
饮料	-	157.04	165.01	166.42
饮食服务	840.86	788.97	910.23	884.13
衣着	1032.68	1097.54	1134.60	1093.11
衣类	837.42	896.02	925.74	897.75
鞋类	195.26	201.52	208.86	195.35
居住	3903.68	4278.51	4638.24	5199.85
租赁房房租	243.97	251.37	289.04	299.72
住房维修及管理	449.70	428.74	423.47	564.62
水电燃料及其他	743.83	932.96	935.05	928.13
自有住房折算租金	2466.18	2665.44	2990.69	3407.37
生活用品及服务	992.86	1032.32	1047.53	1111.22
家具及室内装饰品	234.55	157.24	145.19	153.22
家用器具	240.55	273.72	270.24	287.98
家用纺织品	77.67	70.99	83.87	86.04
家庭日用杂品	264.08	327.12	319.44	330.22
个人用品	120.35	143.11	162.82	187.83
家庭服务	55.67	60.15	65.97	65.93
交通通信	1885.81	2067.00	2305.26	2504.23
交通	1213.09	1286.21	1437.11	1604.21
通信	672.72	780.79	868.15	900.01
教育文化娱乐	1570.82	1667.24	1784.70	1905.39
教育	912.31	952.85	981.27	1135.31
文化娱乐	658.51	714.39	803.43	770.07
医疗保健	774.71	926.85	1028.60	1053.86
医疗器具及药品	262.37	296.57	326.52	327.75
医疗服务	512.34	630.28	702.08	726.11
其他用品及服务	473.01	493.09	471.30	392.81
其他用品	311.62	300.22	285.51	215.46
其他服务	161.39	192.87	185.78	177.35

2-5 全省居民人均生活消费支出构成(2013-2016年)

单位：%

指　标	2013	2014	2015	2016
生活消费支出	**100.00**	**100.00**	**100.00**	**100.00**
食品烟酒	34.27	34.47	34.16	34.25
食品	26.04	26.13	25.61	26.11
烟酒	3.03	2.98	2.85	2.93
饮料	-	0.89	0.88	0.83
饮食服务	5.20	4.47	4.83	4.38
衣着	6.38	6.22	6.02	5.42
衣类	5.18	5.08	4.91	4.45
鞋类	1.21	1.14	1.11	0.97
居住	24.13	24.25	24.61	25.78
租赁房房租	1.51	1.42	1.53	1.49
住房维修及管理	2.78	2.43	2.25	2.80
水电燃料及其他	4.60	5.29	4.96	4.60
自有住房折算租金	15.25	15.11	15.87	16.90
生活用品及服务	6.14	5.85	5.56	5.51
家具及室内装饰品	1.45	0.89	0.77	0.76
家用器具	1.49	1.55	1.43	1.43
家用纺织品	0.48	0.40	0.44	0.43
家庭日用杂品	1.63	1.85	1.69	1.64
个人用品	0.74	0.81	0.86	0.93
家庭服务	0.34	0.34	0.35	0.33
交通通信	11.66	11.71	12.23	12.42
交通	7.50	7.29	7.62	7.95
通信	4.16	4.43	4.61	4.46
教育文化娱乐	9.71	9.45	9.47	9.45
教育	5.64	5.40	5.21	5.63
文化娱乐	4.07	4.05	4.26	3.82
医疗保健	4.79	5.25	5.46	5.23
医疗器具及药品	1.62	1.68	1.73	1.63
医疗服务	3.17	3.57	3.72	3.60
其他用品及服务	2.92	2.79	2.50	1.95
其他用品	1.93	1.70	1.51	1.07
其他服务	1.00	1.09	0.99	0.88

2-6 全省居民消费主要食品数量(2013-2016年)

单位：千克

项 目	2013	2014	2015	2016
粮食(原粮)	143.75	133.81	126.68	128.37
谷物	134.44	124.61	117.23	118.73
薯类	2.39	2.07	2.22	2.22
豆类	6.91	7.13	7.23	7.42
食用油	10.32	9.60	9.29	9.82
食用植物油	9.20	8.57	8.17	8.70
蔬菜及食用菌	88.35	87.44	88.67	91.75
鲜菜	84.44	83.56	84.64	87.56
肉类	38.98	29.66	31.28	31.73
猪肉	23.82	23.92	25.48	25.81
牛肉	1.35	1.31	1.52	1.86
羊肉	0.51	0.49	0.65	0.78
禽类	13.30	9.86	10.60	12.18
水产品	24.77	24.99	26.00	26.56
蛋类	6.74	7.28	8.17	8.85
奶类	11.33	10.98	10.82	11.04
干鲜瓜果类	34.72	35.58	37.36	40.13
鲜瓜果	32.28	32.05	33.79	36.11
坚果类	2.44	2.50	2.53	2.98
食糖		1.60	1.61	1.73

2-7 全省居民平均每百户年末主要耐用消费品拥有量(2013-2016年)

指 标	单位	2013	2014	2015	2016
(一)家用汽车	辆	15.30	18.12	22.27	26.50
(二)摩托车	辆	58.95	63.35	63.82	63.63
(三)电动助力车	辆	30.23	34.84	34.88	42.19
(四)电冰箱(柜)	台	92.74	92.27	94.15	98.49
(五)洗衣机	台	79.52	78.24	80.07	84.32
(六)微波炉	台	49.91	52.33	51.48	52.55
(七)热水器	台	89.39	88.59	91.30	95.72
其中：太阳能热水器	台	5.66	6.06	6.59	7.33
(八)排油烟机	台	45.18	48.63	49.81	52.72
(九)空调	台	111.07	107.80	116.90	124.88
(十)彩色电视机	台	135.25	138.07	138.96	140.92
(十一)摄像机	台	4.15	4.70	3.97	3.74
(十二)照相机	台	21.48	23.84	20.59	15.88
(十三)计算机	台	68.95	69.24	67.60	67.69
其中：接入互联网的计算机	台	56.24	60.55	55.62	58.03
(十四)中高档乐器	架	3.48	3.84	3.33	3.63
(十五)固定电话	部	51.83	60.40	52.28	42.47
(十六)移动电话	部	227.09	235.16	242.57	249.47
其中：接入互联网的移动电话	部	91.86	107.70	120.99	145.03

2-8 农村居民家庭基本情况(1978-2016年)

年 份	调查户数(户)	常住人口(人)	平均每户常住人口(人)	平均每户整半劳动力(人)	平均每个劳动力负担人口(人)
1978			6.50	2.22	2.92
1979			6.38	2.16	2.88
1980			6.25	2.06	3.03
1981			6.23	2.10	2.97
1982			6.27	2.27	2.76
1983			6.29	2.60	2.42
1984	1820	11265.8	6.19	2.66	2.32
1985	1820	10446.8	5.74	2.95	1.94
1986	1820	10355.8	5.69	2.99	1.90
1987	1820	10028.2	5.51	3.08	1.82
1988	1820	10119.2	5.56	3.09	1.80
1989	1820	10082.8	5.54	3.09	1.79
1990	1820	10010	5.50	3.03	1.81
1991	1820	9773.4	5.37	3.03	1.77
1992	1820	9664.2	5.31	3.05	1.74
1993	1820	9536.8	5.24	3.10	1.69
1994	1820	9409.4	5.17	3.13	1.65
1995	1820	8936.2	4.91	3.02	1.62
1996	1820	8863.4	4.87	2.98	1.63
1997	1820	8681.4	4.77	2.96	1.61
1998	1820	8554	4.70	3.00	1.57
1999	1820	8408.4	4.62	2.95	1.56
2000	1820	7716.8	4.24	2.70	1.57
2001	1820	7589.4	4.17	2.68	1.56
2002	1820	7407.4	4.07	2.57	1.58
2003	1820	7425.6	4.08	2.83	1.44
2004	1820	7316.4	4.02	2.71	1.48
2005	1820	7371	4.05	2.77	1.47
2006	1820	7334.6	4.03	2.77	1.45
2007	1820	7280	4.00	2.77	1.44
2008	1820	7243.6	3.98	2.78	1.43
2009	1820	7243.6	3.98	2.78	1.43
2010	1820	7170.8	3.94	2.76	1.43
2011	1820	6988.8	3.84	2.73	1.40
2012	1820	6988.8	3.84	2.71	1.41
2013	1859	6116.11	3.29	2.22	1.48
2014	1848	6006	3.25	2.21	1.47
2015	1883	6025.6	3.20	2.20	1.45
2016	1917	6153.6	3.21	2.24	1.43

注：2013-2016年为新口径数据，1978-2012年为老口径数据。

2-8 续表

年 份	农村居民人均住房使用面积(平方米)	农村居民人均住房建筑面积(平方米)	农村居民人均可支配(纯)收入(元)	农村居民人均生活消费支出(元)
1978			137.54	112.35
1979			142.20	132.57
1980			171.74	157.67
1981	8.30		231.65	199.25
1982	7.67		268.16	231.14
1983	10.44		301.84	261.86
1984	11.73		344.94	287.87
1985	14.47		396.45	350.57
1986	15.10		418.51	394.10
1987	15.86		484.88	442.83
1988	16.18		613.41	570.73
1989	16.65		697.34	652.58
1990	18.47		764.41	707.97
1991	19.14		850.05	764.98
1992	19.64		984.11	820.75
1993	22.38		1210.51	1069.79
1994	24.62		1577.74	1439.53
1995	22.88		2048.59	1793.68
1996	23.37		2492.49	1915.57
1997	23.74		2785.67	1990.52
1998	24.87		2946.37	2025.09
1999	26.40		3091.39	2038.57
2000	32.14		3230.49	2409.69
2001	33.82		3380.72	2503.07
2002	35.68		3538.74	2583.16
2003	35.96		3733.93	2717.92
2004	38.18		4089.38	3015.58
2005	40.15		4450.36	3292.63
2006	42.35		4834.75	3591.40
2007	44.50		5467.08	4053.47
2008	46.13		6196.07	4661.94
2009	46.76		6680.18	5015.72
2010	47.54		7426.86	5498.33
2011	49.82		8778.55	6540.85
2012	50.80		9967.17	7401.92
2013		63.71	11404.85	9986.15
2014		60.83	12650.19	11055.93
2015		63.48	13792.70	11960.79
2016		66.47	14999.19	12910.84

注：2013-2016年为新口径数据，1978-2012年为老口径数据。

2-9 农村居民人均可支配收入(2013-2016年)

单位：元

指　　标	2013	2014	2015	2016
可支配收入	**11404.85**	**12650.19**	**13792.70**	**14999.19**
工资性收入	5054.25	5655.21	6187.00	6785.20
经营净收入	4684.58	5093.61	5455.57	5821.46
财产净收入	160.05	201.28	232.46	255.68
转移净收入	1505.97	1700.09	1917.68	2136.85

2-10 农村居民人均可支配收入构成(2013-2016年)

单位：%

指　　标	2013	2014	2015	2016
可支配收入构成	**100.00**	**100.00**	**100.00**	**100.00**
工资性收入	44.32	44.70	44.86	45.24
经营净收入	41.08	40.27	39.55	38.81
财产净收入	1.40	1.59	1.69	1.70
转移净收入	13.20	13.44	13.90	14.25

2-11 农村居民人均生活消费支出(2013-2016年)

单位：元

指　　标	2013	2014	2015	2016
生活消费支出	**9986.15**	**11055.93**	**11960.79**	**12910.84**
食品烟酒	3884.94	4222.53	4493.83	4818.30
食品	3158.21	3420.20	3589.35	3896.99
烟酒	462.15	490.37	539.69	577.37
饮料		114.27	123.99	127.46
饮食服务	264.58	197.69	240.80	216.48
衣着	528.00	572.36	610.58	567.48
衣类	427.84	453.93	487.34	450.58
鞋类	100.16	118.43	123.24	116.90
居住	2331.04	2607.83	2907.57	3203.95
租赁房房租	20.59	37.59	29.58	26.74
住房维修及管理	321.35	313.65	326.21	355.12
水电燃料及其他	546.18	647.33	758.79	633.04
自有住房折算租金	1442.93	1609.26	1792.98	2189.05
生活用品及服务	596.37	642.69	620.57	687.94
家具及室内装饰品	141.58	105.08	77.74	115.37
家用器具	161.25	186.04	166.62	165.94
家用纺织品	48.95	40.67	51.79	50.03
家庭日用杂品	196.26	244.06	234.37	239.90
个人用品	37.16	54.72	71.28	96.40
家庭服务	11.17	12.12	18.77	20.30
交通通信	917.50	1097.70	1248.58	1452.10
交通	520.64	615.61	693.08	856.31
通信	396.86	482.10	555.50	595.79
教育文化娱乐	937.31	940.72	1003.87	1071.34
教育	689.50	663.26	730.65	817.99
文化娱乐	247.81	277.46	273.22	253.35
医疗保健	562.91	735.94	826.94	866.95
医疗器具及药品	138.80	178.31	200.16	200.13
医疗服务	424.11	557.63	626.78	666.82
其他用品及服务	228.08	236.16	248.87	242.78
其他用品	160.58	151.74	169.80	160.14
其他服务	67.50	84.41	79.07	82.64

2-12 农村居民人均生活消费支出构成(2013-2016年)

单位：%

指 标	2013	2014	2015	2016
生活消费支出	**100.00**	**100.00**	**100.00**	**100.00**
食品烟酒	38.90	38.19	37.57	37.32
食品	31.63	30.94	30.01	30.18
烟酒	4.63	4.44	4.51	4.47
饮料		1.03	1.04	0.99
饮食服务	2.65	1.79	2.01	1.68
衣着	5.29	5.18	5.10	4.40
衣类	4.28	4.11	4.07	3.49
鞋类	1.00	1.07	1.03	0.91
居住	23.34	23.59	24.31	24.82
租赁房房租	0.21	0.34	0.25	0.21
住房维修及管理	3.22	2.84	2.73	2.75
水电燃料及其他	5.47	5.86	6.34	4.90
自有住房折算租金	14.45	14.56	14.99	16.96
生活用品及服务	5.97	5.81	5.19	5.33
家具及室内装饰品	1.42	0.95	0.65	0.89
家用器具	1.61	1.68	1.39	1.29
家用纺织品	0.49	0.37	0.43	0.39
家庭日用杂品	1.97	2.21	1.96	1.86
个人用品	0.37	0.49	0.60	0.75
家庭服务	0.11	0.11	0.16	0.16
交通通信	9.19	9.93	10.44	11.25
交通	5.21	5.57	5.79	6.63
通信	3.97	4.36	4.64	4.61
教育文化娱乐	9.39	8.51	8.39	8.30
教育	6.90	6.00	6.11	6.34
文化娱乐	2.48	2.51	2.28	1.96
医疗保健	5.64	6.66	6.91	6.71
医疗器具及药品	1.39	1.61	1.67	1.55
医疗服务	4.25	5.04	5.24	5.16
其他用品及服务	2.28	2.14	2.08	1.88
其他用品	1.61	1.37	1.42	1.24
其他服务	0.68	0.76	0.66	0.64

2-13　农村居民消费主要食品数量(2013-2016年)

单位：千克

项　　目	2013	2014	2015	2016
粮食类	186.21	172.54	157.52	164.45
谷物	176.35	163.20	148.45	154.73
薯类	3.38	2.51	2.44	2.36
豆类	6.48	6.83	6.63	7.36
油脂类	11.70	9.99	9.44	10.14
植物油	9.81	8.31	7.57	8.20
蔬菜及菜制品	94.16	89.24	87.43	92.09
鲜菜	91.30	86.45	84.60	88.85
肉类	38.64	28.04	29.86	30.54
猪肉	24.08	24.05	25.75	26.33
牛肉	0.74	0.68	0.83	1.07
羊肉	0.31	0.30	0.43	0.52
禽类	9.58	10.92	12.23	13.55
水产品类	19.26	19.47	20.14	21.95
蛋类及蛋制品	5.76	6.49	7.30	8.05
奶和奶制品	6.90	7.08	6.88	7.30
干鲜瓜果类	24.55	26.53	28.78	32.17
鲜瓜果	22.00	23.52	25.85	28.66
坚果类	2.00	2.30	2.27	2.74
糖果糕点类	4.46	4.51	4.78	4.90
食糖	1.70	1.78	1.84	1.91

2-14　农村居民平均每百户年末主要耐用消费品拥有量(2013-2016年)

指　　标	单位	2013	2014	2015	2016
(一)家用汽车	辆	8.08	10.08	12.92	16.22
(二)摩托车	辆	84.94	90.08	91.47	91.78
(三)电动助力车	辆	21.43	25.36	25.65	32.41
(四)电冰箱(柜)	台	92.29	91.96	93.84	100.12
(五)洗衣机	台	69.78	68.46	73.19	79.32
(六)微波炉	台	37.86	37.20	33.46	35.32
(七)热水器	台	78.43	79.76	81.63	88.88
其中：太阳能热水器	台	7.40	7.65	8.85	8.79
(八)空调	台	47.30	47.55	54.31	62.33
(九)彩色电视机	台	136.78	139.92	139.29	141.09
(十)排油烟机	台	28.13	28.14	27.40	32.94
(十一)摄像机	台	1.02	1.04	0.89	0.95
(十二)照相机	台	7.31	8.92	6.33	4.91
(十三)计算机	台	33.24	34.67	34.89	34.55
其中：接入互联网的计算机	台	25.14	26.08	25.60	28.35
(十四)中高档乐器	架	0.65	0.88	0.55	0.83
(十五)固定电话	部	52.11	57.06	48.92	39.36
(十六)移动电话	部	230.37	238.89	246.43	250.09
其中：接入互联网的移动电话	部	78.16	85.25	107.91	122.72

2-15 城镇居民家庭基本情况(1978-2016年)

年 份	调查户数(户)	家庭人口(人)	平均每户家庭人口(人)	平均每户就业人数(人)
1978	120	464	3.87	2.40
1979	-	-	-	-
1980	259	1173	4.53	2.32
1981	324	1461	4.51	2.40
1982	324	1439	4.44	2.48
1983	324	1413	4.36	2.41
1984	724	3091	4.27	2.37
1985	1010	4101	4.06	2.25
1986	1010	4040	4.00	2.23
1987	1010	4010	3.97	2.25
1988	1250	4713	3.77	2.10
1989	1250	4625	3.70	2.09
1990	1250	4550	3.64	2.09
1991	1250	4288	3.43	2.00
1992	1250	4238	3.39	2.03
1993	1250	4188	3.35	2.01
1994	1250	4113	3.29	1.92
1995	1250	4088	3.27	1.93
1996	1250	4063	3.25	1.94
1997	1250	4100	3.28	1.96
1998	1250	4038	3.23	1.90
1999	1250	4025	3.22	1.90
2000	1500	4845	3.23	1.80
2001	1700	5440	3.20	1.80
2002	1700	5321	3.13	1.73
2003	1700	5236	3.08	1.72
2004	1700	5185	3.05	1.58
2005	1700	5168	3.04	1.60
2006	1700	5168	3.04	1.64
2007	1700	5117	3.01	1.60
2008	1800	5652	3.14	1.69
2009	1800	5616	3.12	1.72
2010	1800	5544	3.08	1.71
2011	2000	6240	3.12	1.68
2012	2000	6200	3.10	1.68
2013	2846	8448	2.97	1.58
2014	2833	8476	2.99	1.61
2015	2894	8908	3.08	1.59
2016	2912	9115	3.13	1.62

注：2013-2016年为新口径数据，1978-2012年为老口径数据。

2-15 续表

年 份	平均每户就 业 面(%)	平均每一就业者负担人数(人)	城镇居民人均可支配收入(元)	城镇居民人均生活消费支出(元)
1978	62.02	1.61	370.58	285.36
1979	-	-	-	339.14
1980	51.21	1.95	449.64	391.92
1981	53.22	1.88	451.52	404.64
1982	55.86	1.79	519.56	465.72
1983	55.28	1.80	573.36	503.63
1984	55.50	1.80	582.15	494.39
1985	55.42	1.81	733.31	674.85
1986	55.75	1.79	928.64	790.47
1987	56.68	1.77	1020.78	892.85
1988	55.70	1.79	1236.09	1077.38
1989	56.49	1.77	1554.67	1339.61
1990	57.42	1.74	1749.09	1431.06
1991	58.31	1.72	1952.50	1659.36
1992	59.88	1.67	2351.45	1941.78
1993	60.00	1.67	2922.93	2417.93
1994	58.36	1.71	3934.61	3351.12
1995	59.02	1.69	4852.93	4132.19
1996	59.69	1.68	5574.12	4567.80
1997	59.76	1.67	6143.64	4935.95
1998	58.82	1.70	6485.63	5181.45
1999	59.01	1.69	6859.81	5266.69
2000	55.73	1.79	7432.26	5638.74
2001	56.25	1.78	8313.08	6015.11
2002	55.27	1.81	9189.31	6631.72
2003	55.84	1.79	9999.54	7356.26
2004	51.80	1.93	11175.37	8161.15
2005	52.63	1.90	12321.31	8794.41
2006	53.95	1.86	13753.28	9807.71
2007	53.16	1.90	15505.42	11055.13
2008	53.82	1.86	17961.45	12501.12
2009	55.13	1.81	19576.83	13450.57
2010	55.52	1.80	21781.31	14750.01
2011	53.85	1.86	24907.40	16661.05
2012	54.19	1.85	28055.24	18593.21
2013	53.20	1.88	28173.90	20564.70
2014	53.77	1.86	30722.39	22204.06
2015	51.74	1.93	33275.34	23520.19
2016	51.76	1.93	36014.26	25005.52

注：2013-2016年为新口径数据，1978-2012年为老口径数据。

2-16 城镇居民人均可支配收入(2013-2016年)

单位：元

指　标	2013	2014	2015	2016
可支配收入	**28173.90**	**30722.39**	**33275.34**	**36014.26**
工资性收入	17813.38	19197.23	20714.28	22213.41
经营净收入	3736.11	4246.81	4571.46	4919.35
财产净收入	3388.06	3648.56	3822.24	4199.43
转移净收入	3236.35	3629.79	4167.37	4682.07

2-17 城镇居民人均可支配收入构成(2013-2016年)

单位：%

指　标	2013	2014	2015	2016
可支配收入构成	**100.00**	**100.00**	**100.00**	**100.00**
工资性收入	63.23	62.49	62.25	61.68
经营净收入	13.26	13.82	13.74	13.66
财产净收入	12.03	11.88	11.49	11.66
转移净收入	11.49	11.81	12.52	13.00

2-18　城镇居民人均生活消费支出(2013-2016年)

单位：元

指　　标	2013	2014	2015	2016
生活消费支出	**20564.70**	**22204.06**	**23520.19**	**25005.52**
食品烟酒	6718.41	7368.71	7759.14	8299.57
食品	4959.55	5434.78	5665.64	6179.49
烟酒	509.50	549.13	536.67	598.43
饮料	-	186.64	192.81	192.40
饮食服务	1249.35	1198.17	1364.01	1329.25
衣着	1390.42	1460.99	1489.82	1443.55
衣类	1127.75	1201.97	1222.92	1195.89
鞋类	262.67	259.02	266.90	247.66
居住	5018.43	5434.70	5811.38	6530.52
租赁房房租	402.31	399.32	464.91	481.73
住房维修及管理	540.69	508.39	489.39	704.30
水电燃料及其他	883.93	1130.63	1054.52	1124.87
自有住房折算租金	3191.50	3396.36	3802.56	4219.63
生活用品及服务	1273.91	1301.97	1336.95	1393.43
家具及室内装饰品	300.44	193.34	190.91	178.46
家用器具	296.76	334.40	340.48	369.35
家用纺织品	98.03	91.97	105.61	110.05
家庭日用杂品	312.15	384.60	377.11	390.44
个人用品	179.32	204.27	224.87	248.79
家庭服务	87.21	93.39	97.97	96.35
交通通信	2572.19	2737.80	3021.53	3205.69
交通	1703.92	1750.30	1941.45	2102.85
通信	868.26	987.50	1080.09	1102.84
教育文化娱乐	2019.87	2170.03	2314.00	2461.45
教育	1070.25	1153.27	1151.16	1346.88
文化娱乐	949.63	1016.76	1162.84	1114.57
医疗保健	924.84	1058.97	1165.30	1178.47
医疗器具及药品	349.96	378.42	412.17	412.84
医疗服务	574.88	680.55	753.13	765.63
其他用品及服务	646.63	670.90	622.07	492.83
其他用品	418.69	402.98	363.95	252.34
其他服务	227.94	267.92	258.12	240.50

2-19 城镇居民人均生活消费支出构成(2013-2016年)

单位：%

指　　标	2013	2014	2015	2016
生活消费支出	**100.00**	**100.00**	**100.00**	**100.00**
食品烟酒	32.67	33.19	32.99	33.19
食品	24.12	24.48	24.09	24.71
烟酒	2.48	2.47	2.28	2.39
饮料	-	0.84	0.82	0.77
饮食服务	6.08	5.40	5.80	5.32
衣着	6.76	6.58	6.33	5.77
衣类	5.48	5.41	5.20	4.78
鞋类	1.28	1.17	1.13	0.99
居住	24.40	24.48	24.71	26.12
租赁房房租	1.96	1.80	1.98	1.93
住房维修及管理	2.63	2.29	2.08	2.82
水电燃料及其他	4.30	5.09	4.48	4.50
自有住房折算租金	15.52	15.30	16.17	16.87
生活用品及服务	6.19	5.86	5.68	5.57
家具及室内装饰品	1.46	0.87	0.81	0.71
家用器具	1.44	1.51	1.45	1.48
家用纺织品	0.48	0.41	0.45	0.44
家庭日用杂品	1.52	1.73	1.60	1.56
个人用品	0.87	0.92	0.96	0.99
家庭服务	0.42	0.42	0.42	0.39
交通通信	12.51	12.33	12.85	12.82
交通	8.29	7.88	8.25	8.41
通信	4.22	4.45	4.59	4.41
教育文化娱乐	9.82	9.77	9.84	9.84
教育	5.20	5.19	4.89	5.39
文化娱乐	4.62	4.58	4.94	4.46
医疗保健	4.50	4.77	4.95	4.71
医疗器具及药品	1.70	1.70	1.75	1.65
医疗服务	2.80	3.06	3.20	3.06
其他用品及服务	3.14	3.02	2.64	1.97
其他用品	2.04	1.81	1.55	1.01
其他服务	1.11	1.21	1.10	0.96

2-20 城镇居民消费主要食品数量(2013-2016年)

单位：千克

项　　目	2013	2014	2015	2016
粮食类	113.65	107.00	105.77	104.32
谷物	104.74	97.90	96.07	94.73
薯类	1.70	1.77	2.07	2.12
豆类	7.22	7.34	7.64	7.47
油脂类	9.34	9.33	9.19	9.61
植物油	8.76	8.75	8.57	9.04
蔬菜及菜制品	84.23	86.20	89.51	91.51
鲜菜	79.57	81.56	84.66	86.70
肉类	30.54	30.79	32.24	32.52
猪肉	23.64	23.83	25.29	25.47
牛肉	1.79	1.75	1.99	2.38
羊肉	0.66	0.62	0.80	0.96
禽类	8.69	9.13	9.50	11.26
水产品类	28.67	28.82	29.97	29.63
蛋类及蛋制品	7.44	7.82	8.77	9.38
奶和奶制品	14.49	13.68	13.49	13.53
干鲜瓜果类	40.86	41.85	43.18	45.43
鲜瓜果	38.16	37.96	39.16	41.07
坚果类	2.70	2.65	2.71	3.14
食糖	1.33	1.47	1.50	1.61

2-21 城镇居民平均每百户年末主要耐用消费品拥有量(2013-2016年)

指　　标	单位	2013	2014	2015	2016
(一)家用汽车	辆	19.91	23.25	28.30	33.18
(二)摩托车	辆	42.33	46.33	46.00	45.34
(三)电动助力车	辆	35.86	40.88	40.82	48.54
(四)电冰箱(柜)	台	93.03	92.47	94.34	97.43
(五)洗衣机	台	85.75	84.47	84.51	87.57
(六)微波炉	台	57.61	61.96	63.10	63.76
(七)热水器	台	96.40	94.22	97.53	100.17
其中：太阳能热水器	台	4.54	5.04	5.13	6.39
(八)排油烟机	台	56.09	61.69	64.25	65.57
(九)空调	台	151.86	146.20	157.21	165.54
(十)彩色电视机	台	134.27	136.88	138.74	140.82
(十一)摄像机	台	6.15	7.02	5.96	5.55
(十二)照相机	台	30.54	33.35	29.78	23.01
(十三)计算机	台	91.80	91.27	88.67	89.23
其中：接入互联网的计算机	台	76.13	82.51	74.96	77.33
(十四)中高档乐器	架	5.29	5.73	5.12	5.45
(十五)固定电话	部	51.65	62.52	54.44	44.48
(十六)移动电话	部	225.00	232.78	240.09	249.07
其中：接入互联网的移动电话	部	100.62	122.00	129.42	159.54

2-22 全省居民按收入五等份分组的人均可支配收入(2013-2016年)

单位：元

年 份	2013	2014	2015	2016
低收入户	6192.19	7106.79	7862.91	8450.82
中等偏下户	12364.10	13746.16	14964.37	16310.42
中等收入户	18370.21	20670.26	22414.87	24419.68
中等偏上户	26836.40	29796.33	32797.55	35745.31
高收入户	50641.04	55319.13	59186.75	63164.14

2-23 农村居民按收入五等份分组的人均可支配收入(2013-2016年)

单位：元

年 份	2013	2014	2015	2016
低收入户	4360.76	4691.41	5099.66	5587.86
中等偏下户	7741.66	8576.55	9700.01	10168.39
中等收入户	10869.80	11955.23	12867.71	13796.67
中等偏上户	14312.49	15607.56	17129.45	18491.94
高收入户	21905.18	25534.43	27535.95	31015.04

2-24 城镇居民按收入五等份分组的人均可支配收入(2013-2016年)

单位：元

年 份	2013	2014	2015	2016
低收入户	11073.38	12883.32	14231.34	15831.44
中等偏下户	19159.97	21513.33	23307.42	25304.04
中等收入户	25513.81	28397.54	31234.26	34091.43
中等偏上户	34358.10	37797.69	41306.30	45198.52
高收入户	59699.49	64936.59	69131.21	73392.01

2-25 主要年份农民工监测调查基本情况

单位：户、人

项　　目	2010	2014	2015	2016
调查户数	**1820**	**2713**	**2845**	**2870**
期末家庭人口	**7695**	**10576**	**10980**	**11153**
#常住人口	7175	9099	9487	9633
劳动力就业状况	**5203**	**6449**	**6561**	**6668**
#本地务农	2745	2132	2085	1975
本地非农自营	537	864	908	1076
本地非农务工	1342	2201	2363	2404
外出从业	1466	1884	1798	1805
劳动力主要从事行业	**5203**	**6449**	**6561**	**6668**
第一产业	2308	1826	1822	1695
第二产业	1358	2130	2174	2164
第三产业	1537	2493	2565	2809
农民工外出从业情况	**1466**	**1884**	**1651**	**1657**
外出地区	1466	1884	1651	1657
本省	975	1332	1188	1203
乡外县内	384	508	461	469
县外省内	591	824	727	734
省外	491	552	463	454
输入地区	1466	1884	1651	1652
东部地区	1342	1671	1469	1492
中部地区	32	41	33	31
西部地区	46	104	83	74
其他地区	46	68	66	55
外出地区类型	1466	1884	1651	1657
直辖市	105	177	144	165
省会城市	205	249	234	253
地级市	479	540	481	417
县级市	381	615	495	534
建制镇	233	180	142	145
其他地区	63	123	155	143
外出方式	1466	1884	1651	1657
政府(单位)组织	60	40	30	39
中介组织介绍	46	30	31	25
亲朋好友介绍	797	704	551	527
自发	536	955	902	925
其他	27	155	137	141
外出从事行业	1466	1884	1651	1657
第一产业	28	38	22	10
第二产业	623	770	686	633
第三产业	815	1076	943	1014
本年度从事主要职业	1466	1884	1651	1657
国家机关、党群组织、企业、事业单位负责人	221	44	15	16
专业技术人员	154	245	300	310
办事人员和有关人员	65	215	166	244
商业、服务业人员	439	642	533	533
农、林、牧、渔、水利业生产人员	23	43	18	12
生产、运输设备操作人员及有关人员	430	520	432	349
军人				
不便分类的其他从业人员	134	175	187	193

主要统计指标解释

常住成员 指住户成员中，经常在家居住、或者调查期内居住时间超过一半的人员，以及本住户供养的学生。

季度调查的常住成员包括：

①过去三个月已经居住或未来三个月打算居住时间超过1.5个月的住户成员。

②过去三个月内每月至少在调查住宅居住一天以上，且没有在其他自有或独自租借的普通住宅中住过的人。或者说，在外与人合住或住在工棚、集体宿舍、工作地或其他临时性住所、又定期回家居住的人，也是本住户常住成员。

③由本住户供养的在校学生（包括大中专学生和研究生）。

常住成员是住户收支的调查对象。

可支配收入 指调查户在调查期内获得的、可用于最终消费支出和储蓄的总和，即调查户可以用来自由支配的收入。可支配收入既包括现金，也包括实物收入。按照收入的来源，可支配收入包含四项，分别为：工资性收入、经营净收入、财产净收入和转移净收入。计算公式为：

可支配收入 = 工资性收入 + 经营净收入 + 财产净收入 + 转移净收入

其中：经营净收入 = 经营收入 - 经营费用 - 生产性固定资产折旧-生产税

财产净收入 = 财产性收入 - 财产性支出

转移净收入 = 转移性收入 - 转移性支出

工资性收入 指就业人员通过各种途径得到的全部劳动报酬和各种福利，包括受雇于单位或个人、从事各种自由职业、兼职和零星劳动得到的全部劳动报酬和福利。

经营净收入 指住户或住户成员从事生产经营活动所获得的净收入，是全部经营收入中扣除经营费用、生产性固定资产折旧和生产税之后得到的净收入。计算公式具体为：

经营净收入 = 经营收入 - 经营费用 - 生产性固定资产折旧 - 生产税

财产净收入 指住户或住户成员将其所拥有的金融资产、住房等非金融资产和自然资源交由其他机构单位、住户或个人支配而获得的回报并扣除相关的费用之后得到的净收入。财产净收入包括利息净收入、红利收入、储蓄性保险净收益、转让承包土地经营权租金净收入、出租房屋净收入、出租其他资产净收入和自有住房折算净租金等。

财产净收入不包括转让资产所有权的溢价所得，这应该计入“非收入所得”。

转移净收入 计算公式为：转移净收入 = 转移性收入 - 转移性支出

转移性收入 指国家、单位、社会团体对住户的各种经常性转移支付和住户之间的经常性收入转移。包括养老金或退休金、社会救济和补助、政策性生产补贴、政策性生活补贴、救灾款、经常性捐赠和赔偿、报销医疗费、住户之间的赡养收入，以及本住户非常住成员寄回带回的收入等。

转移性收入不包括住户之间的实物馈赠。

转移性支出 指调查户对国家、单位、住户或个人的经常性或义务性转移支付。包括缴纳的税款、各项社会保障支出、赡养支出、经常性捐赠和赔偿支出以及其他经常转移支出等。

消费支出 指住户用于满足家庭日常生活消费需要的全部支出，包括用于消费品的支出和用于服务性消费的支出。根据用途不同，消费支出可划分为食品烟酒、衣着、居住、生活用品及服务、交通通信、教育文化娱乐、医疗保健、其他用品及服务八大类。根据来源不同，消费支出可划分为现金消费支出、实物消费支出（含自产自用、来自单位、来自政府和其他社会组织）。

三、价格调查

资料整理：王　娟　郭晓洁　唐洪民　郑明坤

简要说明

一、本篇资料的主要内容

本篇价格指数资料，反映生产、流通、消费与投资等环节的价格变动趋势和变动幅度。主要包括居民消费价格指数、商品零售价格指数、农业生产资料价格指数、农产品生产者价格指数、工业生产者出厂价格指数、工业生产者购进价格指数、固定资产投资价格指数等。

二、本篇的资料来源

价格指数编制由国家统计局福建调查总队组织实施，由抽选出的市、县调查队依据国家统计局统一制定的价格统计调查制度从基层采集原始数据汇总后上报。

三、居民消费、商品零售价格指数

编制居民消费、商品零售价格指数的资料采用抽样调查和重点调查相结合的方法取得，即在全省选择不同经济区域和分布合理的地区，以及有代表性的商品作为样本，对其市场价格进行定期调查，以样本推断总体。目前，参加国家级数据汇总的调查市、县 18 个。编制过程按下列几个步骤进行：

1.选择调查地区和调查点。调查地区按照经济区域和地区分布合理等原则，选出具有代表性的市县作为国家的调查地区，在此基础上选定经营规模大、商品种类多的商场（包括集市和服务网点）作为调查点。

2.选择代表规格品。代表规格品是选择那些消费量大、价格变动有代表性的商品；代表规格品的确定是根据商品零售资料和城乡居民的消费支出记账资料，按照有关规定筛选的。筛选原则：(1)与社会生产和人民生活关系密切；(2)消费（销售）数量（金额）大；(3)市场供应稳定；(4)价格变动趋势有代表性；(5)所选的代表规格品之间差异大。目前，居民消费价格调查按用途划分为 8 大类，262 个基本分类，各调查市县每月调查 600 种以上的规格品价格；商品零售价格按用途划分为 16 个大类，197 个基本分类，各地每月调查 500 种以上的规格品价格；农业生产资料价格按用途划分为 10 个大类，26 个基本分类。

3.价格调查方式。采用派员直接到调查点登记调查。

4.权数的确定。商品零售价格指数的权数主要根据社会商品零售额资料确定；居民消费价格指数的权数主要根据城乡居民家庭消费支出构成确定。

四、工业生产者价格指数

工业生产者价格包括工业企业产品第一次出售时的出厂价格和企业作为中间投入的原材料、燃料、动力购进价格（以下简称工业生产者购进价格）。该项调查采用重点调查与典型调查相结合的调查方法。重点调查将全部年主营业务收入 2000 万元以上的企业列为调查对象，采用主观选样的方法选择调查企业；典型调查是把年主营业务收入 2000 万元以下的企业作为抽样对象，采用随机抽样的调查方法。

1.代表产品的选择原则。（1）按工业行业选择基本分类和代表产品；（2）选择对国计民生影响大的产品；（3）选择生产较为稳定的产品；（4）选择有发展前景的产品。

工业生产者出厂价格统计调查 41 个工业行业大类，201 个工业行业中类，581 个工业行业小类的工业产品。根据我国工业企业产品的实际销售情况，从《统计用产品分类目录》中选定了 20000 多种工业产品，并将其划分为 1638 个基本分类。工业生产者购进价格调查项目由上述出厂调查目录的大部分和部分农副产品两部分组成，包括 10000 多种调查产品，确定为 981 个基本分类。各省、自治区、直辖市执行全国统一的分类标准。

2.代表企业的选择原则。（1）按工业行业选择调查企业，各中类行业原则上都要有调查企业；（2）大型企业应尽量都选上（或占相当大比重）；（3）选择生产稳定、正常的企业作为调查对象。

3.调查方式。采取联网直报方式，严格按照相关制度规定的调查内容、上报时间报送数据。

4. 权数的确定。工业生产者出厂价格统计中，小类及小类以上的权数资料来源于工业统计中分行业工业销售产值数据资料；基本分类的权数资料来源于独立的工业企业产品权数调查。工业生产者购进价格统计中，基本分类及以上分类的权数资料主要来源于独立的工业企业产品权数调查，小类及小类以上的权数还可以参照相应行业的出厂权数和分行业的投入产出数据资料。一般情况下，工业企业产品权数调查每五年进行一次。

五、固定资产投资价格指数

固定资产投资价格调查采用重点调查与典型调查相结合的方法。固定资产投资价格调查所涉及的价格是构成固定资产投资额实体的实际购进价格或结算价格。调查的内容包括构成当年建筑工程实体的钢材、木材、水泥、地方材料(如砖、瓦、灰、沙、石等)、化工材料(如油漆等)等主要建筑材料价格；作为活劳动投入的劳动力价格（单位工资）和建筑机械使用费用；设备工器具购置和其他费用投资价格。

固定资产投资价格调查样本的选择遵循以下原则：

1.选择建筑安装工程调查点的原则：(1)样本单位应具有一定覆盖面；(2)投资经济活动代表性强；(3)兼顾不同登记注册类型；(4)选择重点工程；(5)兼顾国民经济各门类及不同工程类别。

2.选择其他费用调查点的原则：在选择其他费用调查点时，所遵循的原则与建筑安装工程调查点的原则基本相同，特别是要注意选择那些投资额大的工程。但由于其他费用不易取得，所以在实际操作过程中，应同时在建设单位、施工单位开展重点调查，并辅以典型调查(从管理部门取得资料)。

六、农产品生产者价格指数

农产品生产者价格是农产品生产者直接出售其产品时实际获得的单位产品价格。农产品生产者价格调查采用抽样调查和重点调查相结合的方法。内容包括被调查单位生产并出售的主要农产品。农产品代表产品的选择涵盖农、林、牧、渔四大类、各中类以及 90%以上的小类，一般是生产量和销售量大的对国计民生影响大、稳定性强的产品，具有发展前景的新产品和具有地方特色的产品。代表品一般稳定五年。调查周期为季度。

3-1 各种价格总指数(1978-2016年)

(上年=100)

年 份	居民消费价格总指数	城市	农村	服务项目价格指数	商品零售价格指数	农业生产资料价格指数
1978	100.2	100.4	100.1	99.1	100.3	100.1
1979	102.8	102.7	102.9	99.5	103	100.4
1980	105.3	106.3	104.6	102.5	105.6	101
1981	102.7	104	101.9	102.1	103.6	103.3
1982	103.4	103.1	103.6	100.9	103.6	104.4
1983	101.3	102	100.9	106	101.3	103
1984	102.1	102.8	101.1	108.2	101.6	103.8
1985	111.3	114	107.5	110.1	111.4	105.6
1986	106.5	106.9	105.4	108.5	106.3	102.5
1987	109.4	110.6	107.9	106.1	109.7	106.8
1988	126.5	127	126	119.5	127.4	121.5
1989	118.9	118.8	118.9	122	118.6	119.5
1990	99.3	100.1	98.6	105.7	98.6	100.3
1991	103.5	104.6	102.4	105.2	103.3	105.1
1992	105.9	108	104.1	105.7	105.5	102.2
1993	115.4	116.8	114.2	126.7	113.8	111.4
1994	125.3	125.1	125.5	124.1	123	117.8
1995	115.2	116.4	114.4	118.2	114.4	120.2
1996	105.9	106.9	105.4	108.5	104.5	106.2
1997	101.7	102.5	101.3	119	99.8	99.5
1998	99.7	100	99.5	105.3	98.5	94.6
1999	99.1	98.7	99.2	123.4	96.5	96.1
2000	102.1	103.2	101.3	129.9	98.9	97.4
2001	98.7	98.3	99.3	102.7	98	98.7
2002	99.5	99.2	99.8	102.7	98.3	99.9
2003	100.8	100.7	101	103.2	99.1	101.8
2004	104	103.8	104.3	102.4	102.7	112.5
2005	102.2	101.9	102.8	104	100.6	108.1
2006	100.8	101.1	100.3	99.5	100.5	100.9
2007	105.2	105.1	105.4	101.9	104.3	110.3
2008	104.6	104.5	104.6	97	105.7	123.6
2009	98.2	98.3	97.9	99.1	97.9	93.3
2010	103.2	103.1	103.4	101.2	103.4	102.4
2011	105.3	105.2	105.3	103.2	104.8	111.8
2012	102.4	102.4	102.4	100.9	101.8	103.3
2013	102.5	102.6	102.3	102.9	101.1	99.5
2014	102.0	102.1	101.9	102.3	101.1	99.5
2015	101.7	101.7	101.7	103.2	99.9	101.4
2016	101.7	101.8	101.5	101.6	100.7	100.2

3-2 居民消费价格八大类指数(1978-2015年)

(上年=100)

年 份	总指数	食品类	烟酒及用 品	衣着	家庭设备用 品 及维修服务	医疗保健和个人用品	交通和通 讯	娱乐教育文化用品及 服 务	居住
1978	100.2	100.5	100.0	100.0	100.2	100.4		100.2	
1980	105.3	108.8	100.3	99.9	101.0	101.5	100.7	101.3	100.1
1994	125.3	133.4	111.5	120.3	111.2	119.0	109.5	114.4	120.1
1995	115.2	121.6	98.9	115.8	108.8	111.4	103.0	110.7	110.7
1996	105.9	105.5	104.4	105.4	102.9	107.8	104.4	107.1	113.1
1997	101.7	98.4	102.7	101.2	101.1	105.1	113.4	106.2	109.5
1998	99.7	98.0	102.5	100.3	99.7	102.2	99.8	99.7	104.5
1999	99.1	95.1	99.6	96.8	99.6	102.5	98.1	111.8	104.1
2000	102.1	98.4	100.8	98.5	98.7	107.9	96.4	120.6	106.7
2001	98.7	97.6	100.5	96.5	97.6	102.5	97.2	100.6	99.9
2002	99.5	99.7	100.3	97.2	97.2	98.7	97.8	103.0	99.3
2003	100.8	102.0	100.4	96.5	97.3	98.7	97.3	104.3	102.8
2004	104.0	109.9	101.1	97.6	98.6	97.7	97.6	103.5	104.2
2005	102.2	103.7	99.8	97.1	99.6	98.8	97.7	104.7	106.8
2006	100.8	102.0	100.6	97.3	100.9	99.7	99.3	97.2	105.5
2007	105.2	112.2	101.0	100.6	101.6	102.7	100.0	99.1	104.2
2008	104.6	113.3	102.9	94.8	103.2	102.8	98.6	92.9	105.5
2009	98.2	99.0	102.1	96.3	100.3	101.3	96.9	98.3	94.8
2010	103.2	107.8	101.4	95.7	99.2	103.1	99.5	100.2	105.4
2011	105.3	111.2	102.8	101.7	101.7	103.8	100.9	99.6	105.6
2012	102.4	104.6	102.4	105.0	101.7	102.3	100.1	98.8	101.6
2013	102.5	104.0	99.7	101.9	100.4	101.4	99.8	101.9	103.3
2014	102.0	103.3	99.2	102.6	100.4	100.7	100.2	101.7	102.3
2015	101.7	102.3	102.3	102.9	100.8	104.5	98.3	101.2	101.3

注：本表按2001年全国价格调查统计制度分类标准进行分类。

3-3 居民消费价格八大类指数(2016年)

(上年=100)

年份	总指数	食品烟酒	衣着	居住	生活用品及 服 务	交通和通 信	教育文化和 娱 乐	医疗保健	其他用品和 服 务
2016	101.7	103.9	100.3	100.7	99.8	99.4	101.2	102.9	102.5

注：本表按国家统计局2015年10月制定的《流通和消费价格统计报表制度》进行分类。

3-4　城市居民消费价格八大类指数(1978-2015年)

(上年=100)

年　份	总指数	食品类	烟酒及用　品	衣着	家庭设备用品及维修服务	医疗保健和个人用品	交通和通　讯	娱乐教育文化用品及服务	居住
1978	100.4	100.8	100.0	100.0	100.1	100.3		100.0	
1980	106.3	109.0	100.5	99.8	101.1	102.1	100.7	101.2	100.1
1994	125.1	134.0	111.5	119.9	111.9	118.6	104.9	117.5	120.6
1995	116.4	122.2	100.3	118.6	108.5	112.4	102.0	113.4	108.6
1996	106.9	105.7	102.1	107.5	103.3	109.5	105.1	109.7	114.7
1997	102.5	98.3	102.7	103.6	100.9	104.4	113.0	104.6	111.3
1998	100.0	98.0	100.9	101.1	98.9	102.6	101.2	99.9	107.5
1999	98.7	95.3	99.5	94.3	99.4	100.6	98.0	111.2	105.5
2000	103.2	98.7	98.6	97.8	100.0	112.8	96.9	115.1	107.5
2001	98.3	96.9	101.9	93.7	97.6	101.4	97.9	100.9	100.4
2002	99.2	99.2	100.9	96.8	97.6	98.3	97.9	103.7	98.9
2003	100.7	101.8	100.2	95.8	96.7	97.3	96.5	104.6	104.6
2004	103.8	109.8	101.0	97.6	98.2	96.9	96.7	103.0	103.6
2005	101.9	103.7	99.6	96.3	99.2	98.6	96.9	103.8	106.2
2006	101.1	101.8	101.1	96.0	100.5	99.7	99.0	100.5	106.7
2007	105.1	111.4	101.7	102.4	100.6	103.1	99.3	98.2	104.7
2008	104.5	113.9	103.4	94.6	102.9	102.8	98.0	91.4	104.8
2009	98.3	99.5	102.3	96.6	100.8	101.7	96.6	98.0	94.6
2010	103.1	107.9	101.6	95.6	99.0	103.2	99.2	100.2	104.9
2011	105.2	111.3	102.5	102.1	101.9	103.5	100.7	100.0	105.3
2012	102.4	104.6	102.5	105.1	102.1	101.7	99.8	98.7	102.0
2013	102.6	104.1	99.9	101.9	100.8	101.1	99.6	101.8	103.9
2014	102.1	103.2	99.0	102.9	100.5	100.7	100.3	101.7	102.5
2015	101.7	102.2	102.4	102.8	101.1	103.9	98.4	101.3	101.6

注：本表按2001年全国价格调查统计制度分类标准进行分类。

3-5　城市居民消费价格八大类指数(2016年)

(上年=100)

年份	总指数	食品烟酒	衣着	居住	生活用品及服务	交通和通　信	教育文化和娱乐	医疗保健	其他用品和服务
2016	101.8	104.0	100.1	100.9	99.7	99.4	101.1	103.6	102.6

注：本表按国家统计局2015年10月制定的《流通和消费价格统计报表制度》进行分类。

3-6 农村居民消费价格八大类指数(1978-2015年)

(上年=100)

年份	总指数	食品类	烟酒及用品	衣着	家庭设备用品及维修服务	医疗保健和个人用品	交通和通讯	娱乐教育文化用品及服务	居住
1978	100.1	100.1	100.0	100.0	100.2	100.5		100.4	
1980	104.6	108.5	100.2	99.9	100.9	101.4	100.7	101.5	100.1
1994	125.5	132.9	111.6	120.4	110.7	119.1	115.1	112.2	120.1
1995	114.4	121.2	98.1	113.5	109.0	110.8	103.6	108.9	112.9
1996	105.4	105.4	105.3	104.5	102.8	107.1	103.9	105.4	112.1
1997	101.3	98.8	103.4	100.0	101.4	105.2	113.6	106.4	107.9
1998	99.5	98.1	103.4	99.9	100.1	102.0	99.4	99.6	102.7
1999	99.2	94.3	99.6	97.9	99.7	103.4	102.0	112.3	102.9
2000	101.3	98.1	101.5	98.8	98.2	107.8	95.4	121.8	106.0
2001	99.3	98.6	99.3	100.5	97.6	103.6	96.4	100.3	99.4
2002	99.8	100.4	99.8	97.8	96.5	99.1	97.5	102.3	99.8
2003	101.0	102.2	100.7	97.3	98.0	100.1	98.3	104.0	100.9
2004	104.3	110.1	101.2	97.5	99.3	98.7	98.9	104.3	104.8
2005	102.8	103.7	100.1	98.2	100.3	99.0	98.7	105.9	107.5
2006	100.3	102.4	100.2	99.5	101.5	99.7	99.8	92.6	103.8
2007	105.4	113.6	100.4	97.9	103.1	102.2	101.0	100.4	103.4
2008	104.6	112.0	102.1	95.0	103.4	102.7	99.5	95.8	106.9
2009	97.9	98.0	101.9	95.7	99.1	100.6	97.6	99.0	95.1
2010	103.4	107.5	101.0	95.7	99.9	103.0	100.3	100.4	106.9
2011	105.3	111.0	103.5	100.4	101.0	104.5	101.6	98.7	106.3
2012	102.4	104.7	102.3	104.6	100.4	104.1	100.8	98.8	100.8
2013	102.3	104.0	99.3	102.0	99.4	102.4	100.2	102.3	101.8
2014	101.9	103.5	99.6	101.7	100.0	100.7	100.2	101.7	101.7
2015	101.7	102.6	102.1	103.1	100.0	106.3	97.8	100.9	100.6

注：本表按2001年全国价格调查统计制度分类标准进行分类。

3-7 农村居民消费价格八大类指数(2016年)

(上年=100)

年份	总指数	食品烟酒	衣着	居住	生活用品及服务	交通和通信	教育文化和娱乐	医疗保健	其他用品和服务
2016	101.5	103.6	101.1	99.9	100.2	99.5	101.4	101.1	102.2

注：本表按国家统计局2015年10月制定的《流通和消费价格统计报表制度》进行分类。

3-8 居民消费价格分类指数(2016年)

(上年=100)

项　　目	全省	城市	农村
居民消费价格总指数	101.7	101.8	101.5
非食品烟酒价格指数	100.8	100.8	100.5
服务价格指数	101.6	101.8	100.7
工业品价格指数	99.8	99.6	100.2
消费品价格指数	101.8	101.7	101.8
非食品价格指数	100.9	101.0	100.6
扣除食品和能源价格指数	101.2	101.3	100.8
扣除鲜菜鲜果价格指数	101.4	101.5	101.1
一、食品烟酒	103.9	104.0	103.6
1.食品	104.7	104.8	104.5
(1)粮食	100.0	100.1	99.7
(2)薯类	115.5	115.0	117.3
(3)豆类	101.2	101.2	101.2
(4)食用油	100.1	99.7	101.3
(5)菜	115.0	113.9	119.0
(6)畜肉类	111.3	111.4	111.3
(7)禽肉类	99.4	99.6	98.9
(8)水产品	104.1	104.7	101.7
(9)蛋类	96.0	96.5	94.9
(10)奶类	99.0	98.8	99.5
(11)干鲜瓜果类	96.3	96.7	95.1
(12)糖果糕点类	100.3	100.3	100.2
(13)调味品	100.5	100.4	100.8
(14)其他食品类	99.9	99.7	100.4
2.茶及饮料	100.0	99.9	100.3
3.烟酒	101.5	101.5	101.5
(1)烟草	102.3	102.3	102.4
(2)酒类	100.2	100.3	99.9
4.在外餐饮	103.0	103.3	101.8

3-8 续表

(上年=100)

项　　目	全省	城市	农村
二、衣着	100.3	100.1	101.1
1.服装	100.4	100.2	101.3
2.服装材料	101.7	101.9	101.5
3.其他衣着及配件	99.8	99.7	100.5
4.衣着加工服务费	101.7	101.9	101.2
5.鞋类	99.9	99.6	100.7
三、居住	100.7	100.9	99.9
1.租赁房房租	101.0	101.1	99.7
2.住房保养维修及管理	101.0	101.3	99.9
3.水电燃料	98.6	98.3	99.4
4.自有住房	101.6	102.0	100.3
四、生活用品及服务	99.8	99.7	100.2
1.家具及室内装饰品	100.3	100.1	100.8
2.家用器具	97.2	96.5	99.0
3.家用纺织品	99.7	99.6	100.0
4.家庭日用杂品	100.7	100.8	100.6
5.个人护理用品	100.7	100.7	100.8
6.家庭服务	103.1	103.1	103.0
五、交通和通信	99.4	99.4	99.5
1.交通	99.6	99.7	99.4
2.通信	99.1	98.9	99.7
六、教育文化和娱乐	101.2	101.1	101.4
1.教育	101.6	101.5	101.8
2.文化娱乐	100.7	100.7	100.3
七、医疗保健	102.9	103.6	101.1
1.药品及医疗器具	103.4	103.5	102.9
2.医疗服务	102.7	103.7	100.6
八、其他用品和服务	102.5	102.6	102.2
1.其他用品类	103.9	104.2	102.8
2.其他服务类	101.4	101.3	101.7

3-9 居民消费价格指数(2016年)

(上年同月=100)

项　　目	1月	2月	3月	4月	5月	6月
居民消费价格总指数	101.2	102.9	102.2	102.2	101.5	101.2
非食品烟酒价格指数	100.4	100.5	100.3	100.4	100.2	100.6
服务价格指数	102.1	102.2	102.1	102.1	101.7	101.9
工业品价格指数	98.4	98.6	98.2	98.5	98.5	99.1
消费品价格指数	100.7	103.3	102.3	102.3	101.3	100.8
非食品价格指数	100.7	100.9	100.6	100.8	100.5	100.8
扣除食品和能源价格指数	101.0	101.2	101.1	101.2	101.0	101.1
扣除鲜菜鲜果价格指数	101.1	101.5	101.3	101.7	101.5	101.6
一、食品烟酒	103.2	108.4	106.8	106.5	104.5	102.6
1.食品	103.4	111.1	108.7	108.2	105.4	103.0
(1)粮食	100.1	100.3	100.1	99.9	99.6	99.5
(2)薯类	102.5	113.1	117.4	139.6	145.5	134.3
(3)豆类	100.5	101.4	101.6	101.9	102.1	101.7
(4)食用油	98.5	98.8	98.9	99.7	100.1	100.2
(5)菜	114.1	167.8	148.6	130.7	106.8	89.6
(6)畜肉类	110.4	113.6	117.4	120.8	120.8	118.3
(7)禽肉类	102.4	101.6	100.1	100.4	100.1	99.4
(8)水产品	103.4	105.1	103.7	105.0	104.7	103.1
(9)蛋类	91.8	95.0	92.4	97.2	96.9	99.9
(10)奶类	100.2	99.6	98.0	98.3	98.9	98.7
(11)干鲜瓜果类	88.9	89.9	88.7	91.1	91.6	98.1
(12)糖果糕点类	100.7	100.8	99.5	99.0	99.4	100.7
(13)调味品	100.7	100.4	101.0	101.4	100.7	100.7
(14)其他食品类	100.7	99.8	99.7	100.0	100.6	99.6
2.茶及饮料	100.0	99.4	99.5	100.0	99.8	99.4
3.烟酒	104.2	104.4	104.2	104.2	102.2	100.0
(1)烟草	106.8	106.8	106.8	106.9	103.5	100.0
(2)酒类	100.2	100.5	100.1	100.0	100.1	100.1
4.在外餐饮	102.4	102.9	102.9	103.1	103.4	103.4
二、衣着	98.1	98.1	97.5	98.8	98.9	99.4
1.服装	98.0	98.1	97.6	99.3	99.0	99.5
(1)男式服装	96.5	96.8	97.2	99.3	98.2	99.3
(2)女式服装	99.0	99.2	98.7	100.3	100.0	100.0
(3)儿童服装	98.0	97.4	95.1	96.3	97.3	98.3
2.服装材料	103.3	103.3	103.3	103.3	103.3	103.3
3.其他衣着及配件	98.9	98.2	98.7	99.6	99.5	99.8
4.衣着加工服务费	103.8	101.6	101.7	101.7	102.3	102.6
5.鞋类	97.5	97.4	96.5	96.2	98.0	98.8
(1)鞋	97.4	97.3	96.4	96.1	97.9	98.7
(2)鞋类加工服务	101.2	101.7	101.0	100.8	100.9	101.0

3-9 续表 1

(上年同月=100)

项 目	7月	8月	9月	10月	11月	12月
居民消费价格总指数	101.1	100.7	101.7	101.8	102.0	101.9
非食品烟酒价格指数	100.5	100.8	101.2	101.2	101.3	101.6
服务价格指数	101.2	101.2	101.1	101.1	101.2	101.3
工业品价格指数	99.8	100.4	101.4	101.3	101.4	102.0
消费品价格指数	101.0	100.4	102.0	102.2	102.5	102.3
非食品价格指数	100.7	101.0	101.3	101.2	101.3	101.6
扣除食品和能源价格指数	101.0	101.2	101.4	101.3	101.4	101.6
扣除鲜菜鲜果价格指数	101.3	101.1	101.4	101.4	101.4	101.7
一、食品烟酒	102.3	100.5	102.6	103.2	103.7	102.6
1.食品	102.4	99.7	103.0	103.9	104.9	103.0
(1)粮食	99.9	100.1	100.0	99.9	100.3	100.1
(2)薯类	111.1	100.4	101.2	105.3	107.0	106.5
(3)豆类	101.7	101.0	100.8	100.4	100.6	100.6
(4)食用油	101.1	101.2	101.0	100.7	100.6	101.1
(5)菜	95.7	88.2	105.7	114.2	123.6	107.3
(6)畜肉类	112.4	105.4	105.2	105.1	104.7	105.2
(7)禽肉类	98.8	98.1	98.0	97.8	97.9	98.6
(8)水产品	102.9	102.9	105.0	104.1	104.4	104.3
(9)蛋类	98.3	92.3	95.4	98.6	98.9	97.0
(10)奶类	98.5	99.7	98.3	99.1	99.0	99.2
(11)干鲜瓜果类	98.7	99.6	105.6	103.3	101.5	102.6
(12)糖果糕点类	100.4	100.7	100.1	100.6	101.0	100.8
(13)调味品	101.0	100.3	100.3	99.7	100.0	99.9
(14)其他食品类	99.2	99.4	100.3	99.6	99.9	99.5
2.茶及饮料	100.1	99.9	100.0	100.4	100.7	100.9
3.烟酒	100.1	100.3	99.9	100.2	99.5	99.6
(1)烟草	100.0	100.0	99.9	100.0	99.2	99.1
(2)酒类	100.3	100.8	99.7	100.5	100.1	100.4
4.在外餐饮	103.3	103.2	103.1	102.9	102.8	102.9
二、衣着	99.9	101.4	102.9	103.0	103.1	103.3
1.服装	100.1	101.5	103.1	102.7	103.0	103.5
(1)男式服装	100.0	101.2	101.6	101.1	101.6	103.1
(2)女式服装	100.7	102.5	104.5	104.2	103.8	104.1
(3)儿童服装	98.6	99.1	102.4	101.7	103.7	102.7
2.服装材料	100.5	100.5	100.0	100.0	100.0	100.0
3.其他衣着及配件	99.4	100.0	99.9	101.0	101.6	101.3
4.衣着加工服务费	102.6	100.7	101.0	100.8	100.7	101.0
5.鞋类	98.9	101.1	102.8	104.9	103.8	103.3
(1)鞋	98.8	101.1	102.9	105.0	103.9	103.3
(2)鞋类加工服务	101.0	101.1	101.1	100.8	100.4	100.3

3-9 续表 2

(上年同月=100)

项　　目	1月	2月	3月	4月	5月	6月
三、居住	100.7	101.2	100.7	100.7	100.7	100.7
1.租赁房房租	101.6	102.3	101.5	101.0	101.0	100.9
2.住房保养维修及管理	100.5	101.6	101.7	100.9	101.0	101.0
(1)住房装潢材料	99.8	99.9	99.8	99.8	99.9	99.7
(2)物业管理费	103.8	103.8	105.4	105.4	104.2	104.2
(3)住房装潢维修	100.1	102.7	102.6	100.7	101.2	101.2
3.水电燃料	98.5	98.3	97.6	97.9	98.1	98.6
(1)水	100.8	100.8	100.0	100.0	100.0	100.2
(2)电	100.0	100.0	100.0	100.0	100.0	100.0
(3)燃气	94.1	93.5	91.2	92.5	92.9	94.6
(4)取暖费	100.0	100.0	100.0	100.0	100.0	100.0
(5)其他燃料	100.2	100.2	100.2	100.2	100.2	100.2
4.自有住房	101.8	102.3	101.8	101.9	101.8	101.7
四、生活用品及服务	99.5	99.5	99.4	99.3	99.3	99.8
1.家具及室内装饰品	99.2	99.4	99.4	99.0	99.5	101.1
(1)家具	99.3	99.6	99.6	99.1	99.8	101.7
(2)室内装饰品	98.7	98.6	98.3	98.2	97.6	97.2
2.家用器具	97.7	97.3	97.0	97.3	97.0	96.8
(1)大型家用器具	97.6	97.2	96.9	97.2	96.8	96.6
(2)小家电	98.1	97.7	97.6	97.9	98.0	97.8
3.家用纺织品	99.6	100.6	100.7	98.7	98.1	98.1
(1)床上用品	99.6	100.1	100.0	97.8	97.2	97.5
(2)窗帘门帘	100.6	102.4	102.8	102.8	101.9	101.0
(3)其他家用纺织品	99.1	102.9	103.3	101.1	101.5	99.7
4.家庭日用杂品	100.3	100.1	100.2	99.9	100.0	100.9
(1)洗涤卫生用品	100.6	100.6	100.5	99.9	99.9	100.9
(2)厨具餐具茶具	100.1	99.1	100.3	100.4	99.8	99.9
(3)家用手工工具	100.0	99.8	99.7	99.7	99.7	100.1
(4)其他家庭日用杂品	99.7	99.5	99.4	99.7	100.2	101.4
5.个人护理用品	99.9	100.3	100.7	100.7	100.7	100.8
(1)化妆品	99.4	99.6	100.1	99.8	100.0	100.1
(2)其他护理用品类	100.5	100.9	101.3	101.6	101.5	101.6
6.家庭服务	102.9	102.6	101.7	102.5	102.7	103.3
五、交通和通信	98.7	99.0	98.1	98.3	97.7	98.5
1.交通	98.4	98.9	97.4	97.8	97.0	98.3
(1)交通工具	98.3	98.6	98.6	98.7	98.8	99.2
(2)交通工具用燃料	94.4	95.8	90.5	91.7	89.7	93.3
(3)交通工具使用和维修	99.9	102.5	100.5	100.3	100.3	100.4
(4)交通费	103.4	101.6	102.2	102.6	100.7	102.2
2.通信	99.2	99.2	99.2	99.0	98.9	98.9
(1)通信工具	96.7	96.5	96.7	95.7	95.4	95.1
(2)通信服务	100.0	100.0	100.0	100.1	100.1	100.1
(3)邮递服务	99.7	99.7	99.7	99.8	99.8	99.8

3-9 续表 3

(上年同月=100)

项　　目	7月	8月	9月	10月	11月	12月
三、居住	100.6	100.5	100.6	100.6	100.7	100.8
1.租赁房房租	100.4	100.5	100.6	100.5	100.8	100.8
2.住房保养维修及管理	100.6	100.7	100.7	100.7	100.9	101.1
(1)住房装潢材料	99.7	100.0	100.1	100.1	100.5	101.2
(2)物业管理费	101.7	101.7	101.7	101.7	101.7	101.6
(3)住房装潢维修	101.1	101.1	101.1	101.1	100.9	100.9
3.水电燃料	98.9	99.0	99.0	99.0	98.7	99.5
(1)水	100.2	100.2	100.2	100.2	101.2	105.6
(2)电	100.0	100.0	100.0	100.0	100.0	100.0
(3)燃气	95.8	95.9	96.1	95.8	94.2	94.9
(4)取暖费	100.0	100.0	100.0	100.0	100.0	100.0
(5)其他燃料	100.2	100.8	101.0	101.0	101.0	102.2
4.自有住房	101.4	101.3	101.3	101.3	101.5	101.4
四、生活用品及服务	100.0	99.8	100.0	100.6	100.2	100.3
1.家具及室内装饰品	100.9	100.6	100.6	101.3	101.0	101.6
(1)家具	101.3	101.0	101.0	101.7	101.3	101.9
(2)室内装饰品	97.6	97.9	98.1	98.7	98.5	99.2
2.家用器具	96.5	96.7	96.7	97.7	97.4	97.7
(1)大型家用器具	96.2	96.3	96.3	97.4	97.0	97.3
(2)小家电	97.7	98.4	98.2	98.8	99.1	99.5
3.家用纺织品	98.5	98.7	100.2	101.0	101.5	100.7
(1)床上用品	97.9	98.2	100.1	101.2	101.7	100.8
(2)窗帘门帘	100.1	100.0	100.0	100.0	100.0	100.1
(3)其他家用纺织品	101.8	101.7	101.1	100.8	101.6	101.2
4.家庭日用杂品	101.8	101.1	101.6	101.6	100.8	100.6
(1)洗涤卫生用品	102.6	101.3	101.8	101.7	100.8	100.7
(2)厨具餐具茶具	100.1	101.2	100.5	101.0	100.1	98.8
(3)家用手工工具	100.5	100.8	100.7	100.7	100.5	99.9
(4)其他家庭日用杂品	101.2	100.7	101.8	101.8	101.1	101.4
5.个人护理用品	101.2	100.7	101.0	101.2	100.7	100.9
(1)化妆品	100.5	100.4	100.8	101.5	101.7	101.1
(2)其他护理用品类	101.8	101.0	101.3	100.9	99.8	100.7
6.家庭服务	103.3	103.3	103.3	103.8	103.7	104.0
五、交通和通信	99.1	99.6	100.9	100.4	100.9	101.8
1.交通	99.1	100.1	102.1	101.1	101.9	103.3
(1)交通工具	99.8	100.4	102.0	100.0	100.3	100.7
(2)交通工具用燃料	95.1	98.3	104.1	104.2	106.4	112.8
(3)交通工具使用和维修	100.4	100.3	100.1	100.4	100.5	100.5
(4)交通费	102.5	101.7	101.1	100.4	101.4	100.1
2.通信	99.0	98.9	99.0	99.2	99.3	99.4
(1)通信工具	95.7	95.1	95.6	96.6	96.7	97.2
(2)通信服务	100.1	100.1	100.0	100.0	100.0	100.1
(3)邮递服务	99.8	99.8	99.8	99.8	99.8	99.8

3-9 续表 4

(上年同月=100)

项　目	1月	2月	3月	4月	5月	6月
六、教育文化和娱乐	101.3	100.9	101.2	101.1	100.2	100.9
1.教育	101.4	101.5	101.5	101.5	101.3	101.4
(1)教育用品	100.6	100.8	100.6	100.6	100.6	100.6
(2)教育服务	101.4	101.6	101.6	101.5	101.3	101.4
2.文化娱乐	101.2	100.0	100.8	100.7	98.6	100.3
(1)文娱耐用消费品	96.6	96.6	96.6	96.5	95.9	95.5
(2)其他文娱用品	100.4	101.5	101.7	100.8	100.8	101.1
(3)文化娱乐服务	100.5	100.9	100.5	100.4	100.3	100.5
(4)旅游	104.2	100.7	102.9	102.9	98.5	102.3
七、医疗保健	104.3	104.2	104.3	104.4	104.6	104.5
1.药品及医疗器具	102.1	101.9	101.8	102.4	102.8	103.2
(1)中药	103.9	103.5	103.5	103.2	104.0	104.8
(2)西药	101.1	101.1	100.9	102.2	102.7	103.0
(3)滋补保健品	104.2	103.5	103.5	103.5	103.5	103.4
(4)医疗卫生器具	100.2	100.3	100.7	100.2	100.6	101.2
(5)保健器具	100.0	100.0	100.4	100.4	100.4	100.4
2.医疗服务	105.4	105.4	105.4	105.4	105.4	105.2
(1)综合医疗类	112.8	112.8	112.8	112.6	112.8	112.0
(2)诊断类	102.1	102.1	102.1	102.1	102.1	102.1
(3)治疗类	105.2	105.2	105.3	105.3	105.3	105.0
(4)康复类	102.8	102.8	102.8	102.8	102.8	102.8
(5)中医医疗服务类	109.8	109.8	109.8	109.8	109.8	109.3
(6)其他医疗服务	107.0	107.0	107.0	107.0	107.0	107.0
八、其他用品和服务	99.4	100.5	101.7	101.7	101.9	102.4
1.其他用品类	97.3	99.5	102.1	101.8	102.5	103.6
(1)首饰手表	95.8	99.2	103.9	102.9	104.6	106.3
(2)其他杂项用品	99.4	100.0	99.6	100.3	99.5	99.9
2.其他服务类	101.2	101.3	101.4	101.5	101.5	101.4
(1)旅馆住宿	101.2	101.8	100.6	100.9	100.7	99.9
(2)美容美发洗浴	103.1	103.1	103.9	104.0	104.0	103.9
(3)养老服务	101.3	101.3	101.3	101.3	101.3	101.3
(4)金融保险	100.0	100.0	100.0	100.0	100.0	100.0
(5)其他服务类	100.5	100.5	100.3	100.7	100.9	100.9

3-9 续表 5

(上年同月=100)

项 目	7月	8月	9月	10月	11月	12月
六、教育文化和娱乐	101.0	101.3	101.3	101.4	101.6	102.1
1.教育	101.3	101.3	101.9	101.9	101.9	101.9
(1)教育用品	100.6	100.6	107.6	107.7	107.7	107.7
(2)教育服务	101.4	101.4	101.6	101.7	101.6	101.6
2.文化娱乐	100.6	101.3	100.4	100.6	101.1	102.5
(1)文娱耐用消费品	95.3	96.3	95.6	96.5	96.8	98.0
(2)其他文娱用品	101.0	100.8	101.0	101.5	100.8	101.1
(3)文化娱乐服务	100.6	100.6	100.8	100.8	100.7	101.0
(4)旅游	102.9	104.2	102.4	102.2	103.4	106.1
七、医疗保健	101.7	101.6	101.5	101.4	101.4	101.5
1.药品及医疗器具	104.7	104.7	104.6	104.3	104.2	104.1
(1)中药	105.0	104.9	104.5	104.2	104.3	104.1
(2)西药	105.3	105.0	104.9	104.9	105.0	104.9
(3)滋补保健品	105.2	105.8	105.3	104.3	103.9	103.5
(4)医疗卫生器具	101.6	101.9	102.8	102.3	102.3	102.0
(5)保健器具	100.4	100.4	100.4	100.4	100.4	99.9
2.医疗服务	100.3	100.2	100.0	100.0	100.0	100.3
(1)综合医疗类	99.9	99.9	99.3	99.3	99.3	100.2
(2)诊断类	100.4	100.3	100.2	100.3	100.3	100.4
(3)治疗类	100.4	100.2	100.2	100.2	100.2	100.3
(4)康复类	100.0	100.0	100.0	100.0	100.0	100.1
(5)中医医疗服务类	101.2	101.0	101.0	101.0	101.0	100.6
(6)其他医疗服务	101.0	99.8	99.8	99.8	99.8	100.4
八、其他用品和服务	104.2	104.4	104.2	103.5	103.8	103.0
1.其他用品类	107.4	108.0	107.4	105.8	106.8	105.1
(1)首饰手表	113.0	114.3	112.7	110.0	112.3	109.7
(2)其他杂项用品	99.7	99.5	100.1	100.2	99.6	98.9
2.其他服务类	101.4	101.4	101.5	101.4	101.2	101.2
(1)旅馆住宿	100.2	99.1	99.0	101.8	98.9	98.7
(2)美容美发洗浴	104.0	104.1	103.7	102.8	102.8	102.8
(3)养老服务	101.3	101.3	101.3	101.3	101.3	101.3
(4)金融保险	100.0	100.0	100.0	100.0	100.0	100.0
(5)其他服务类	100.9	100.9	104.2	104.2	104.2	104.2

3-10 城市居民消费价格指数(2016年)

(上年同月=100)

项 目	1月	2月	3月	4月	5月	6月
居民消费价格总指数	101.3	103.1	102.3	102.3	101.5	101.3
非食品烟酒价格指数	100.5	100.7	100.4	100.5	100.2	100.7
服务价格指数	102.4	102.5	102.4	102.4	102.0	102.2
工业品价格指数	98.2	98.5	97.9	98.4	98.2	98.9
消费品价格指数	100.6	103.4	102.2	102.3	101.2	100.7
非食品价格指数	100.8	101.0	100.7	100.9	100.6	100.9
扣除食品和能源价格指数	101.1	101.3	101.2	101.3	101.1	101.3
扣除鲜菜鲜果价格指数	101.2	101.6	101.4	101.8	101.6	101.7
一、食品烟酒	103.3	108.7	106.9	106.7	104.6	102.7
1.食品	103.5	111.7	109.0	108.5	105.4	102.8
(1)粮食	100.0	100.6	100.4	99.9	99.5	99.9
(2)薯类	103.1	114.2	118.1	140.4	144.9	132.4
(3)豆类	100.3	101.1	101.5	101.5	101.3	101.4
(4)食用油	98.6	98.7	98.1	98.9	99.4	99.7
(5)菜	113.4	166.9	147.4	130.1	106.1	88.4
(6)畜肉类	110.6	114.0	117.5	120.7	120.3	117.9
(7)禽肉类	102.4	101.8	100.5	101.0	100.5	99.6
(8)水产品	104.2	106.0	104.8	105.8	105.4	103.6
(9)蛋类	91.3	94.8	92.7	98.1	98.6	100.8
(10)奶类	100.0	99.4	97.3	97.8	99.0	98.7
(11)干鲜瓜果类	89.1	90.6	89.4	92.1	93.0	99.2
(12)糖果糕点类	100.9	101.2	99.3	98.7	99.0	100.9
(13)调味品	101.1	100.2	101.1	101.5	100.7	101.0
(14)其他食品类	101.0	99.8	99.7	100.0	100.8	99.4
2.茶及饮料	99.7	98.9	99.1	99.7	99.5	99.2
3.烟酒	104.0	104.2	104.0	104.0	102.1	100.1
(1)烟草	106.6	106.6	106.6	106.7	103.5	100.1
(2)酒类	100.4	100.8	100.2	100.1	100.1	100.0
4.在外餐饮	102.6	103.0	103.1	103.4	103.7	103.7
二、衣着	97.6	97.8	96.9	98.6	98.5	99.1
1.服装	97.5	97.8	96.9	99.2	98.6	99.2
(1)男式服装	96.0	97.0	97.0	99.5	97.8	98.9
(2)女式服装	98.8	98.8	98.0	100.2	99.9	100.0
(3)儿童服装	97.1	96.3	93.1	95.1	96.2	97.3
2.服装材料	103.6	103.6	103.6	103.6	103.6	103.6
3.其他衣着及配件	98.5	97.6	98.3	99.4	99.2	99.7
4.衣着加工服务费	104.5	101.8	101.9	101.9	102.4	102.9
5.鞋类	96.8	97.1	95.9	95.8	97.3	98.2
(1)鞋	96.7	97.0	95.8	95.7	97.3	98.2
(2)鞋类加工服务	100.2	101.0	100.2	100.2	100.3	100.4

3-10 续表 1

(上年同月=100)

项　　目	7月	8月	9月	10月	11月	12月
居民消费价格总指数	101.0	100.7	101.7	101.9	102.1	102.0
非食品烟酒价格指数	100.5	100.8	101.3	101.3	101.4	101.7
服务价格指数	101.3	101.2	101.3	101.3	101.5	101.5
工业品价格指数	99.6	100.3	101.3	101.3	101.3	101.9
消费品价格指数	100.9	100.3	102.0	102.3	102.5	102.3
非食品价格指数	100.8	101.0	101.4	101.4	101.5	101.7
扣除食品和能源价格指数	101.1	101.2	101.6	101.5	101.6	101.7
扣除鲜菜鲜果价格指数	101.3	101.2	101.6	101.5	101.6	101.8
一、食品烟酒	102.2	100.3	102.7	103.4	103.9	102.8
1.食品	102.2	99.3	102.9	104.0	104.9	103.2
(1)粮食	99.9	100.3	100.1	100.1	100.3	100.1
(2)薯类	108.6	97.8	99.9	105.4	107.5	106.1
(3)豆类	101.7	100.8	101.1	101.0	101.1	101.0
(4)食用油	100.8	100.7	100.5	100.2	99.8	100.4
(5)菜	94.0	85.9	104.6	113.5	122.6	106.9
(6)畜肉类	112.2	105.7	105.1	105.4	104.9	105.4
(7)禽肉类	98.8	98.1	98.0	97.9	97.9	98.6
(8)水产品	103.4	103.2	105.7	104.8	104.9	104.8
(9)蛋类	98.5	92.6	95.8	99.3	99.3	97.6
(10)奶类	98.3	99.8	98.0	99.0	98.8	99.2
(11)干鲜瓜果类	99.2	99.2	104.7	102.6	101.0	103.4
(12)糖果糕点类	100.6	100.8	100.2	100.7	101.1	101.0
(13)调味品	101.1	100.1	99.9	99.1	99.4	99.2
(14)其他食品类	98.6	99.0	100.1	99.2	99.5	99.1
2.茶及饮料	100.0	99.9	100.2	100.5	100.8	101.1
3.烟酒	100.1	100.3	100.0	100.4	99.7	99.8
(1)烟草	100.1	100.1	100.1	100.2	99.4	99.3
(2)酒类	100.2	100.7	99.9	100.8	100.2	100.5
4.在外餐饮	103.6	103.5	103.3	103.1	103.0	103.0
二、衣着	99.7	101.3	103.0	103.2	103.1	103.2
1.服装	100.0	101.5	103.2	102.7	102.9	103.3
(1)男式服装	99.7	101.0	101.1	100.5	100.9	102.7
(2)女式服装	100.9	102.8	104.9	104.5	103.9	104.1
(3)儿童服装	97.7	98.3	102.6	101.6	104.1	102.5
2.服装材料	100.5	100.5	100.0	100.0	100.0	100.0
3.其他衣着及配件	99.1	100.0	99.8	101.1	101.9	101.4
4.衣着加工服务费	102.9	100.5	101.2	100.9	100.8	100.9
5.鞋类	98.2	100.9	103.0	105.7	104.3	103.4
(1)鞋	98.2	100.9	103.0	105.8	104.4	103.5
(2)鞋类加工服务	100.4	100.4	100.4	100.4	100.3	100.2

3-10 续表 2

(上年同月=100)

项　　目	1月	2月	3月	4月	5月	6月
三、居住	100.9	101.5	101.0	100.9	100.9	101.0
1.租赁房房租	101.7	102.5	101.6	101.2	101.1	101.1
2.住房保养维修及管理	100.7	101.9	102.3	101.3	101.5	101.4
(1)住房装潢材料	99.9	100.1	99.9	99.8	99.9	99.7
(2)物业管理费	104.2	104.2	106.0	106.0	104.7	104.7
(3)住房装潢维修	100.1	102.8	103.4	101.0	101.8	101.8
3.水电燃料	98.4	98.2	97.3	97.7	97.8	98.3
(1)水	101.0	101.0	100.0	100.0	100.0	100.0
(2)电	100.0	100.0	100.0	100.0	100.0	100.0
(3)燃气	93.6	92.8	90.4	91.6	92.2	93.6
(4)取暖费	100.0	100.0	100.0	100.0	100.0	100.0
(5)其他燃料	100.0	100.0	100.0	100.0	100.0	100.0
4.自有住房	102.1	102.8	102.1	102.3	102.2	102.0
四、生活用品及服务	99.5	99.5	99.3	99.1	99.0	99.5
1.家具及室内装饰品	99.4	99.7	99.3	98.8	99.4	100.9
(1)家具	99.5	99.9	99.5	99.0	99.8	101.6
(2)室内装饰品	98.5	98.3	98.0	97.8	97.2	96.6
2.家用器具	97.3	96.7	96.4	96.6	96.2	95.9
(1)大型家用器具	97.2	96.6	96.2	96.5	95.9	95.6
(2)小家电	97.5	97.2	97.1	97.2	97.3	97.2
3.家用纺织品	99.8	101.1	101.0	98.5	97.7	97.6
(1)床上用品	99.8	100.4	100.3	97.5	96.6	96.9
(2)窗帘门帘	100.8	103.2	103.5	103.5	102.3	101.1
(3)其他家用纺织品	99.0	103.9	103.9	101.3	101.9	99.8
4.家庭日用杂品	100.3	100.1	100.3	99.8	99.7	100.8
(1)洗涤卫生用品	100.8	100.9	100.8	99.8	99.6	100.9
(2)厨具餐具茶具	99.9	98.6	100.2	100.3	99.3	99.7
(3)家用手工工具	99.9	99.8	99.7	99.7	99.7	100.3
(4)其他家庭日用杂品	99.6	99.2	99.1	99.6	99.9	101.7
5.个人护理用品	99.9	100.2	100.8	100.7	100.8	101.0
(1)化妆品	99.2	99.4	100.1	99.7	100.1	100.1
(2)其他护理用品类	100.5	101.0	101.4	101.7	101.6	101.9
6.家庭服务	103.1	102.5	101.5	102.4	102.5	103.2
五、交通和通信	98.7	99.0	98.1	98.2	97.7	98.5
1.交通	98.4	99.0	97.5	97.8	97.0	98.4
(1)交通工具	98.1	98.5	98.4	98.6	98.7	99.1
(2)交通工具用燃料	94.4	95.8	90.5	91.6	89.7	93.3
(3)交通工具使用和维修	100.2	103.3	100.9	100.6	100.6	100.6
(4)交通费	103.8	101.8	102.5	103.0	101.0	102.5
2.通信	99.1	99.1	99.1	98.8	98.7	98.7
(1)通信工具	96.3	96.2	96.3	95.2	94.8	94.6
(2)通信服务	100.0	100.0	100.0	100.0	100.0	100.0
(3)邮递服务	99.6	99.6	99.6	99.6	99.6	99.6

3-10 续表 3

(上年同月=100)

项　　目	7月	8月	9月	10月	11月	12月
三、居住	100.7	100.7	100.8	100.7	100.9	101.0
1.租赁房房租	100.5	100.6	100.8	100.7	101.0	100.9
2.住房保养维修及管理	101.0	101.1	101.2	101.1	101.2	101.4
(1)住房装潢材料	99.9	100.2	100.4	100.3	100.7	101.4
(2)物业管理费	101.8	101.8	101.8	101.8	101.8	101.8
(3)住房装潢维修	101.8	101.8	101.8	101.6	101.4	101.4
3.水电燃料	98.5	98.6	98.6	98.5	98.3	99.2
(1)水	100.0	100.0	100.0	100.0	101.2	105.7
(2)电	100.0	100.0	100.0	100.0	100.0	100.0
(3)燃气	94.6	94.7	94.7	94.5	93.0	93.6
(4)取暖费	100.0	100.0	100.0	100.0	100.0	100.0
(5)其他燃料	100.0	100.5	100.5	100.5	100.5	100.7
4.自有住房	101.7	101.5	101.7	101.7	102.0	101.8
四、生活用品及服务	99.8	99.5	99.9	100.6	100.0	100.3
1.家具及室内装饰品	100.5	100.2	100.3	101.2	100.5	101.3
(1)家具	101.1	100.6	100.7	101.6	100.9	101.6
(2)室内装饰品	97.0	97.4	97.5	98.3	98.1	99.0
2.家用器具	95.5	95.8	96.0	97.3	96.8	97.5
(1)大型家用器具	95.1	95.2	95.5	96.9	96.3	97.0
(2)小家电	97.0	98.1	97.9	98.8	98.8	99.2
3.家用纺织品	98.1	98.2	99.7	101.1	101.8	100.8
(1)床上用品	97.3	97.5	99.4	101.2	102.1	100.8
(2)窗帘门帘	100.1	99.9	99.9	99.9	99.9	100.0
(3)其他家用纺织品	102.2	102.0	101.4	100.9	101.9	101.4
4.家庭日用杂品	102.2	101.3	101.9	101.9	100.7	100.5
(1)洗涤卫生用品	103.1	101.5	102.2	102.0	100.6	100.6
(2)厨具餐具茶具	99.9	101.1	100.2	101.1	99.8	98.2
(3)家用手工工具	100.8	101.1	100.8	100.8	100.7	99.5
(4)其他家庭日用杂品	101.3	100.7	102.3	102.4	101.4	101.9
5.个人护理用品	101.3	100.6	101.0	101.1	100.6	100.9
(1)化妆品	100.4	100.1	100.5	101.3	101.6	100.9
(2)其他护理用品类	102.1	101.1	101.5	101.0	99.7	100.8
6.家庭服务	103.3	103.3	103.3	103.9	103.9	104.3
五、交通和通信	99.1	99.6	100.9	100.4	100.9	101.8
1.交通	99.2	100.2	102.2	101.2	101.9	103.3
(1)交通工具	99.7	100.4	102.1	100.1	100.3	100.7
(2)交通工具用燃料	95.1	98.3	104.1	104.2	106.4	112.7
(3)交通工具使用和维修	100.7	100.5	100.2	100.3	100.4	100.4
(4)交通费	102.9	102.0	101.4	100.7	101.6	100.4
2.通信	98.8	98.7	98.8	99.1	99.2	99.3
(1)通信工具	95.1	94.6	95.0	96.3	96.5	97.0
(2)通信服务	100.0	100.0	100.0	100.0	100.0	100.0
(3)邮递服务	99.6	99.6	99.6	99.6	99.6	99.6

3-10 续表 4

(上年同月=100)

项　目	1月	2月	3月	4月	5月	6月
六、教育文化和娱乐	101.3	100.7	101.1	101.0	99.9	100.7
1.教育	101.2	101.3	101.3	101.2	101.0	101.1
(1)教育用品	100.7	100.8	100.6	100.6	100.6	100.6
(2)教育服务	101.3	101.3	101.3	101.2	101.0	101.1
2.文化娱乐	101.4	100.0	100.9	100.7	98.5	100.3
(1)文娱耐用消费品	95.9	95.8	95.9	95.8	95.0	94.5
(2)其他文娱用品	100.5	101.7	101.8	100.8	100.7	101.2
(3)文化娱乐服务	100.7	101.0	100.5	100.3	100.3	100.5
(4)旅游	104.4	100.8	103.0	103.0	98.5	102.3
七、医疗保健	105.8	105.7	105.6	105.7	105.9	105.8
1.药品及医疗器具	102.3	102.1	102.1	102.2	102.8	103.1
(1)中药	104.6	103.9	103.9	103.6	104.6	105.5
(2)西药	101.2	101.3	101.0	101.7	102.4	102.6
(3)滋补保健品	104.7	104.1	104.0	103.8	103.8	103.7
(4)医疗卫生器具	100.1	100.1	100.5	100.0	100.5	101.2
(5)保健器具	100.0	100.0	100.4	100.4	100.3	100.3
2.医疗服务	107.6	107.6	107.6	107.6	107.6	107.3
(1)综合医疗类	118.3	118.3	118.3	118.0	118.3	117.1
(2)诊断类	102.8	102.8	102.8	102.8	102.8	102.9
(3)治疗类	107.8	107.8	107.8	107.8	107.8	107.3
(4)康复类	104.1	104.1	104.1	104.1	104.1	104.1
(5)中医医疗服务类	112.9	112.9	112.9	112.9	112.9	112.0
(6)其他医疗服务	109.1	109.1	109.1	109.1	109.1	109.1
八、其他用品和服务	99.4	100.3	101.9	101.8	102.0	102.5
1.其他用品类	97.1	99.8	102.6	102.1	102.7	104.0
(1)首饰手表	95.7	99.6	104.5	103.2	104.8	106.8
(2)其他杂项用品	99.4	100.1	99.6	100.3	99.3	99.5
2.其他服务类	101.3	100.8	101.3	101.5	101.5	101.3
(1)旅馆住宿	100.8	101.4	100.5	100.9	100.7	99.5
(2)美容美发洗浴	103.6	101.8	104.0	104.3	104.3	104.2
(3)养老服务	101.3	101.3	101.3	101.3	101.3	101.3
(4)金融保险	100.0	100.0	100.0	100.0	100.0	100.0
(5)其他服务类	100.4	100.4	100.1	100.6	101.0	101.0

3-10 续表 5

(上年同月=100)

项　　目	7月	8月	9月	10月	11月	12月
六、教育文化和娱乐	100.8	101.2	101.4	101.5	101.7	102.4
1.教育	101.0	101.0	102.1	102.2	102.1	102.1
(1)教育用品	100.6	100.6	106.9	107.0	107.0	107.0
(2)教育服务	101.0	101.0	101.9	101.9	101.9	101.9
2.文化娱乐	100.6	101.4	100.4	100.7	101.2	102.8
(1)文娱耐用消费品	94.2	95.4	94.7	96.1	96.3	97.8
(2)其他文娱用品	101.0	100.6	101.0	101.6	100.6	101.0
(3)文化娱乐服务	100.6	100.5	100.7	100.7	100.6	100.9
(4)旅游	103.0	104.4	102.5	102.2	103.6	106.2
七、医疗保健	101.8	101.7	101.6	101.5	101.4	101.3
1.药品及医疗器具	105.0	104.9	104.8	104.4	104.3	104.0
(1)中药	106.0	105.6	105.3	104.7	104.8	104.5
(2)西药	105.4	105.0	105.0	104.8	104.8	104.6
(3)滋补保健品	105.8	106.5	105.9	104.7	104.2	103.9
(4)医疗卫生器具	101.7	102.0	103.1	102.5	102.5	102.2
(5)保健器具	100.3	100.3	100.3	100.3	100.3	99.8
2.医疗服务	100.2	100.0	100.0	100.0	100.0	100.0
(1)综合医疗类	99.4	99.4	99.0	99.0	99.0	99.0
(2)诊断类	100.5	100.3	100.3	100.3	100.3	100.3
(3)治疗类	100.3	100.1	100.1	100.1	100.1	100.1
(4)康复类	100.0	100.0	100.0	100.0	100.0	100.0
(5)中医医疗服务类	100.7	100.7	100.7	100.7	100.7	100.7
(6)其他医疗服务	100.0	100.0	100.0	100.0	100.0	100.0
八、其他用品和服务	104.4	104.5	104.4	103.5	103.9	102.9
1.其他用品类	108.1	108.5	107.9	106.2	107.3	105.2
(1)首饰手表	113.7	114.7	113.0	110.1	112.6	109.8
(2)其他杂项用品	99.4	99.0	99.9	100.1	99.3	98.3
2.其他服务类	101.4	101.3	101.4	101.3	101.1	101.1
(1)旅馆住宿	100.1	98.8	98.9	101.2	98.9	98.6
(2)美容美发洗浴	104.2	104.4	103.8	102.5	102.5	102.6
(3)养老服务	101.3	101.3	101.3	101.3	101.3	101.3
(4)金融保险	100.0	100.0	100.0	100.0	100.0	100.0
(5)其他服务类	100.9	100.9	105.3	105.3	105.3	105.3

3-11　农村居民消费价格指数(2016年)

(上年同月=100)

项　　目	1月	2月	3月	4月	5月	6月
居民消费价格总指数	100.9	102.3	101.9	101.9	101.3	101.1
非食品烟酒价格指数	100.0	100.1	100.0	100.1	100.1	100.4
服务价格指数	100.9	101.1	100.9	100.9	100.8	100.9
工业品价格指数	99.0	99.1	99.0	99.1	99.3	99.8
消费品价格指数	100.9	103.0	102.5	102.4	101.6	101.2
非食品价格指数	100.3	100.5	100.3	100.4	100.3	100.4
扣除食品和能源价格指数	100.6	100.7	100.8	100.8	100.7	100.7
扣除鲜菜鲜果价格指数	100.8	101.1	101.1	101.5	101.4	101.4
一、食品烟酒	102.9	107.3	106.3	106.0	104.1	102.6
1.食品	103.0	109.0	107.8	107.4	105.2	103.5
(1)粮食	100.1	99.7	99.6	99.8	99.9	98.7
(2)薯类	100.2	108.8	114.8	136.2	147.8	141.6
(3)豆类	100.8	101.8	101.6	102.7	103.8	102.4
(4)食用油	98.4	99.0	100.5	101.4	101.4	101.3
(5)菜	116.4	171.2	153.1	132.7	109.4	94.1
(6)畜肉类	110.1	112.5	117.4	121.3	122.2	119.7
(7)禽肉类	102.4	100.7	99.0	98.4	98.8	98.8
(8)水产品	100.5	101.8	100.2	102.2	102.2	101.0
(9)蛋类	93.1	95.6	91.6	94.8	92.9	97.5
(10)奶类	100.8	100.3	100.3	99.8	98.8	98.5
(11)干鲜瓜果类	88.4	87.4	86.4	87.4	87.0	94.3
(12)糖果糕点类	100.3	99.9	100.0	99.9	100.3	100.0
(13)调味品	99.9	100.7	100.8	101.0	100.7	100.0
(14)其他食品类	100.0	99.9	99.5	100.1	100.0	100.3
2.茶及饮料	100.9	100.7	100.5	100.8	100.6	100.1
3.烟酒	104.6	104.7	104.6	104.6	102.4	100.0
(1)烟草	107.3	107.3	107.3	107.3	103.7	99.9
(2)酒类	99.7	99.9	99.7	99.7	100.0	100.1
4.在外餐饮	101.3	102.4	101.9	101.7	101.6	101.9
二、衣着	99.7	99.3	99.9	99.4	100.4	100.5
1.服装	99.6	99.3	100.2	99.8	100.4	100.4
(1)男式服装	98.4	96.3	97.9	98.6	99.8	100.5
(2)女式服装	99.8	101.0	101.4	100.6	100.5	100.0
(3)儿童服装	101.3	101.0	101.8	100.2	101.2	101.4
2.服装材料	102.9	102.9	102.9	102.9	102.9	102.9
3.其他衣着及配件	100.3	100.3	100.4	100.4	100.4	100.5
4.衣着加工服务费	101.6	101.0	101.2	101.2	101.9	101.9
5.鞋类	99.8	98.5	98.5	97.6	100.3	100.7
(1)鞋	99.7	98.4	98.4	97.5	100.3	100.6
(2)鞋类加工服务	104.2	103.9	103.4	102.7	102.7	102.7

3-11 续表 1

(上年同月=100)

项　　目	7月	8月	9月	10月	11月	12月
居民消费价格总指数	101.2	100.8	101.4	101.4	101.7	101.5
非食品烟酒价格指数	100.6	100.8	100.9	100.8	100.9	101.4
服务价格指数	100.9	100.9	100.3	100.4	100.3	100.6
工业品价格指数	100.2	100.8	101.6	101.3	101.6	102.2
消费品价格指数	101.3	100.8	102.0	101.9	102.4	102.1
非食品价格指数	100.6	100.8	100.9	100.8	100.9	101.2
扣除食品和能源价格指数	100.8	101.0	100.8	100.8	100.8	101.1
扣除鲜菜鲜果价格指数	101.2	100.9	101.0	100.9	101.0	101.3
一、食品烟酒	102.5	100.9	102.5	102.6	103.3	101.9
1.食品	103.2	100.9	103.4	103.5	104.7	102.6
(1)粮食	99.8	99.7	99.6	99.3	100.3	100.2
(2)薯类	121.3	111.1	106.3	104.7	105.2	108.4
(3)豆类	101.7	101.2	100.0	99.1	99.5	99.8
(4)食用油	102.0	102.1	102.1	101.8	102.2	102.8
(5)菜	102.2	97.3	109.7	116.8	127.1	108.8
(6)畜肉类	112.8	104.3	105.5	104.4	104.1	104.8
(7)禽肉类	98.6	97.8	98.0	97.8	97.9	98.3
(8)水产品	101.3	101.7	102.4	101.5	102.8	102.8
(9)蛋类	97.7	91.7	94.3	96.8	97.7	95.6
(10)奶类	99.1	99.2	99.3	99.3	99.3	99.2
(11)干鲜瓜果类	97.0	101.0	108.8	105.6	103.3	99.9
(12)糖果糕点类	100.0	100.5	100.1	100.4	100.7	100.5
(13)调味品	100.7	100.8	101.1	101.0	101.2	101.4
(14)其他食品类	101.0	100.3	100.8	100.7	101.0	100.7
2.茶及饮料	100.2	99.8	99.4	100.1	100.2	100.3
3.烟酒	100.1	100.2	99.6	99.7	99.2	99.2
(1)烟草	99.9	99.8	99.7	99.7	98.8	98.8
(2)酒类	100.5	100.9	99.2	99.7	99.9	100.0
4.在外餐饮	101.9	101.9	101.8	101.7	101.6	101.9
二、衣着	100.7	101.7	102.6	102.6	103.2	103.6
1.服装	100.5	101.7	102.9	102.9	103.7	104.2
(1)男式服装	101.0	102.0	103.3	103.3	104.4	104.5
(2)女式服装	99.9	101.5	102.9	102.9	103.6	104.2
(3)儿童服装	101.3	101.7	101.8	102.1	102.4	103.3
2.服装材料	100.7	100.7	100.0	100.0	100.0	100.0
3.其他衣着及配件	100.5	100.4	100.6	100.6	100.8	100.8
4.衣着加工服务费	101.9	101.1	100.5	100.5	100.5	101.5
5.鞋类	101.1	102.0	102.3	102.3	102.2	102.7
(1)鞋	101.1	101.9	102.3	102.3	102.3	102.8
(2)鞋类加工服务	102.7	103.3	103.3	101.9	100.6	100.6

3-11 续表 2

(上年同月=100)

项　　目	1月	2月	3月	4月	5月	6月
三、居住	100.0	100.1	99.7	99.8	99.8	100.0
1.租赁房房租	100.2	100.2	100.2	99.6	99.6	99.6
2.住房保养维修及管理	99.8	101.0	100.2	99.9	99.9	99.8
(1)住房装潢材料	99.6	99.6	99.6	99.6	99.6	99.6
(2)物业管理费	100.8	100.8	100.8	100.8	100.8	100.8
(3)住房装潢维修	100.0	102.5	100.6	100.0	100.0	100.0
3.水电燃料	98.9	98.8	98.3	98.7	98.7	99.5
(1)水	100.0	100.0	100.0	100.0	100.0	101.2
(2)电	100.0	100.0	100.0	100.0	100.0	100.0
(3)燃气	95.6	95.5	93.5	94.9	94.9	97.4
(4)取暖费	100.0	100.0	100.0	100.0	100.0	100.0
(5)其他燃料	100.4	100.4	100.4	100.4	100.4	100.4
4.自有住房	100.7	100.6	100.5	100.5	100.5	100.5
四、生活用品及服务	99.5	99.6	99.7	99.9	100.2	100.6
1.家具及室内装饰品	98.6	98.6	99.6	99.7	99.8	101.8
(1)家具	98.5	98.5	99.6	99.8	99.9	102.1
(2)室内装饰品	99.5	99.5	99.5	99.5	99.2	99.2
2.家用器具	98.8	99.0	98.7	99.0	99.4	99.4
(1)大型家用器具	98.6	98.8	98.6	98.8	99.2	99.3
(2)小家电	100.2	99.8	99.5	100.4	100.4	100.3
3.家用纺织品	99.0	98.9	99.3	99.3	99.5	99.8
(1)床上用品	98.8	98.9	99.1	99.1	99.3	99.7
(2)窗帘门帘	99.7	99.7	100.5	100.5	100.5	100.5
(3)其他家用纺织品	99.9	97.0	99.7	99.6	99.6	99.5
4.家庭日用杂品	100.2	99.9	100.0	100.2	100.8	100.9
(1)洗涤卫生用品	100.1	99.8	99.8	100.2	100.7	101.0
(2)厨具餐具茶具	100.8	100.6	100.6	100.6	101.1	100.8
(3)家用手工工具	100.2	99.6	99.6	99.6	99.7	99.7
(4)其他家庭日用杂品	100.1	100.0	100.1	100.1	100.9	101.0
5.个人护理用品	100.4	100.6	100.5	100.5	100.4	100.2
(1)化妆品	100.2	100.5	100.3	100.3	99.9	100.4
(2)其他护理用品类	100.5	100.7	100.8	100.7	100.9	100.0
6.家庭服务	101.4	103.2	103.2	103.3	103.3	103.3
五、交通和通信	98.8	98.9	98.2	98.4	97.9	98.6
1.交通	98.3	98.5	97.3	97.6	96.8	98.0
(1)交通工具	99.0	98.9	99.1	99.0	99.1	99.3
(2)交通工具用燃料	94.3	95.7	90.3	92.0	89.5	93.2
(3)交通工具使用和维修	98.9	99.6	99.4	99.4	99.4	99.4
(4)交通费	101.9	100.6	101.0	100.9	99.3	100.6
2.通信	99.6	99.6	99.7	99.7	99.7	99.7
(1)通信工具	98.3	98.0	98.6	97.9	97.6	97.6
(2)通信服务	100.0	100.0	100.0	100.2	100.2	100.2
(3)邮递服务	100.0	100.0	100.0	100.5	100.5	100.5

3-11 续表 3

(上年同月=100)

项　　目	7月	8月	9月	10月	11月	12月
三、居住	100.1	100.1	99.9	99.9	99.8	100.1
1.租赁房房租	99.8	99.8	99.3	99.3	99.3	99.4
2.住房保养维修及管理	99.5	99.5	99.5	99.8	100.1	100.3
(1)住房装潢材料	99.4	99.4	99.4	99.6	100.0	100.6
(2)物业管理费	100.8	100.8	100.8	100.8	100.8	100.0
(3)住房装潢维修	99.5	99.5	99.5	100.0	100.0	100.0
3.水电燃料	99.9	100.0	100.2	100.1	99.6	100.4
(1)水	101.2	101.2	101.2	101.2	101.2	105.4
(2)电	100.0	100.0	100.0	100.0	100.0	100.0
(3)燃气	99.0	99.3	100.2	99.7	97.7	98.6
(4)取暖费	100.0	100.0	100.0	100.0	100.0	100.0
(5)其他燃料	100.4	101.2	101.5	101.5	101.5	103.7
4.自有住房	100.5	100.5	99.9	99.9	99.9	100.0
四、生活用品及服务	100.6	100.7	100.5	100.5	100.6	100.4
1.家具及室内装饰品	101.8	101.8	101.7	101.9	102.3	102.5
(1)家具	102.1	102.1	101.9	102.1	102.7	102.9
(2)室内装饰品	99.6	99.9	100.2	100.2	99.9	99.9
2.家用器具	99.3	99.3	98.7	98.6	99.0	98.5
(1)大型家用器具	99.1	99.3	98.6	98.6	98.7	98.2
(2)小家电	100.3	99.6	99.1	98.7	100.3	100.5
3.家用纺织品	100.0	100.6	102.3	100.8	100.4	100.5
(1)床上用品	100.0	100.8	102.8	101.0	100.5	100.6
(2)窗帘门帘	100.3	100.0	100.3	100.1	100.1	100.5
(3)其他家用纺织品	99.4	99.7	99.8	99.8	99.8	99.8
4.家庭日用杂品	100.9	100.8	100.8	100.8	101.0	100.7
(1)洗涤卫生用品	101.0	100.8	100.8	100.9	101.3	100.9
(2)厨具餐具茶具	100.7	101.3	101.2	101.0	101.0	100.7
(3)家用手工工具	100.0	100.3	100.6	100.4	100.3	100.7
(4)其他家庭日用杂品	100.8	100.7	100.5	100.5	100.5	100.5
5.个人护理用品	100.7	101.5	101.1	101.3	101.2	101.2
(1)化妆品	101.1	102.0	102.2	102.2	102.0	102.2
(2)其他护理用品类	100.2	100.9	99.8	100.2	100.3	100.0
6.家庭服务	103.3	103.3	103.3	103.3	102.3	102.3
五、交通和通信	99.1	99.7	101.0	100.5	100.9	102.0
1.交通	98.7	99.8	101.7	101.0	101.8	103.3
(1)交通工具	99.9	100.4	101.7	99.9	100.2	101.0
(2)交通工具用燃料	95.0	98.2	104.2	104.2	106.5	113.0
(3)交通工具使用和维修	99.4	99.4	99.4	100.8	100.8	100.8
(4)交通费	100.6	100.1	99.9	99.5	100.4	98.7
2.通信	99.8	99.7	99.8	99.7	99.6	99.8
(1)通信工具	98.1	97.5	98.1	97.8	97.4	97.9
(2)通信服务	100.2	100.2	100.2	100.2	100.2	100.2
(3)邮递服务	100.5	100.5	100.5	100.5	100.5	100.5

3-11 续表 4

(上年同月=100)

项　　目	1月	2月	3月	4月	5月	6月
六、教育文化和娱乐	101.4	101.6	101.6	101.6	101.5	101.7
1.教育	101.8	102.2	102.1	102.1	102.1	102.1
(1)教育用品	100.6	100.8	100.5	100.5	100.5	100.5
(2)教育服务	101.9	102.2	102.2	102.2	102.2	102.2
2.文化娱乐	100.2	99.9	100.4	100.3	99.7	100.5
(1)文娱耐用消费品	99.3	99.4	99.2	99.0	99.1	99.1
(2)其他文娱用品	100.1	100.9	101.4	100.8	100.8	101.0
(3)文化娱乐服务	100.0	100.6	100.6	100.7	100.6	100.5
(4)旅游	102.0	98.6	100.8	101.4	98.0	102.3
七、医疗保健	100.7	100.6	100.8	101.2	101.3	101.3
1.药品及医疗器具	101.0	100.9	100.9	102.8	103.0	103.3
(1)中药	101.4	101.4	101.7	101.5	101.8	101.9
(2)西药	100.7	100.7	100.7	103.7	103.9	104.4
(3)滋补保健品	101.5	100.6	100.6	102.0	102.0	102.0
(4)医疗卫生器具	100.7	101.3	101.3	101.3	101.3	101.3
(5)保健器具	100.0	100.0	101.0	101.0	101.0	101.0
2.医疗服务	100.6	100.6	100.7	100.7	100.7	100.6
(1)综合医疗类	101.2	101.2	101.3	101.3	101.3	101.3
(2)诊断类	100.4	100.4	100.4	100.4	100.4	100.2
(3)治疗类	100.1	100.1	100.5	100.5	100.5	100.5
(4)康复类	100.0	100.0	100.0	100.0	100.0	100.0
(5)中医医疗服务类	102.6	102.6	102.6	102.6	102.6	102.6
(6)其他医疗服务	103.0	103.0	103.0	103.0	103.0	103.0
八、其他用品和服务	99.3	100.9	101.1	101.2	101.6	102.0
1.其他用品类	97.7	98.7	100.6	101.0	101.7	102.4
(1)首饰手表	96.1	97.7	101.6	101.6	103.5	104.2
(2)其他杂项用品	99.2	99.7	99.6	100.4	100.1	100.7
2.其他服务类	101.0	103.2	101.7	101.5	101.5	101.6
(1)旅馆住宿	103.5	104.0	101.3	100.8	100.4	102.8
(2)美容美发洗浴	101.6	106.8	103.6	103.2	103.2	103.2
(3)养老服务	101.4	101.4	101.4	101.4	101.4	101.4
(4)金融保险	100.0	100.0	100.0	100.0	100.0	100.0
(5)其他服务类	100.8	101.1	100.8	100.8	100.8	100.8

3-11 续表 5

(上年同月=100)

项　　目	7月	8月	9月	10月	11月	12月
六、教育文化和娱乐	101.7	101.7	101.0	101.0	101.1	101.2
1.教育	102.2	102.2	101.3	101.3	101.3	101.3
(1)教育用品	100.5	100.5	109.0	109.3	109.3	109.3
(2)教育服务	102.3	102.3	100.8	100.9	100.8	100.8
2.文化娱乐	100.6	100.5	100.5	100.2	100.4	101.0
(1)文娱耐用消费品	99.1	99.1	98.5	97.8	98.8	98.7
(2)其他文娱用品	101.0	101.2	101.2	101.2	101.2	101.3
(3)文化娱乐服务	100.8	100.7	101.2	101.2	101.2	101.4
(4)旅游	102.2	101.7	101.9	101.4	101.2	104.3
七、医疗保健	101.3	101.2	101.0	101.1	101.1	101.8
1.药品及医疗器具	103.5	103.7	103.6	103.7	103.9	104.3
(1)中药	101.6	102.2	101.7	102.4	102.3	102.6
(2)西药	104.8	104.8	104.9	105.0	105.3	106.1
(3)滋补保健品	102.0	102.3	102.2	102.1	102.3	101.0
(4)医疗卫生器具	101.3	101.3	101.3	101.3	101.3	101.3
(5)保健器具	101.0	100.7	100.7	100.7	100.7	101.0
2.医疗服务	100.6	100.4	100.3	100.3	100.3	101.1
(1)综合医疗类	101.3	101.1	100.1	100.1	100.1	103.0
(2)诊断类	100.2	100.2	100.2	100.2	100.2	100.6
(3)治疗类	100.5	100.4	100.4	100.4	100.4	100.6
(4)康复类	100.0	100.0	100.0	100.0	100.0	100.3
(5)中医医疗服务类	102.6	101.8	101.8	101.8	101.8	100.2
(6)其他医疗服务	103.0	99.5	99.5	99.5	99.5	101.1
八、其他用品和服务	103.4	104.0	103.6	103.3	103.4	103.1
1.其他用品类	105.2	106.4	105.7	104.7	105.2	104.7
(1)首饰手表	110.3	112.7	111.6	109.5	110.8	109.6
(2)其他杂项用品	100.5	100.7	100.4	100.4	100.2	100.3
2.其他服务类	101.6	101.6	101.5	101.9	101.5	101.5
(1)旅馆住宿	100.6	100.7	99.4	104.9	98.8	98.9
(2)美容美发洗浴	103.5	103.5	103.5	103.5	103.5	103.5
(3)养老服务	101.4	101.4	101.4	101.4	101.4	101.4
(4)金融保险	100.0	100.0	100.0	100.0	100.0	100.0
(5)其他服务类	100.8	100.8	100.8	100.8	100.8	100.8

3-12 商品零售价格分类

(上年=100)

年份	总指数	食品	饮料、烟酒	服装、鞋帽	纺织品	家用电器及音像器材	文化办公用品	日用品
1987	109.4	112.7						106.8
1988	127.4	133.3						114.3
1989	118.8	121.3						112.2
1990	98.6	97.3						99.8
1991	103.6	101.6						101
1992	105.5	107.5						100.5
1993	113.4	116.4						107.1
1994	123.0	133.9	111	115.8	120.8	105		112.7
1995	114.4	122.7	102.4	113.7	118.7	101		108.2
1996	104.5	105.5	103.4	103.9	107.6	98.6		103.7
1997	99.8	98.2	102.8	101.4	103	97.1		101.1
1998	98.5	97.9	102.3	99.5	101.5	95.3		99.5
1999	96.5	94.7	99.7	99.3	95.2	94		98.9
2000	98.9	98.4	99.8	98.9	98.3	94.1		98.4
2001	98.0	98.1	99.8	100.9	95.3	94.6		98.6
2002	98.3	99.7	100.7	97.9	97.6	91.8		97.8
2003	99.1	101.9	100.5	97.2	96.2	92.9	94.5	98.8
2004	102.7	110.3	100.9	100.4	97.5	95	97.2	99.2
2005	100.6	103.8	99.7	99.3	97.2	96.1	96.4	99.6
2006	100.5	102	100.4	99.6	96.4	98.5	96.9	99.9
2007	104.3	111.8	101.2	98.7	99.3	98	98	99.9
2008	105.7	113.8	103.2	101.4	93.9	95.3	98.3	103.6
2009	97.9	99.2	102	101.2	97.1	94.7	95.3	102.3
2010	103.4	108.2	101.1	98.1	96.2	96.3	98.3	100.7
2011	104.8	111.1	103.2	106.1	100.8	96.3	98.6	101.6
2012	101.8	104.7	102.8	101.9	103.9	96.4	98.6	100.8
2013	101.1	104.3	100.1	98.9	101.7	96.5	98.5	99.9
2014	101.1	103.4	99.5	98.3	102.6	97.3	97.9	100.8
2015	99.9	101.9	101.7	99.1	103.5	98.2	99.1	99.9

注：本表内容按2001年全国价格调查统计制度分类标准进行分类。

3-13 商品零售价格

(上年=100)

年份	总指数	食品	饮料、烟酒	服装、鞋帽	纺织品	家用电器及音像器材	文化办公用品	日用品
2016	100.7	104.4	101.2	100.3	100.1	96.4	98.8	100.0

注：本表内容按国家统计局2015年10月制定的《流通和消费价格统计报表制度》进行分类。

指数(1987–2015年)

体育娱乐用品	交通、通信用品	家具	化妆品	金银珠宝	中西药品及医疗保健用品	书报杂志及电子出版物	燃料	建筑材料及五金电料
		105			103.4	102	110.7	
		114.4			140.1	123.1	115.5	
		108.4			117.2	197.8	110.1	
					100.1	106.9	108.5	
		99.6			103.1	99.6	180.3	
					112.5	104.2	105.6	
		107			106.7	102.6	123.2	
			114.6	113.4	111.3	131.9	123.1	112.3
			106	99	111.2	110	106.2	102.9
			102.9		109.1	132.8	103.9	97
			101.6	95.9	104.5	106.2	106.4	97
			99.2	91.2	102.7	103.3	96.7	
			101	95.9	101.2	101.9	101.1	
			99.9	97.4	100.9	103.8	117.7	
			98.2	96.3	97.4	106	100.7	
			96.9	100.5	96.3	102.1	98.5	
98.5	90.4	98.8	97.5	103.8	98.3	103.3	109.6	99.9
99.3	89.4	100.5	99.3	108.3	95.7	104.1	111.8	103.4
98.4	89.9	99.9	99.5	104.2	97	100.3	117	101.4
98.7	92.3	100.3	99.9	112.7	98.7	100.1	114.5	102.6
98.4	94.4	103.1	100.2	105.5	103.8	102.7	104.4	105.3
98.4	95.4	104	100.3	112.4	102.4	102	115.1	108.5
98.4	94.2	101.2	100.9	98.2	100.8	105.8	87.4	94.8
98.6	96.2	100.9	100	112.3	104.9	101.2	116.7	104.5
101	95.7	102.1	99.6	111.7	106.2	100	112.4	105.5
100.1	95.4	98.8	102.4	98.9	102.9	102.6	103.1	98.3
99.9	96.7	100.7	101.3	94.1	101.2	105.2	100.7	99.3
100.2	99.2	101.2	100.5	94.1	101.7	100.1	99.6	99.5
99.8	99.6	101.5	101	96.5	100.8	102	86.5	98.3

分类指数(2016年)

体育娱乐用品	交通、通信用品	家具	化妆品	金银饰品	中西药品及医疗保健用品	书报杂志及电子出版物	燃料	建筑材料及五金电料
100.4	98.4	100.2	100.8	109.1	104.0	102.0	96.5	100.1

3-14 商品零售价格指数(2016年)

(上年同月=100)

项 目	1 月	2 月	3 月	4 月	5 月	6 月
商品零售价格总指数	99.7	101.5	100.7	100.7	99.9	99.7
一、食品	103.0	110.2	107.9	107.4	104.9	102.5
二、饮料、烟酒	103.0	103.1	103.0	103.1	101.6	99.9
三、服装、鞋帽	96.8	97.1	96.4	98.0	98.4	99.2
四、纺织品	100.0	101.2	101.2	99.2	98.5	98.9
五、家用电器及音像器材	97.1	97.0	96.8	96.9	96.2	95.7
六、文化办公用品	98.8	98.8	99.0	98.9	98.6	98.4
七、日用品	99.6	100.1	100.0	100.0	99.8	100.1
八、体育娱乐用品	99.4	100.8	100.9	100.0	100.0	100.8
九、交通、通信用品	98.9	98.6	98.9	98.1	97.5	97.5
十、家具	99.2	99.7	99.3	98.9	99.5	101.3
十一、化妆品	99.5	100.0	100.7	100.6	100.6	100.7
十二、金银饰品	95.0	99.6	105.7	104.5	106.3	108.7
十三、中西药品及医疗保健用品	102.5	102.4	102.3	102.7	103.3	103.8
十四、书报杂志及电子出版物	101.0	101.1	101.0	101.0	101.0	101.0
十五、燃料	94.6	95.1	91.4	92.4	91.5	94.0
十六、建筑材料及五金电料	99.8	99.9	99.7	99.7	99.8	100.0

3-14 续表

(上年同月=100)

项 目	7 月	8 月	9 月	10 月	11月	12月
商品零售价格总指数	100.1	100.0	101.4	101.5	101.7	101.7
一、食品	102.1	99.7	102.9	104.0	104.8	103.0
二、饮料、烟酒	100.1	100.3	100.0	100.3	99.8	100.0
三、服装、鞋帽	100.0	102.2	103.7	103.7	104.0	104.0
四、纺织品	98.5	98.9	100.1	101.1	102.2	101.3
五、家用电器及音像器材	95.3	95.9	95.3	96.6	96.7	97.6
六、文化办公用品	98.5	97.9	98.5	99.4	99.2	99.8
七、日用品	100.6	100.5	100.2	100.3	99.7	98.8
八、体育娱乐用品	100.4	100.9	100.3	100.7	100.1	100.3
九、交通、通信用品	97.9	98.0	99.3	98.3	98.4	99.0
十、家具	100.9	100.6	100.8	101.2	100.5	100.7
十一、化妆品	101.2	100.7	101.2	101.6	101.1	101.2
十二、金银饰品	116.7	118.2	116.4	112.4	115.5	112.2
十三、中西药品及医疗保健用品	105.9	105.6	105.5	104.8	104.8	104.5
十四、书报杂志及电子出版物	101.0	101.0	104.0	104.0	104.0	104.0
十五、燃料	95.4	97.3	100.8	100.8	101.3	105.0
十六、建筑材料及五金电料	100.2	100.2	100.5	100.2	100.3	100.8

3-15 农业生产资料价格分类指数(1980-2016年)

(上年=100)

年 份	农业生产资料价格指数	农用手工工具	饲 料	仔畜幼禽及产品畜	半机械化农具	机械化农具
1980	101.0	102.7			99.8	97.6
1981	103.3	112.2			104.3	97.2
1982	104.4	117.0			110.6	103.7
1983	103.0	103.7			112.4	100.5
1984	103.8	100.1			101.7	101.1
1985	105.6	104.8			103.7	111.9
1986	102.5	105.2			112.3	102.7
1987	106.8	108.5			103.8	104.8
1988	121.5	117.8			120.6	116.0
1989	119.5	126.4	134.8	103.7	121.1	117.0
1990	100.3	106.3	98.8	93.8	101.7	100.2
1991	105.1	100.0	97.9	84.7	101.2	100.8
1992	102.2	102.5	92.3	114.8	104.7	102.6
1993	111.4	111.4	110.0	110.6	117.5	118.8
1994	117.8	111.1	120.5	128.2	107.7	114.3
1995	120.2	119.2	128.4	116.4	107.6	112.5
1996	106.2	106.0	103.0	104.5	98.6	102.1
1997	99.5	102.9	102.6	112.1	100.6	99.2
1998	94.6	100.9	96.8	86.1	98.2	99.0
1999	96.1	106.1	104.5	89.5	99.1	99.9
2000	97.4	102.0	94.3	112.3	98.9	98.4
2001	98.7	100.6	99.2	102.3	97.3	94.4
2002	99.9	98.5	98.7	92.5	100.0	95.3
2003	101.8	102.5	101.8	103.3	101.7	98.8
2004	112.5	108.8	120.3	121.3	104.4	104.9
2005	108.1	107.2	102.8	102.5	100.0	103.0
2006	100.9	104.6	101.8	96.6	100.1	101.0
2007	110.3	103.2	109.4	137.3	102.6	101.5
2008	123.6	111.2	116.0	124.9	102.3	107.7
2009	93.3	104.2	97.9	82.6	99.9	100.6
2010	102.4	101.5	105.5	107.8	101.0	101.5
2011	111.8	108.2	109.0	129.8	106.4	104.7
2012	103.3	108.4	106.7	92.8	103.4	101.0
2013	99.5	101.7	102.5	97.6	100.5	100.4
2014	99.5	100.7	102.4	99.2	100.7	100.2
2015	101.4	101.8	100.2	109.8	100.7	100.1
2016	100.2	100.3	96.9	120.7	99.8	100.3

注：1. 1980年前没有农资分类数据；1980年-2005年，“农用手工工具”名为“小农具”；1989年前没有“饲料”和“产品畜”；2006年后，新增“农业生产服务”；2016年之前，“仔畜幼禽及产品畜”称为“幼禽家畜”，“农药及农药品械”称为“农药及农药械”，“农机用油”称为“农用机油”。

3-15 续表

(上年=100)

年 份	化学肥料	农药及农药械	农用机油	其他农业生产资料	农业生产服 务
1980	100.6	99.2	102.7	101.4	
1981	100.7	99.6	100.4	104.3	
1982	100.2	99.4	100.0	102.5	
1983	103.0	100.9	100.0	101.8	
1984	106.4	99.6	109.2	105.9	
1985	104.6	99.9	116.2	106.0	
1986	99.5	99.0	104.5	105.9	
1987	107.6	109.4	102.9	105.3	
1988	122.3	136.6	103.9	121.8	
1989	116.9	127.9	110.2	128.1	
1990	96.9	106.9	103.3	105.5	
1991	108.3	101.8	112.9	97.4	
1992	101.9	100.0	107.0	103.6	
1993	112.3	98.1	127.1	104.4	
1994	123.2	106.1	107.8	113.2	
1995	118.6	120.6	105.2	122.8	
1996	109.3	108.4	105.2	102.3	
1997	96.0	96.0	102.7	99.3	
1998	94.3	93.7	96.2	96.1	
1999	92.2	95.1	102.6	99.3	
2000	92.1	95.1	126.2	98.0	
2001	98.9	96.8	104.5	96.1	
2002	102.3	98.9	98.7	104.7	
2003	102.4	98.4	110.6	98.0	
2004	116.2	102.5	106.4	101.8	
2005	114.1	108.5	110.2	105.3	
2006	99.3	104.7	109.5	104.7	102.5
2007	107.5	103.6	105.6	101.7	108.6
2008	140.9	117.3	114.8	107.6	114.7
2009	88.2	96.9	90.9	101.3	103.6
2010	97.4	100.3	109.3	106.2	105.0
2011	114.7	103.1	111.8	105.6	106.2
2012	105.5	101.8	102.4	102.8	109.1
2013	96.3	100.4	100.1	101.3	104.0
2014	95.8	100.1	98.8	101.7	103.8
2015	100.4	99.4	89.7	100.7	104.1
2016	98.7	99.1	98.0	99.8	101.5

3-16 农业生产资料价格指数(2016年)

(上年同月=100)

项目	1 月	2 月	3 月	4 月	5 月	6 月
农业生产资料价格指数	100.6	100.3	100.6	100.2	100.8	100.5
一、农用手工工具	101.1	101.1	101.1	101.1	101.1	100.9
二、饲料	97.6	95.3	96.2	96.0	96.1	96.5
三、仔畜幼禽及产品畜	116.1	122.4	127.2	132.4	133.5	131.5
四、半机械化农具	100.7	100.7	100.1	101.7	99.5	99.5
五、机械化农具	100.6	100.6	100.6	100.6	100.6	100.6
六、化学肥料	101.4	101.5	100.6	100.1	100.0	98.1
七、农药及农药器械	99.8	99.8	99.6	99.2	99.0	99.0
1.化学农药	100.0	100.0	99.7	99.1	99.0	99.0
2.农药器械	96.7	96.7	99.1	99.4	99.4	99.4
八、农机用油	95.0	96.4	91.8	92.7	91.0	94.1
九、其他农用生产资料	99.3	99.3	99.8	99.8	99.8	99.8
十、农业生产服务	101.6	101.8	101.8	98.0	101.8	101.8

3-16 续表

(上年同月=100)

项目	7 月	8 月	9 月	10 月	11月	12月
农业生产资料价格指数	100.5	100.0	100.0	99.5	99.4	99.6
一、农用手工工具	100.9	99.4	99.4	99.3	99.0	99.0
二、饲料	97.3	97.5	97.6	97.6	97.7	97.9
三、仔畜幼禽及产品畜	125.6	116.6	115.8	112.3	111.5	107.2
四、半机械化农具	99.5	99.5	99.5	99.4	98.8	98.8
五、机械化农具	100.6	99.9	99.9	99.9	99.9	100.0
六、化学肥料	98.2	98.0	97.3	96.0	96.0	97.0
七、农药及农药器械	99.0	99.0	99.0	98.8	98.6	98.6
1.化学农药	99.0	99.0	98.9	98.7	98.5	98.5
2.农药器械	99.3	99.3	99.3	99.3	99.3	99.3
八、农机用油	95.8	98.5	103.6	103.4	104.8	110.8
九、其他农用生产资料	99.8	99.8	100.1	100.1	100.1	100.1
十、农业生产服务	101.8	102.0	102.0	102.0	101.6	101.6

3-17 固定资产投资价格指数(1991-2016年)

(上年=100)

年 份	总指数	建筑安装、装饰工程	设备、工器具购置	其他费用
1991	108.6	110.7	110.2	96.6
1992	114.9	115.7	114.4	112.2
1993	134.1	140.1	117.3	125.3
1994	107.3	105.9	109.7	111.3
1995	104.8	103.3	106.6	110.7
1996	104.7	103.7	100.6	118.3
1997	101.1	102.2	97.9	99.8
1998	98.0	98.9	94.7	98.6
1999	98.5	99.3	94.8	101.2
2000	100.2	102.4	94.9	98.8
2001	99.5	100.2	96.9	101.4
2002	99.7	100.5	96.2	103.0
2003	101.4	104.2	95.4	101.2
2004	103.4	106.7	96.8	101.3
2005	100.7	101.1	97.6	102.8
2006	102.0	102.4	99.6	103.7
2007	105.9	107.1	99.6	109.2
2008	105.9	108.5	100.0	104.9
2009	98.0	97.4	96.6	101.0
2010	103.3	104.9	99.8	102.4
2011	106.2	109.4	100.8	102.5
2012	100.3	100.6	98.9	100.7
2013	100.1	100.0	98.9	101.2
2014	100.4	100.4	99.7	100.7
2015	98.3	97.6	99.5	100.1
2016	100.0	99.8	100.0	100.7

3-18 建筑安装、装饰工程投资价格指数(1991-2016年)

(上年=100)

年 份	总指数	人工费	材料费	机械费
1991	110.7	113.8	111.3	
1992	115.7	109.4	120.0	
1993	140.1	148.6	128.2	
1994	105.9	107.6	103.7	
1995	103.3	125.7	100.4	
1996	103.7	120.6	101.3	109.1
1997	102.2	114.7	100.6	106.8
1998	98.9	103.2	97.9	99.8
1999	99.3	100.7	98.2	99.9
2000	102.4	108.5	102.0	100.2
2001	100.2	105.2	99.4	100.7
2002	100.5	105.8	99.0	101.0
2003	104.2	102.2	105.2	102.4
2004	106.7	102.5	109.6	100.8
2005	101.1	104.9	99.8	100.1
2006	102.4	108.6	101.1	102.9
2007	107.1	110.6	107.1	103.2
2008	108.5	107.7	109.8	104.0
2009	97.4	102.6	94.5	100.4
2010	104.9	107.0	104.7	102.2
2011	109.4	111.2	109.9	103.6
2012	109.4	111.2	109.9	103.6
2013	100.0	105.7	97.7	102.0
2014	100.4	104.7	98.6	101.6
2015	97.6	103.8	94.4	101.0
2016	99.8	102.4	98.5	100.2

3-19 建筑安装工程投资中主要耗用材料价格指数(1991-2016年)

(上年=100)

年 份	钢材	木材	水泥	地方建筑材料	化工材料	电料	其他材料
1991	114.3	100.2	112.6	109.9			102.3
1992	125.7	103.7	113.7	104.4			121.6
1993	120.9	126.7	150.6	120.8			117.3
1994	98.3	101.9	96.2	104.4			106.3
1995	98.0	108.7	93.1	109.7			100.6
1996	98.7	104.5	99.2	108.9			102.6
1997	98.4	101.0	99.6	103.1	102.3	102.9	101.7
1998	93.4	97.2	98.6	102.3	100.2	100.3	101.1
1999	95.1	102.8	100.0	98.8	99.3	98.4	99.9
2000	103.1	100.3	99.5	101.3	105.2	103.9	100.8
2001	99.3	98.9	100.4	98.4	100.0	101.8	100.5
2002	99.2	103.3	98.1	100.3	99.5	100.8	95.2
2003	110.1	101.1	103.0	103.2	104.1	99.5	99.8
2004	115.9	100.7	110.3	104.2	103.4	104.8	103.2
2005	98.8	100.3	96.7	102.1	102.6	100.7	102.3
2006	98.0	102.2	101.3	103.7	107.0	110.6	101.4
2007	106.9	103.5	108.5	108.7	103.8	110.2	102.5
2008	115.2	106.1	105.2	105.7	107.2	107.6	104.8
2009	87.7	102.8	98.7	102.4	99.4	99.1	100.8
2010	105.6	104.2	104.3	105.1	104.9	104.8	102.9
2011	110.8	106.9	112.8	108.6	107.5	105.5	105.9
2012	110.8	106.9	112.8	108.6	107.5	105.5	105.9
2013	93.9	102.3	97.5	101.4	101.4	102.1	102.4
2014	95.3	101.1	99.6	100.9	100.7	101.9	101.6
2015	87.7	100.6	96.5	99.0	94.9	102.0	100.8
2016	98.0	100.5	96.5	99.5	98.5	102.3	100.2

3-20 固定资产投资分季价格指数(2015-2016年)

(上年=100)

项　目	全年	一季	二季	三季	四季
2015年固定资产投资价格指数	**98.3**	**99.0**	**98.6**	**97.9**	**97.8**
一、建筑安装工程投资价格指数	97.6	98.6	98.0	97.1	96.8
人工费	103.8	104.3	103.4	103.7	103.7
材料费	94.4	95.7	95.2	93.6	93.1
#钢材	87.7	90.8	88.9	85.9	85.1
木材	100.6	100.7	100.6	100.6	100.5
水泥	96.5	96.8	96.9	96.5	95.7
地方建筑材料	99.0	99.3	99.1	98.3	99.1
化工材料	94.9	93.8	97.2	95.7	93.1
电料	102.0	102.0	102.3	102.4	101.4
其他材料	100.8	101.4	101.1	100.6	100.1
机械费	101.0	101.3	100.9	101.0	100.9
二、设备、工器具购置价格指数	99.5	99.7	99.5	99.2	99.5
三、其他费用投资价格指数	100.1	100.2	100.1	100.0	100.4
2016年固定资产投资价格指数	**100.0**	**97.9**	**100.0**	**100.1**	**101.9**
一、建筑安装工程投资价格指数	99.8	97.1	99.9	99.9	102.3
人工费	102.4	102.6	102.8	102.1	102.1
材料费	98.5	93.9	98.5	98.8	102.8
#钢材	98.0	86.5	98.3	99.1	108
木材	100.5	99.7	101.0	100.3	101.1
水泥	96.5	95.1	95.5	95.6	99.9
地方建筑材料	99.5	99.2	99.1	99.4	100.1
化工材料	98.5	93.7	98.6	98.5	101.5
电料	102.3	102.0	103.1	101.5	102.6
其他材料	100.2	99.3	100	100	101.4
机械费	100.2	100.3	100.4	99.9	100.3
二、设备、工器具购置价格指数	100.0	99.0	99.5	100.6	100.8
三、其他费用投资价格指数	100.7	100.2	100.6	100.9	101.0

3-21 工业生产者价格指数(1992-2016年)

(上年=100)

年 份	工业生产者出厂价格指数	轻工业	重工业	工业生产者购进价格指数
1992	102.7	101.4	104.3	109.3
1993	117.1	111.8	124.2	129.6
1994	116.9	118.6	114.6	115.2
1995	115.7	120.2	109.6	119.6
1996	101.8	101.7	102.0	104.3
1997	100.3	97.3	104.3	98.6
1998	95.7	95.4	96.1	92.5
1999	96.6	95.4	97.9	97.9
2000	100.5	99.9	101.2	112.4
2001	98.1	98.4	97.8	96.7
2002	97.6	98.2	96.9	97.6
2003	100.7	99.3	103.9	106.3
2004	102.6	100.3	107.9	113.3
2005	100.2	98.4	104.7	108.1
2006	99.2	98.0	101.6	103.9
2007	100.8	99.9	102.8	104.3
2008	102.7	100.6	107.0	110.2
2009	95.5	96.9	92.7	93.2
2010	103.2	101.5	106.9	107.7
2011	103.9	103.8	104.0	108.0
2012	98.7	99.8	97.8	97.7
2013	98.4	99.4	97.5	98.4
2014	98.6	99.8	97.6	98.3
2015	97.0	99.7	94.8	96.1
2016	99.1	100.3	98.1	98.0

注：工业生产者出厂价格指数2010年及以前称为“工业品出厂价格指数”。
工业生产者购进价格指数2010年及以前称为“工业企业原材料、燃料、动力购进价格指数”。

3-22　工业生产者出厂价格指数(1992-2016年)

(上年=100)

项　　目	1992	1993	1994	1995	1996	1997
总指数	**102.7**	**117.1**	**116.9**	**115.7**	**101.8**	**100.3**
按轻重分						
轻工业	101.4	111.8	118.6	120.2	101.7	97.3
以农产品为原料	102.7	112.8	123.1	123.5	102.3	97.2
以非农产品为原料	98.6	109.6	108.8	112.6	100.2	97.2
重 工 业	104.3	124.2	114.6	109.6	102.0	104.3
采掘工业	99.4	117.7	134.6	107.5	99.1	96.2
原料工业	105.5	128.2	106.6	109.2	103.0	110.3
加工工业	104.7	122.6	115.7	110.7	101.8	98.2
按两大部类分						
生产资料	103.8	122.5	113.5	113.9	102.9	102.2
采掘工业	99.4	117.7	134.6	107.5	99.1	96.2
原材料工业	104.6	124.6	106.7	116.6	104.7	106.0
加工工业	104.2	121.9	115.6	112.4	101.7	97.8
生活资料	101.4	111.5	120.5	117.6	100.6	98.3
食　品	104.2	115.9	119.3	121.4	98.4	100.2
衣　着	99.9	106.1	139.8	121.3	104.0	96.6
一般日用品	101.0	113.4	110.7	112.3	103.0	101.4
耐用消费品	95.2	102.8	105.1	103.6	98.8	90.2
按工业部门分						
冶金工业	111.0	142.8	102.9	103.5	94.4	94.8
电力工业	102.1	100.5	104.5	115.5	113.8	136.7
煤炭及炼焦工业	101.4	138.1	141.1	109.8	114.3	112.4
石油工业			97.8	101.6	99.5	106.2
化学工业	101.7	112.5	111.8	125.6	104.3	98.0
机械工业	101.2	115.9	108.5	106.3	100.1	97.9
建筑材料工业	106.8	157.8	126.8	97.6	94.4	95.4
森林工业	101.3	119.4	125.2	103.9	98.6	94.5
食品工业	104.2	115.9	119.3	121.4	98.4	99.9
纺织工业	100.0	106.4	145.6	131.0	94.1	94.3
缝纫工业	99.7	105.4	151.4	101.9	113.0	99.6
皮革工业	100.2	101.9	117.2	122.8	99.8	94.4
造纸工业	102.7	115.8	102.8	136.3	113.6	92.1
文教艺术用品工业	101.9	118.1	109.5	102.0	99.7	95.9
其它工业	100.8	118.7	119.4	125.5	111.3	98.5

3-22 续表 1

(上年=100)

项目	1998	1999	2000	2001	2002	2003
总指数	**95.7**	**96.6**	**100.5**	**98.1**	**97.6**	**100.7**
按轻重分						
轻工业	95.4	95.4	99.9	98.4	98.2	99.3
以农产品为原料	96.9	94.5	100.9	99.6	98.7	100.8
以非农产品为原料	91.7	97.3	97.7	95.8	97.4	98.4
重 工 业	96.1	97.9	101.2	97.8	96.9	103.9
采掘工业	96.0	97.9	107.5	104.3	105.8	103.3
原料工业	97.0	99.9	103.4	98.0	98.1	106.5
加工工业	94.8	94.8	97.6	96.8	95.7	101.3
按两大部类分						
生产资料	95.2	97.6	101.6	97.0	97.1	101.3
采掘工业	96.0	97.9	107.5	104.3	105.8	103.3
原料工业	95.3	99.5	104.3	96.5	98.1	107.1
加工工业	94.8	94.4	97.4	97.0	96.2	98.8
生活资料	96.3	95.2	98.7	99.7	98.4	99.7
食 品	97.8	98.8	98.5	99.8	99.8	100.4
衣 着	96.6	91.2	101.8	101.2	98.9	100.4
一般日用品	94.4	95.9	94.9	98.1	98.4	100.1
耐用消费品	87.8	88.8	94.2	98.1	96.4	97.6
按工业部门分						
冶金工业	91.2	92.2	100.8	97.7	98.6	110.5
电力工业	110.4	103.6	95.3	99.4	97.6	102.1
煤炭及炼焦工业	96.5	98.5	114.1	105.7	114.6	99.7
石油工业	86.5	108.2	138.4	94.4	99.1	114.8
化学工业	92.6	95.7	100.3	95.6	97.1	102.5
机械工业	94.7	94.5	94.9	96.9	95.3	95.3
建筑材料工业	91.6	96.5	95.8	97.3	97.7	101.7
森林工业	94.8	94.2	104.2	102.3	98.1	99.4
食品工业	97.6	98.1	98.2	100.4	99.5	100.6
纺织工业	87.8	99.3	108.4	93.1	96.7	104.7
缝纫工业	92.4	88.0	103.4	102.1	98.6	100.2
皮革工业	104.5	89.8	98.0	100.8	99.7	100.6
造纸工业	92.2	95.3	105.7	96.7	96.4	98.6
文教艺术用品工业	89.7	94.7	96.6	95.9	100.4	99.6
其它工业	96.5	95.1	94.8	102.8	98.6	104.1

3-22 续表 2

(上年=100)

项　目	2004	2005	2006	2007	2008	2009
总指数	**102.6**	**100.2**	**99.2**	**100.8**	**102.7**	**95.5**
按轻重分						
轻工业	100.3	98.4	98.0	99.9	100.6	96.9
以农产品为原料	101.6	100.5	100.8	102.2	103.0	98.8
以非农产品为原料	99.7	97.4	95.8	98.0	98.7	95.1
重 工 业	107.9	104.7	101.6	102.8	107.0	92.7
采掘工业	133.2	123.4	108.2	108.0	113.7	90.6
原料工业	109.8	107.8	103.8	102.3	107.3	95.3
加工工业	104.7	100.9	99.2	102.6	106.0	91.1
按两大部类分						
生产资料	104.3	100.9	98.8	100.7	102.9	93.3
采掘工业	133.2	123.4	108.2	108.0	113.7	90.6
原材料工业	109.8	107.5	104.0	102.6	105.8	94.5
加工工业	101.8	98.4	96.9	99.8	101.4	93.0
生活资料	99.9	99.1	100.0	101.1	102.3	99.4
食　品	100.2	98.4	101.6	103.8	104.9	98.2
衣　着	101.4	101.7	100.9	101.3	102.0	100.4
一般日用品	101.1	101.3	102.1	101.6	102.5	99.8
耐用消费品	95.6	93.0	93.0	95.3	97.7	98.2
按工业部门分						
冶金工业	121.4	104.3	102.2	108.1	112.6	83.2
电力工业	103.5	103.5	101.2	100.4	101.3	103.4
煤炭及炼焦工业	123.9	137.3	109.3	101.1	121.0	101.3
石油工业	114.7	123.5	114.9	103.9	119.5	88.5
化学工业	107.9	104.6	103.1	103.3	103.8	91.7
机械工业	96.9	95.1	93.2	96.0	97.5	94.4
建筑材料工业	107.4	98.5	101.6	101.7	101.4	99.6
森林工业	100.9	103.0	101.5	103.4	101.0	98.3
食品工业	101.3	98.4	101.3	104.4	105.6	98.4
纺织工业	104.7	100.9	99.9	102.3	101.2	97.4
缝纫工业	102.1	101.0	100.4	101.1	101.0	100.7
皮革工业	100.1	102.7	101.5	101.5	102.6	100.1
造纸工业	101.3	101.4	99.9	100.1	104.3	92.9
文教艺术用品工业	99.5	100.1	98.1	100.0	100.3	99.7
其它工业	102.5	101.7	104.5	102.6	103.0	99.4

3-22 续表 3

(上年=100)

项　　目	2010	2011	2012	2013	2014	2015	2016
总指数	**103.2**	**103.9**	**98.7**	**98.4**	**98.6**	**97.0**	**99.1**
按轻重分							
轻工业	101.5	103.8	99.8	99.4	99.8	99.7	100.3
以农产品为原料	102.5	104.4	100.0	99.6	100.1	99.9	100.7
以非农产品为原料	100.6	102.2	99.3	98.9	99.0	99.3	99.2
重 工 业	106.9	104.0	97.8	97.5	97.6	94.8	98.1
采掘工业	121.1	113.5	92.4	97.4	91.6	89.6	97.0
原料工业	107.9	108.9	100.2	98.6	97.5	91.2	96.8
加工工业	104.1	101.7	97.2	97.1	98.0	96.4	98.7
按两大部类分							
生产资料	104.1	104.5	97.6	97.6	97.7	95.0	97.9
采掘工业	121.1	113.5	92.4	97.4	91.6	89.6	97.0
原料工业	108.9	109.4	99.5	98.4	97.3	91.3	95.8
加工工业	101.7	102.3	97.2	97.3	98.2	96.6	98.7
生活资料	101.7	102.9	100.6	99.8	100.0	100.5	101.2
食　品	104.7	107.9	102.5	100.2	100.3	100.3	101.0
衣　着	100.9	101.7	99.8	100.0	100.5	100.7	101.8
一般日用品	100.9	102.2	101.4	99.9	99.8	99.7	101.1
耐用消费品	98.7	97.2	97.8	98.2	98.6	101.4	100.3
按工业部门分							
冶金工业	113.0	109.7	92.1	95.3	93.5	88.2	99.4
电力工业	100.3	101.5	105.5	100.7	99.4	98.6	98.1
煤炭及炼焦工业	108.4	117.0	98.2	90.6	89.7	90.7	99.0
石油工业	124.4	117.7	100.4	96.4	95.5	74.8	90.4
化学工业	107.1	108.2	97.2	98.2	97.8	95.3	96.7
机械工业	98.5	97.7	97.9	97.3	98.7	98.6	99.0
建筑材料工业	103.0	106.0	97.7	98.5	99.5	97.4	98.7
森林工业	102.7	102.9	100.9	100.4	100.6	99.5	100.6
食品工业	104.4	107.8	102.7	100.3	100.3	100.0	100.8
纺织工业	102.9	106.2	94.5	97.3	98.6	96.8	98.1
缝纫工业	100.9	101.4	99.9	100.0	100.0	100.4	100.3
皮革工业	100.9	102.1	99.6	100.1	101.1	101.2	103.6
造纸工业	104.1	102.9	98.1	97.7	99.0	99.8	99.6
文教艺术用品工业	99.6	100.4	99.9	99.9	99.6	100.2	101.0
其它工业	102.7	102.9	102.6	100.3	100.0	100.1	101.2

3-23 工业生产者购进价格指数(1992-2016年)

(上年=100)

项　　目	1992	1993	1994	1995	1996	1997
总　指　数	**109.3**	**129.6**	**115.2**	**119.6**	**104.3**	**98.6**
燃料、动力类	114.7	130.3	114.5	109.6	110.2	109.0
黑色金属材料类	115.2	167.0	100.2	98.8	97.1	95.8
#钢材	116.7	164.6	99.2	99.6	96.1	94.8
有色金属材料及电线类	107.8	116.8	104.0	133.9	89.8	95.6
化工原料类	100.1	118.0	112.7	126.4	98.1	95.0
木材及纸浆类	102.5	122.9	108.7	118.1	98.3	94.7
建筑材料及非金属矿类	110.7	150.0	117.9	102.5	98.2	100.0
其他工业原材料及半成品类						95.5
农副产品类	113.0	110.8	137.4	155.4	125.1	96.9
纺织原料类	96.3	105.9	142.5	125.4	88.1	91.8

3-23 续表 1

(上年=100)

项　　目	1998	1999	2000	2001	2002	2003
总　指　数	**92.5**	**97.9**	**112.4**	**96.7**	**97.6**	**106.3**
燃料、动力类	93.7	103.0	137.2	98.6	102.0	109.1
黑色金属材料类	94.2	92.6	102.4	100.1	99.3	116.5
#钢材	92.9	92.8	103.6	97.5	97.3	113.7
有色金属材料及电线类	90.9	98.7	109.9	91.6	95.0	104.6
化工原料类	88.9	98.3	112.2	93.7	97.0	108.5
木材及纸浆类	94.5	96.9	97.5	100.3	98.1	101.6
建筑材料及非金属矿类	97.5	95.0	97.0	105.6	100.6	100.9
其他工业原材料及半成品类	91.6	94.2	105.6	100.9	98.3	100.9
农副产品类	96.9	92.5	96.2	101.5	92.6	113.3
纺织原料类	84.7	105.4	107.8	85.5	92.9	102.0

3-23 续表 2

(上年=100)

项 目	2004	2005	2006	2007	2008	2009
总 指 数	**113.3**	**108.1**	**103.9**	**104.3**	**110.2**	**93.2**
燃料、动力类	116.4	125.6	111.0	102.3	126.8	90.6
黑色金属材料类	129.3	103.5	93.8	110.2	120.9	83.3
#钢材	125.4	106.4	93.3	107.7	116.9	83.1
有色金属材料及电线类	118.9	111.3	122.8	107.9	99.8	88.8
化工原料类	114.2	106.1	101.9	106.3	112.4	83.9
木材及纸浆类	101.4	100.7	100.3	102.7	105.4	91.8
建筑材料及非金属矿类	105.8	105.9	97.9	102.7	109.6	97.8
其他工业原材料及半成品类	106.8	104.8	106.0	102.3	102.6	99.4
农副产品类	126.2	94.0	99.7	111.5	109.5	97.3
纺织原料类	107.6	102.9	99.5	102.0	99.7	98.5

3-23 续表 3

(上年=100)

项 目	2010	2011	2012	2013	2014	2015	2016
总 指 数	**107.7**	**108.0**	**97.7**	**98.4**	**98.3**	**96.1**	**98.0**
燃料、动力类	108.1	107.4	103.4	98.9	97.8	93.6	93.0
黑色金属材料类	113.5	108.5	91.1	94.7	92.7	86.1	96.5
#钢材	109.6	106.6	92.6	93.9	93.9	87.4	95.5
有色金属材料及电线类	116.6	111.4	95.5	91.9	93.1	94.9	94.3
化工原料类	110.8	113.6	94.9	96.7	98.2	94.6	97.5
木材及纸浆类	99.4	101.6	99.4	99.2	98.5	99.3	101.2
建筑材料及非金属矿类	102.8	102.7	96.9	98.6	99.9	97.6	98.9
其他工业原材料及半成品类	101.9	101.5	98.5	99.3	100.0	98.8	99.4
农副产品类	117.8	123.5	98.2	100.5	97.1	96.4	100.3
纺织原料类	106.9	109.1	98.7	101.1	100.3	98.0	100.6

3-24 分行业工业生产者出厂价格指数(2003-2011年)

(上年=100)

行　　业	2003	2004	2005	2006	2007
煤炭开采和洗选业	100.6	128.8	145.0	108.7	99.7
黑色金属矿采选业	106.8	213.5	98.8	95.5	109.5
有色金属矿采选业	111.5	122.7	115.9	134.8	127.5
非金属矿采选业	99.8	100.6	100.5	104.0	108.1
农副食品加工业	102.2	108.0	99.4	100.8	107.6
食品制造业	99.2	92.0	95.0	105.4	103.4
饮料制造业	97.7	99.5	98.1	99.1	101.8
烟草制品业	101.4	100.3	100.4	99.1	99.6
纺织业	103.4	104.2	101.2	100.1	102.1
纺织服装、鞋、帽制造业	100.6	102.2	100.9	100.3	101.1
皮革、毛皮、羽毛(绒)及其制品业	100.7	100.2	102.7	101.5	101.5
木材加工及木、竹、藤、棕、草制品业	99.6	99.7	101.9	102.3	104.7
家具制造业	99.5	102.5	105.0	100.3	100.1
造纸及纸制品业	98.6	101.3	101.4	99.9	100.1
印刷业和记录媒介的复制	97.8	95.4	97.8	99.5	99.7
文教体育用品制造业	100.5	102.3	101.9	100.8	100.6
石油加工、炼焦及核燃料加工业	115.1	114.9	123.7	115.0	103.8
化学原料及化学制品制造业	100.0	112.8	106.2	103.6	104.5
医药制造业	99.8	100.0	98.2	98.9	102.2
化学纤维制造业	113.0	110.9	105.7	101.4	103.6
橡胶制品业	101.1	102.9	106.3	108.8	102.8
塑料制品业	100.1	104.1	103.4	101.6	102.4
非金属矿物制品业	101.3	106.5	98.7	101.5	101.5
黑色金属冶炼及压延加工业	118.9	128.8	97.9	95.0	110.4
有色金属冶炼及压延加工业	106.7	113.8	115.3	125.9	103.7
金属制品业	101.2	109.4	107.6	92.5	104.3
通用设备制造业	100.0	107.1	101.8	99.9	100.2
专用设备制造业	98.3	101.3	100.1	99.1	98.9
交通运输设备制造业	96.1	97.3	100.2	99.5	101.6
电气机械及器材制造业	100.8	105.6	102.5	106.8	102.4
通信设备、计算机及其他电子设备制造业	92.9	94.1	91.6	87.4	92.0
仪器仪表及文化、办公用机械制造业	102.9	99.5	100.4	99.4	101.9
工艺品及其他制造业	105.3	102.9	99.9	104.7	102.7
废弃资源和废旧材料回收加工		109.2	102.9	100.0	105.5
电力、热力的生产和供应业	102.1	103.5	103.5	101.3	100.4
燃气生产和供应业	102.5	103.2	106.8	111.2	113.7
水的生产和供应业	102.2	104.1	102.7	111.9	103.4

3-24 续表

(上年=100)

行 业	2008	2009	2010	2011
煤炭开采和洗选业	123.4	102.9	106.4	117.1
黑色金属矿采选业	126.3	73.9	143.0	114.1
有色金属矿采选业	78.3	88.2	128.0	111.1
非金属矿采选业	108.3	102.1	105.8	106.7
农副食品加工业	109.5	96.7	106.7	111.3
食品制造业	102.6	100.0	101.7	104.0
饮料制造业	102.2	101.1	103.8	107.0
烟草制品业	99.9	98.6	98.8	98.4
纺织业	101.3	98.6	102.6	105.5
纺织服装、鞋、帽制造业	100.9	100.3	100.7	101.2
皮革、毛皮、羽毛(绒)及其制品业	102.6	100.1	100.9	102.1
木材加工及木、竹、藤、棕、草制品业	101.7	98.0	103.1	102.9
家具制造业	100.5	99.3	100.5	102.7
造纸及纸制品业	104.3	92.9	104.1	102.9
印刷业和记录媒介的复制	102.7	100.5	99.3	100.3
文教体育用品制造业	99.5	99.5	100.4	100.5
石油加工、炼焦及核燃料加工业	119.6	88.4	125.7	118.1
化学原料及化学制品制造业	109.1	89.0	111.1	112.0
医药制造业	109.0	96.5	101.5	102.5
化学纤维制造业	95.8	84.5	118.8	113.7
橡胶制品业	101.7	100.1	99.9	108.3
塑料制品业	101.7	93.7	103.0	103.3
非金属矿物制品业	101.0	99.5	102.8	105.9
黑色金属冶炼及压延加工业	124.2	78.2	111.8	110.2
有色金属冶炼及压延加工业	97.8	85.9	114.7	115.1
金属制品业	105.8	95.1	101.1	101.2
通用设备制造业	105.8	96.0	101.1	101.5
专用设备制造业	103.3	99.8	100.1	100.3
交通运输设备制造业	100.5	100.9	99.9	101.2
电气机械及器材制造业	102.1	98.2	102.4	101.7
通信设备、计算机及其他电子设备制造业	92.5	89.0	95.4	92.5
仪器仪表及文化、办公用机械制造业	100.8	99.9	99.8	101.1
工艺品及其他制造业	103.8	99.4	102.6	103.2
废弃资源和废旧材料回收加工	100.0	101.1	106.8	109.5
电力、热力的生产和供应业	101.3	103.4	100.3	101.5
燃气生产和供应业	103.0	92.1	117.8	113.1
水的生产和供应业	101.0	100.0	105.5	102.8

3-25 分行业工业生产者出厂价格指数(2012-2016年)

(上年=100)

行　业	2012	2013	2014	2015	2016
煤炭开采和洗选业	98.2	90.6	89.7	90.8	97.6
黑色金属矿采选业	84.4	101.2	87.1	80.6	96.9
有色金属矿采选业	94.0	97.2	94.7	95.4	99.8
非金属矿采选业	98.2	98.9	99.9	99.7	95.7
农副食品加工业	104.3	100.4	99.8	99.6	101.7
食品制造业	100.7	99.5	101.0	100.2	99.7
酒、饮料和精制茶制造业	101.2	100.8	101.2	100.0	100.1
烟草制品业	100.0	100.3	100.1	100.6	100.3
纺织业	95.4	98.1	99.0	97.6	98.7
纺织服装、服饰业	100.1	99.9	99.5	100.1	99.8
皮革、毛皮、羽毛及其制品和制鞋业	99.8	99.9	101.0	100.7	102.6
木材加工和木、竹、藤、棕、草制品业	100.7	100.9	100.5	99.5	100.4
家具制造业	100.3	98.8	99.9	99.6	100.8
造纸和纸制品业	98.1	97.7	99.0	99.8	99.6
印刷和记录媒介复制业	100.1	100.4	99.1	99.3	98.3
文教、工美、体育和娱乐用品制造业	102.9	99.0	99.4	100.6	102.3
石油加工、炼焦和核燃料加工业	99.9	96.1	95.0	72.3	91.8
化学原料和化学制品制造业	93.5	97.9	97.8	92.9	96.9
医药制造业	101.4	101.1	100.2	100.0	102.7
化学纤维制造业	93.0	96.1	95.4	90.7	90.2
橡胶和塑料制品业	100.3	98.3	97.6	97.4	98.3
非金属矿物制品业	97.7	98.5	99.5	97.3	98.8
黑色金属冶炼和压延加工业	89.9	93.6	92.9	85.4	101.4
有色金属冶炼和压延加工业	97.4	94.3	93.7	91.4	95.8
金属制品业	98.9	99.0	99.0	97.6	99.0
通用设备制造业	99.8	99.7	99.8	99.6	100.3
专用设备制造业	100.5	100.4	99.6	99.3	100.1
汽车制造业	99.5	100.0	98.8	99.0	98.5
铁路、船舶、航空航天和其他运输设备制造业	101.5	100.5	101.6	101.0	99.8
电气机械和器材制造业	99.3	99.2	98.6	98.0	99.9
计算机、通信和其他电子设备制造业	94.8	93.8	97.7	98.1	98.1
仪器仪表制造业	100.1	100.9	99.2	100.1	101.8
其他制造业	103.0	102.9	101.3	100.5	101.8
废弃资源综合利用业	95.4	91.4	95.3	89.7	98.1
金属制品、机械和设备修理业	102.8	100.2	102.9	101.5	103.1
电力、热力生产和供应业	105.5	100.7	99.4	98.6	98.1
燃气生产和供应业	106.1	99.8	101.0	101.7	85.5
水的生产和供应业	100.3	100.5	101.6	105.4	101.1

注：本表行业分类依据《国民经济行业分类》(GB/T 4754-2011)。

3-26 分行业工业生产者出厂价格月环比指数(2016年)

(上月=100)

行 业	1月	2月	3月	4月	5月	6月
煤炭开采和洗选业	100.6	98.8	99.6	97.6	99.9	99.7
黑色金属矿采选业	99.3	99.8	99.9	101.8	103.0	99.7
有色金属矿采选业	99.3	100.4	100.1	100.8	101.1	100.8
非金属矿采选业	97.7	99.7	100.2	99.8	100.6	100.0
农副食品加工业	100.3	100.5	99.8	100.0	100.2	100.9
食品制造业	100.0	99.8	100.4	100.0	100.0	100.1
酒、饮料和精制茶制造业	100.2	100.1	99.9	100.1	100.0	99.4
烟草制品业	100.0	100.0	100.0	100.0	100.0	100.0
纺织业	99.5	99.9	100.1	100.0	99.8	100.2
纺织服装、服饰业	99.6	99.8	100.1	99.9	100.0	100.2
皮革、毛皮、羽毛及其制品和制鞋业	100.4	100.4	100.0	99.5	99.7	101.0
木材加工和木、竹、藤、棕、草制品业	100.2	100.5	100.2	99.9	100.0	99.9
家具制造业	100.2	100.3	100.1	99.5	100.3	100.3
造纸和纸制品业	99.9	100.0	99.8	99.7	99.7	99.9
印刷和记录媒介复制业	99.8	99.5	99.9	98.0	100.4	100.7
文教、工美、体育和娱乐用品制造业	100.5	100.7	100.3	99.6	100.8	101.0
石油加工、炼焦和核燃料加工业	97.9	96.9	100.3	101.3	103.5	104.6
化学原料和化学制品制造业	99.1	98.9	100.0	101.4	100.4	99.4
医药制造业	100.6	100.8	100.6	99.3	100.0	100.7
化学纤维制造业	98.8	99.3	99.7	99.7	98.8	99.0
橡胶和塑料制品业	99.2	99.9	100.0	99.8	100.2	100.1
非金属矿物制品业	99.9	99.8	99.7	99.6	99.9	100.3
黑色金属冶炼和压延加工业	99.7	100.6	102.9	105.7	103.8	94.0
有色金属冶炼和压延加工业	100.7	100.8	100.9	99.9	100.3	100.3
金属制品业	99.9	99.2	100.4	99.9	99.6	100.5
通用设备制造业	100.1	100.0	100.1	99.5	100.4	100.1
专用设备制造业	100.4	100.0	99.8	99.8	100.2	100.1
汽车制造业	99.8	99.8	99.6	99.8	99.7	99.6
铁路、船舶、航空航天和其他运输设备制造业	100.1	100.0	100.2	99.4	99.9	99.9
电气机械和器材制造业	100.0	100.3	100.1	99.8	100.0	100.1
计算机、通信和其他电子设备制造业	100.5	100.0	99.2	99.2	99.6	100.9
仪器仪表制造业	100.2	100.3	99.9	99.7	99.8	100.5
其他制造业	100.1	100.1	100.2	100.1	100.0	100.5
废弃资源综合利用业	98.7	99.3	101.0	102.3	105.7	96.3
金属制品、机械和设备修理业	102.1	100.4	99.6	99.6	100.1	100.7
电力、热力生产和供应业	99.2	99.8	100.0	100.0	100.0	99.5
燃气生产和供应业	97.8	98.0	99.0	100.0	100.0	97.8
水的生产和供应业	100.0	100.2	100.0	100.0	100.0	100.0

注：本表依据《国民经济行业分类》(GB/T 4754-2011)标准。

3-26 续表

(上月=100)

行　业	7月	8月	9月	10月	11月	12月
煤炭开采和洗选业	100.1	99.8	99.7	108.5	115.0	107.9
黑色金属矿采选业	98.8	101.8	100.9	100.3	102.2	104.7
有色金属矿采选业	102.2	103.2	102.2	103.9	103.2	103.3
非金属矿采选业	100.0	99.4	99.7	100.0	100.6	101.1
农副食品加工业	100.7	100.3	100.4	99.9	100.3	100.7
食品制造业	100.1	100.0	99.9	100.0	100.2	99.9
酒、饮料和精制茶制造业	99.6	99.9	100.0	100.6	100.1	100.0
烟草制品业	100.0	100.0	100.0	100.0	100.0	99.9
纺织业	100.0	99.9	100.0	100.2	100.4	100.3
纺织服装、服饰业	100.3	99.8	100.1	100.0	100.2	100.2
皮革、毛皮、羽毛及其制品和制鞋业	100.3	100.1	100.5	100.1	100.8	100.8
木材加工和木、竹、藤、棕、草制品业	100.2	99.6	100.0	100.0	100.1	100.1
家具制造业	100.3	99.9	100.1	99.5	100.3	100.3
造纸和纸制品业	100.0	100.1	100.1	100.1	100.7	101.7
印刷和记录媒介复制业	100.9	101.0	100.9	100.6	100.0	99.8
文教、工美、体育和娱乐用品制造业	101.0	100.5	99.7	99.3	100.1	100.2
石油加工、炼焦和核燃料加工业	101.5	96.1	102.6	102.3	101.7	102.5
化学原料和化学制品制造业	100.3	100.8	100.2	100.3	101.4	102.4
医药制造业	101.1	99.8	100.6	101.2	98.9	99.0
化学纤维制造业	99.8	100.1	100.3	98.9	100.2	102.1
橡胶和塑料制品业	100.0	100.0	99.9	100.5	100.3	100.6
非金属矿物制品业	99.8	100.0	100.3	100.2	101.0	101.7
黑色金属冶炼和压延加工业	101.9	103.4	100.4	99.7	106.8	108.7
有色金属冶炼和压延加工业	102.0	100.1	99.4	100.2	102.9	102.3
金属制品业	100.2	100.6	100.2	100.2	100.5	100.5
通用设备制造业	100.7	99.9	100.3	100.2	100.0	100.1
专用设备制造业	100.3	99.7	100.1	100.2	100.1	100.1
汽车制造业	99.8	100.2	99.9	99.8	100.0	100.2
铁路、船舶、航空航天和其他运输设备制造业	100.1	100.0	100.1	100.1	100.2	100.0
电气机械和器材制造业	99.8	100.1	100.5	100.0	100.3	101.6
计算机、通信和其他电子设备制造业	100.0	99.8	101.0	100.5	100.6	100.7
仪器仪表制造业	100.3	99.9	100.1	100.1	100.5	100.3
其他制造业	100.1	100.2	100.6	100.1	100.3	100.6
废弃资源综合利用业	103.0	101.3	103.0	99.7	103.0	106.8
金属制品、机械和设备修理业	100.4	99.9	100.2	100.1	100.6	100.8
电力、热力生产和供应业	100.0	100.0	100.0	100.0	100.0	100.0
燃气生产和供应业	99.1	93.1	98.8	95.0	94.0	100.7
水的生产和供应业	100.3	100.0	100.0	100.0	100.0	99.9

3-27 分行业工业生产者出厂价格月同比指数(2016年)

(上年同月=100)

行业	1月	2月	3月	4月	5月	6月
煤炭开采和洗选业	92.8	91.7	90.8	89.3	89.6	91.0
黑色金属矿采选业	86.6	88.5	90.4	93.2	96.5	96.7
有色金属矿采选业	90.1	90.5	90.7	91.3	91.8	93.6
非金属矿采选业	95.1	94.9	95.2	95.0	95.7	95.7
农副食品加工业	99.4	100.0	100.0	100.1	100.4	101.6
食品制造业	98.9	98.6	99.0	99.1	99.3	99.9
酒、饮料和精制茶制造业	100.7	100.7	100.6	100.7	100.7	100.1
烟草制品业	100.5	100.5	100.5	100.5	100.5	100.5
纺织业	97.3	98.0	98.2	98.3	97.9	98.1
纺织服装、服饰业	99.8	99.6	99.6	99.6	100.0	100.1
皮革、毛皮、羽毛及其制品和制鞋业	101.6	102.1	102.1	101.6	101.5	102.8
木材加工和木、竹、藤、棕、草制品业	99.4	99.9	100.3	100.4	100.7	100.6
家具制造业	100.1	100.5	100.6	100.3	100.8	101.1
造纸和纸制品业	99.9	100.0	99.8	99.6	99.2	99.0
印刷和记录媒介复制业	97.4	96.9	97.3	95.1	96.1	96.8
文教、工美、体育和娱乐用品制造业	99.7	99.8	100.7	100.4	101.4	102.5
石油加工、炼焦和核燃料加工业	84.3	87.1	82.1	84.8	82.9	85.4
化学原料和化学制品制造业	93.0	93.8	94.1	94.9	95.2	94.8
医药制造业	100.6	101.5	102.1	101.4	101.7	102.5
化学纤维制造业	88.1	88.3	89.5	89.4	87.9	87.4
橡胶和塑料制品业	97.3	97.4	97.5	97.7	98.0	98.1
非金属矿物制品业	98.0	97.9	97.6	97.5	97.6	98.6
黑色金属冶炼和压延加工业	82.7	86.5	89.5	94.9	100.0	96.6
有色金属冶炼和压延加工业	88.0	90.4	91.8	91.4	91.9	92.5
金属制品业	98.0	97.6	98.3	98.3	97.9	98.4
通用设备制造业	99.3	99.1	99.2	99.4	99.8	100.1
专用设备制造业	99.5	99.5	99.4	99.7	100.0	100.1
汽车制造业	99.9	99.1	98.9	99.5	98.3	97.3
铁路、船舶、航空航天和其他运输设备制造业	99.9	99.9	100.2	99.6	99.6	99.6
电气机械和器材制造业	97.9	97.9	98.3	98.6	99.8	100.1
计算机、通信和其他电子设备制造业	96.7	96.9	96.3	96.1	96.1	97.5
仪器仪表制造业	102.0	102.2	101.9	101.6	101.7	102.0
其他制造业	101.1	101.1	101.3	101.2	101.2	102.1
废弃资源综合利用业	85.8	86.0	86.8	90.0	96.8	94.1
金属制品、机械和设备修理业	102.3	102.6	102.4	102.0	102.1	103.1
电力、热力生产和供应业	97.3	97.1	97.1	97.9	98.8	98.4
燃气生产和供应业	92.4	90.6	89.7	89.7	89.7	87.9
水的生产和供应业	102.2	102.4	102.4	102.4	100.2	100.2

注：本表依据《国民经济行业分类》(GB/T 4754-2011)标准。

3-27 续表

(上年同月=100)

行业	7月	8月	9月	10月	11月	12月
煤炭开采和洗选业	91.7	93.6	93.9	102.4	119.6	129.0
黑色金属矿采选业	96.2	98.5	100.5	101.1	104.7	112.9
有色金属矿采选业	96.5	100.2	106.7	112.2	116.7	122.4
非金属矿采选业	95.4	95.0	95.2	95.9	97.1	98.8
农副食品加工业	102.4	102.7	102.9	103.1	103.7	104.2
食品制造业	100.0	100.6	100.3	100.1	100.5	100.4
酒、饮料和精制茶制造业	99.6	99.4	99.4	99.8	99.9	99.9
烟草制品业	100.0	100.0	100.0	100.0	100.0	99.9
纺织业	98.8	99.0	99.0	99.2	99.7	100.5
纺织服装、服饰业	100.3	100.0	99.6	99.5	99.8	100.1
皮革、毛皮、羽毛及其制品和制鞋业	103.2	103.3	102.4	102.8	103.7	103.6
木材加工和木、竹、藤、棕、草制品业	100.9	100.4	100.5	100.4	100.8	100.7
家具制造业	101.6	101.3	101.1	100.4	100.9	101.1
造纸和纸制品业	98.8	98.8	99.0	99.3	99.9	101.6
印刷和记录媒介复制业	97.9	98.9	100.0	100.6	101.0	101.3
文教、工美、体育和娱乐用品制造业	104.3	105.0	103.8	102.7	103.3	103.7
石油加工、炼焦和核燃料加工业	88.2	93.8	100.5	102.0	105.4	111.3
化学原料和化学制品制造业	95.6	97.4	98.8	99.9	101.6	104.5
医药制造业	103.5	103.4	103.9	105.0	103.6	102.6
化学纤维制造业	88.2	90.1	92.0	92.2	93.5	96.7
橡胶和塑料制品业	98.1	98.4	98.2	98.8	99.8	100.6
非金属矿物制品业	98.7	98.5	98.7	99.3	100.4	102.1
黑色金属冶炼和压延加工业	103.3	104.9	108.2	109.7	118.1	130.4
有色金属冶炼和压延加工业	95.4	97.7	98.4	99.5	105.4	110.3
金属制品业	98.8	99.3	99.1	99.7	100.5	101.7
通用设备制造业	101.1	101.0	100.9	100.9	101.1	101.2
专用设备制造业	100.5	100.1	100.1	100.6	101.0	101.0
汽车制造业	97.9	98.5	98.2	98.1	97.9	98.2
铁路、船舶、航空航天和其他运输设备制造业	99.7	99.9	99.9	99.9	99.9	99.9
电气机械和器材制造业	100.3	100.6	100.5	100.8	101.2	102.8
计算机、通信和其他电子设备制造业	97.9	99.4	98.6	100.2	99.9	102.0
仪器仪表制造业	102.3	102.4	101.2	101.3	101.7	101.6
其他制造业	102.1	102.4	101.9	102.0	102.4	103.1
废弃资源综合利用业	98.1	101.7	103.5	107.1	111.2	121.3
金属制品、机械和设备修理业	103.5	103.5	103.6	103.7	103.7	104.5
电力、热力生产和供应业	98.5	98.5	98.6	98.5	98.5	98.5
燃气生产和供应业	87.1	81.1	84.6	80.3	75.6	76.1
水的生产和供应业	100.5	100.5	100.5	100.5	100.5	100.4

3-28 农产品生产者价格总指数(1979-2016年)

年　份	农产品生产者价格指数(上年=100)	农产品生产者价格指数(1978年=100)
1979	127.6	127.6
1980	105.4	134.5
1981	107.4	144.4
1982	105.7	152.7
1983	104.2	159.1
1984	104.4	166.1
1985	116.4	193.3
1986	107.5	207.8
1987	114.0	236.9
1988	132.3	313.4
1989	116.7	365.8
1990	93.8	343.1
1991	99.5	341.4
1992	104.3	356.1
1993	113.4	403.8
1994	128.1	517.3
1995	124.8	645.5
1996	102.6	662.3
1997	93.4	618.6
1998	93.1	575.9
1999	89.4	514.9
2000	94.8	488.1
2001	95.9	468.1
2002	98.8	462.5
2003	101.7	470.3
2004	106.8	502.3
2005	103.9	521.9
2006	102.7	536.0
2007	112.6	603.5
2008	110.7	668.1
2009	98.0	654.7
2010	111.5	730.0
2011	113.3	827.1
2012	102.7	849.4
2013	103.0	874.9
2014	100.3	877.5
2015	101.2	888.0
2016	108.3	961.7

备注：1979～2001年采用农副产品收购价格指数。

3-29 主要年份农产品生产者价格分类指数

(上年=100)

项　目	2005	2010	2014	2015	2016
总指数	**103.9**	**111.5**	**100.3**	**101.2**	**108.3**
农业产品	**105.1**	**115.3**	**105.9**	**100.8**	**108.8**
谷物	97.6	107.6	106.7	106.3	98.8
早籼稻	95.3	106.3	105.1	103.4	101.0
晚籼稻	96.7	111.2	106.6	102.8	101.1
薯类	106.9	121.9	102.7	103.0	106.8
豆类	97	125.1	106.6		
大豆	93.4	127.9	106.6		
油料	106.3	115.8	103.9	101.5	100.5
烤烟叶	101.7	98.5	105.9	103.0	103.6
蔬菜	107.6	117.4	99.4	105.3	111.7
食用菌(干鲜混合)	103	115.7	103.7	96.9	99.6
水果	108.8	115.2	109.4	94.8	127.8
茶叶	101.3	111.5	101.9	96.8	97.6
林业产品	**104**	**107.6**	**101.7**	**93.3**	**95.7**
原木	104.7	104.3	101	98.6	96.6
竹材	104.1	108	97.9	87.8	96.4
饲养动物及其产品	**100.9**	**101.2**	**97.4**	**108.0**	**115.7**
活猪(毛重)	97.4	97.9	93.9	111.2	123.5
家禽(毛重)	104.2	107	109.5	103.3	102.0
渔业	**103.7**	**113.7**	**96.9**	**100.5**	**107.3**
海水养殖产品			95.8	100.1	110.1
海水捕捞产品			102.2	100.9	107.8
淡水养殖产品			96.7	97.4	97.1

3-30 主要农产品生产者价格指数(2016年)

(上年同期=100)

项　目	全年	第一季度	第二季度	第三季度	第四季度
合　计	**108.3**	**110.8**	**111.7**	**104.3**	**105.9**
农业产品	**108.8**	**103.8**	**109.9**	**105.7**	**104.8**
谷物	98.8			101.0	99.4
稻谷	98.8			101.0	99.4
早籼稻	101.0			101.0	
晚籼稻	101.1				99.7
薯类	106.8	106.2	123.0		107.3
马铃薯	108.7	109.2	124.9		100.0
油料	100.5		101.1	89.4	102.7
花生	100.5		101.1	89.4	102.7
豆类					
大豆					
未加工烟草	103.6			98.9	108.6
未去梗烤烟叶	103.6			98.9	108.6
蔬菜及食用菌	108.1	108.9	112.0	101.3	107.8
蔬菜	111.7	120.4	118.5	101.2	109.8
叶菜类蔬菜	116.4	130.1	121.4	104.2	109.4
芹菜					
油菜					
菠菜	116.0	127.1	123.3	102.2	112.4
空心菜	116.8	132.9	119.5	104.9	107.1
白菜类蔬菜	116.1	141.7	114.5	101.3	111.3
大白菜	116.1	141.7	114.5	101.3	111.3
芥菜类蔬菜	125.5	154.5	124.5	125.1	103.0
叶用芥菜	125.5	154.5	124.5	125.1	103.0
甘蓝类蔬菜	124.0	129.0	116.7	126.5	131.7
结球甘蓝	118.5	129.8	126.9	96.4	121.7
花椰菜	128.6	127.7	103.2	177.3	139.0
根茎类蔬菜	100.0	88.4	116.3	96.2	95.5
白萝卜	107.3	104.9	129.5	91.2	103.2
胡萝卜					
生姜	85.7	94.7	94.4	79.6	65.6
芋头	99.8	67.4	113.9	105.5	108.6
瓜菜类蔬菜	102.2	113.8	98.7	97.3	100.5
黄瓜	103.9	124.7	101.4	102.9	89.3
冬瓜	101.6	104.2	121.9	85.1	90.8
南瓜					
丝瓜	97.7	80.0	74.1	90.5	139.6

3-30 续表 1

(上年同期=100)

项　　目	全年	第一季度	第二季度	第三季度	第四季度
豆类蔬菜	103.8	85.4	102.5	97.5	117.0
豇豆	107.8	114.7	99.8	94.2	118.3
豌豆					
四季豆	100.9	84.2	103.2	99.5	116.1
茄果类蔬菜	113.7	126.9	118.4	93.0	110.5
茄子	115.0	140.9	111.0	93.1	109.2
青椒	115.2	126.3	121.4	104.5	103.8
西红柿	110.8	116.4	123.8	80.7	115.7
葱蒜类蔬菜	123.0	145.6	143.9	89.9	121.7
细香葱		128.2			
蒜苗	131.7	136.9	151.6	101.7	134.1
蒜头					
韭菜	110.8	153.5	120.7	83.4	101.1
水生蔬菜	115.5			110.6	119.2
莲藕					
茭白	115.5			110.6	119.2
食用菌	99.6	94.3	96.4	101.7	103.2
平菇	101.4	102.8	107.0	94.4	103.3
双孢蘑菇	97.9	94.3	101.6		
香菇	100.8	94.7	93.1	103.9	103.7
黑木耳	96.4	87.3	99.3	96.6	100.0
水果及坚果	127.8	55.1	137.4	135.6	105.5
水果(园林水果)	127.8	55.1	137.4	135.6	105.5
柑橘类水果	98.0			85.3	105.4
柑橘	102.9				103.3
橙	90.3				111.9
柚类	94.0			85.3	106.3
葡萄	116.6			120.4	112.5
巨峰葡萄	116.6			120.4	112.5
热带水果	125.5	55.1	137.6	139.0	105.7
香蕉	90.6	55.1	86.8	124.0	102.0
龙眼	140.6				146.4
荔枝	167.1			167.1	
枇杷	153.0		153.0		
橄榄					
瓜类水果	113.0		115.5	110.8	106.7
西瓜	113.0		115.5	110.8	106.7
其他水果	273.0			273.0	
柿子					
桃	273.0			273.0	
李子					

3-30 续表 2

(上年同期=100)

项 目	全年	第一季度	第二季度	第三季度	第四季度
茶及饮料原料	97.6	90.0	89.4	100.6	101.5
茶叶	97.6	90.0	89.4	100.6	101.5
红茶	90.7	90.0	78.0	82.5	101.9
绿茶	99.9		79.6	136.4	105.0
白茶					
清茶	98.7		97.3	92.9	100.6
铁观音	101.1		100.3		101.5
乌龙茶	96.1		94.2	92.9	99.7
林业产品	**95.7**	**98.5**	**93.0**	**95.4**	**94.9**
木材采伐产品	96.6	100.1	96.3	95.6	94.6
原木	96.6	100.1	96.3	95.6	94.6
马尾松原木	96.0	103.7	94.8	93.0	92.7
杉木原条	96.9	98.6	97.0	96.7	95.3
竹材采伐产品	96.4	104.8	95.5	91.2	94.5
毛竹	96.4	104.8	95.5	91.2	94.5
林产品	94.2	94.8	88.6	97.6	95.6
竹笋干	94.2	94.8	88.6	97.6	95.6
饲养动物及其产品	**115.7**	**122.5**	**129.3**	**109.6**	**102.6**
活牲畜	123.5	129.6	150.7	116.9	103.4
猪	123.5	129.6	150.7	116.9	103.4
活家禽	102.0	112.6	100.0	97.3	102.5
活鸡	97.8	94.2	98.6	97.0	101.4
活鸭	108.9	140.5	102.9	97.8	103.8
畜禽产品	97.3	92.8	94.2	93.9	97.7
禽蛋	97.3	92.8	94.2	93.9	97.7
鸡蛋	100.3	94.1	99.3	108.9	98.2
鸭蛋	90.9	91.9	91.5	85.3	95.0
渔业产品	**107.3**	**109.5**	**109.4**	**101.0**	**112.6**
海水养殖产品	110.1	116.0	112.5	102.1	117.6
海水养殖鱼	93.8	91.7	108.9	86.0	102.3
海水养殖鲈鱼	100.0		100.0		
海水养殖石斑鱼	88.4	89.6	123.0	66.6	90.5
海水养殖美国红鱼					
海水养殖大黄鱼	102.6	103.6	101.9	101.3	104.0
海水养殖鲷鱼	91.7	67.7	99.5		128.6
海水养殖虾	105.5	121.2	112.2	100.9	142.7
海水养殖中国对虾	100.0			100.0	
海水养殖斑节对虾	119.1	121.2	112.2	103.6	142.7
海水养殖蟹	117.8	132.7	115.1	104.9	124.6
海水养殖梭子蟹	122.5	138.7	112.4	106.6	127.9
海水养殖青蟹	112.0	110.7	118.6	99.9	117.8
海水养殖贝类	116.7	115.7	112.1	118.5	113.2
海水养殖牡蛎	102.7	92.6	106.3	104.0	110.1
海水养殖鲍	121.5	114.3		110.5	114.6
海水养殖螺					

3-30 续表 3

(上年同期=100)

项　目	全年	第一季度	第二季度	第三季度	第四季度
海水养殖蚶					
海水养殖蛤	127.8	141.1		132.1	120.4
海水养殖蛏	110.2	131.6	112.9	107.4	102.7
海水养殖藻类	116.1	139.5	100.5	104.2	116.1
海水养殖海带	121.8	158.3	117.9	104.4	125.1
海水养殖紫菜	102.7	103.3	120.1	100.0	111.0
海水捕捞产品	107.8	107.3	100.0	102.9	103.3
海水捕捞鲜鱼	107.0	108.2	113.2	101.2	99.0
小黄鱼					
带鱼	108.9	105.6	132.9	99.7	95.8
鲥鱼					
海鳗	104.3	106.2	102.4	104.2	104.4
鳀鱼	100.4	104.4	95.2	100.9	
鲳鱼	107.7	113.1	108.1	103.0	105.3
鲅鱼	105.5	104.8	114.2	95.4	102.2
海水捕捞虾	102.1	107.8	105.1	99.4	102.5
中国对虾	97.7		105.1	94.7	92.7
虾蛄					
鹰爪虾	113.0	107.8		114.6	127.3
海水捕捞蟹	110.6	111.6	128.5	91.1	101.5
梭子蟹	110.6	111.6	128.5	91.1	101.5
海水捕捞软体水生动物	112.3	98.9	103.2	117.3	123.7
墨鱼					
鱿鱼	112.3	98.9	103.2	117.3	123.7
淡水养殖产品	97.1	96.6	95.2	95.9	100.9
养殖淡水鱼	95.9	96.6	95.2	95.4	98.9
养殖淡水鳗鲡	86.3	86.8	80.7	84.4	93.9
养殖淡水鲤鱼	101.8	113.9	98.7	106.7	89.9
养殖淡水草鱼	108.0	109.4	105.4	108.9	108.4
养殖淡水鳙鱼(胖头鱼)	99.9	100.7	102.6	98.0	98.8
养殖淡水罗非鱼	101.3	97.7	107.7	96.6	103.2
养殖淡水鲢鱼	95.2	89.4	104.0	94.3	93.5
养殖淡水鲫鱼	107.3	95.4	108.2	95.3	130.3
养殖淡水鲶鱼					
淡水养殖虾	107.3			102.4	112.1
淡水养殖南美白对虾	107.3			102.4	112.1
淡水养殖贝类					
淡水养殖河蚌					

主要统计指标解释

居民消费价格指数 是反映一定时期内城乡居民所购买的生活消费品和服务项目价格变动趋势和程度的相对数，是对城市居民消费价格指数和农村居民消费价格指数进行综合汇总计算的结果。通过该指数可以观察和分析消费品的零售价格和服务项目价格变动对城乡居民实际生活费支出的影响程度。

城市居民消费价格指数 是反映一定时期内城市居民家庭所购买的生活消费品价格和服务项目价格变动趋势和程度的相对数。通过该指数可以观察和分析消费品的零售价格和服务项目价格变动对城镇居民收入和消费支出的影响。

农村居民消费价格指数 是反映一定时期内农村居民家庭所购买的生活消费品价格和服务项目价格变动趋势和程度的相对数。该指数可以观察农村消费品的零售价格和服务项目价格变动对农村居民收入和生活消费支出的影响。

商品零售价格指数 是反映一定时期内城乡商品零售价格变动趋势和程度的相对数。商品零售价格的变动与国家的财政收入、市场供需的平衡、消费与积累的比例关系有关。因此，该指数可以从一个侧面对上述经济活动进行观察和分析。

农业生产资料价格指数 指反映一定时期内农业生产资料价格变动趋势和程度的相对数。其编制目的是了解农业生产中投入物质资料价格的变动状况，服务于国民经济核算。1994 年以前，农业生产资料价格指数仅仅是商品零售价格指数的一个类别，此后，从商品零售价格指数中分离出来，单独编制。

工业生产者出厂价格指数 是反映一定时期内全部工业产品出厂价格总水平的变动趋势和程度的相对数，包括工业企业售给本企业以外所有单位的各种产品和直接售给居民用于生活消费的产品。该指数从生产角度反映工业品价格变动，通过它可以观察轻工业与重工业、生产资料与生活资料及各部门、各工业行业产品价格的变动趋势和变动幅度，消除价格变动因素，真实反映工业产品实际价值量。

工业生产者购进价格指数 是反映一定时期内工业企业所购进的原材料和能源价格变动幅度的相对数。它反映了企业成本的变动，往往预示了工业生产者出厂价格乃至消费价格水平的变动趋势。通过它可以观察工业企业购进九大类原材料和能源价格变动趋势和变动幅度及其对生产成本、效益的影响程度。

固定资产投资价格指数 是反映固定资产投资价格在一定时期内变动幅度的相对数。通过它可以观察建筑安装工程（含材料费、人工费等项目）、设备工器具购置费和其他费用等方面的价格变动趋势和变动幅度，消除按现价计算的固定资产投资指标中的价格变动因素，反映固定资产投资的真实规模、速度、结构和效益。

房地产价格指数 是反映一定时期内房地产价格变动趋势和程度的相对数，包括住宅销售价格指数、住宅租赁价格指数、土地交易价格指数和物业管理价格指数。通过他们可以观察土地交易、住宅销售、住宅租赁、物业管理等方面价格的变动趋势和变动幅度，消除按现价计算的房地产投资中的价格变动因素，反映房地产投资的真实规模、速度和结构。

四、农村调查

资料整理：陈晓兵　杨小燕　唐洪民

简要说明

一、本篇资料的主要内容及统计范围

本篇资料反映粮食和畜禽生产的基本情况。内容主要包括全省分季分品种、各市、县（区）粮食播种面积和产量、主要畜禽生产情况。

农业统计调查范围包括全部农业生产经营活动。各市、县（区）所属的各种经济组织类型、各个系统的全部农业生产单位和非农行业单位附属的农业生产活动单位，但不包括农业科学试验机构进行的农业生产。

1．粮食：包括稻谷、甘薯、马铃薯、大豆及其它粮食。

2．畜禽：主要包括猪、牛、羊、禽等。

二、本篇的资料来源及统计调查方法

1．粮食生产（4-1 至 4-2 表）、畜牧业（4-3 表），由国家统计局福建调查总队农业调查处、投资建筑业调查处根据《农林牧渔业统计报表制度》中农产量、畜牧业统计调查的有关资料整理提供。

2．《农林牧渔业统计报表制度》中的稻谷、生猪、家禽等粮食、畜禽主要品种实行以省为总体的抽样调查，并对县级稻谷实行以县为总体的抽样调查，其它粮食、畜禽小品种数据来自农业全面统计报表。

4-1 粮食播种面积与产量(1978-2016年)

单位：万亩(千公顷)、万吨

年 份	粮食播种面积		粮食产量	稻谷播种面积		稻谷产量	甘薯产量	马铃薯产量
	万亩	千公顷		万亩	千公顷			
1978	3319.70	2213.13	744.90	2533.70	1689.13	618.69	83.19	
1979	3224.31	2149.54	782.50	2505.20	1670.13	648.50	81.69	
1980	3263.33	2175.55	801.90	2510.80	1673.87	669.25	81.97	
1981	3206.27	2137.51	809.83	2476.16	1650.77	680.80	93.73	
1982	3125.31	2083.54	848.29	2419.78	1613.19	715.80	91.70	
1983	3013.49	2008.99	857.78	2426.98	1617.99	755.88	79.70	
1984	3025.56	2017.04	850.26	2380.77	1587.18	730.95	83.45	
1985	2832.74	1888.49	794.40	2215.83	1477.22	681.10	80.51	
1986	2846.58	1897.72	751.49	2226.92	1484.61	654.95	66.11	
1987	2942.30	1961.53	839.26	2240.54	1493.69	715.80	82.39	
1988	2942.93	1961.95	837.43	2224.88	1483.25	687.74	78.45	
1989	3068.01	2045.34	884.57	2263.83	1509.22	744.36	86.75	6.67
1990	3120.86	2080.57	879.64	2268.45	1512.30	731.24	88.46	10.06
1991	3130.85	2087.23	889.65	2238.76	1492.51	725.66	99.47	11.44
1992	3127.58	2085.05	897.08	2215.46	1476.97	732.96	103.94	12.56
1993	2950.82	1967.21	869.00	2074.68	1383.12	694.47	107.44	14.22
1994	3003.38	2002.25	887.40	2103.90	1402.60	699.17	117.33	16.12
1995	3026.03	2017.35	919.93	2109.38	1406.25	724.92	120.98	18.85
1996	3047.78	2031.85	952.20	2107.78	1405.19	743.34	129.26	21.92
1997	3061.94	2041.29	961.78	2102.29	1401.53	739.24	135.63	26.25
1998	3042.96	2028.64	958.11	2081.92	1387.95	728.81	140.39	28.18
1999	3014.28	2009.52	942.17	2059.81	1373.21	712.28	139.11	29.99
2000	2742.76	1828.51	854.68	1833.46	1222.31	632.75	136.81	29.04
2001	2588.58	1725.72	817.28	1734.85	1156.57	606.80	131.13	28.06
2002	2445.42	1630.28	763.23	1624.49	1082.99	557.52	128.66	27.97
2003	2136.60	1424.40	695.05	1436.84	957.89	520.89	108.45	27.13
2004	2084.67	1389.77	699.50	1463.32	975.54	540.32	99.61	26.48
2005	1962.61	1308.41	662.04	1406.67	937.78	518.91	88.20	25.55
2006	1840.40	1226.94	632.90	1335.96	890.64	499.00	83.00	21.60
2007	1801.57	1201.05	635.06	1303.04	868.69	501.00	82.24	21.84
2008	1815.41	1210.27	652.33	1291.83	861.22	508.81	86.52	23.14
2009	1846.52	1231.01	666.88	1296.90	864.60	515.33	89.60	26.48
2010	1848.45	1232.30	661.89	1282.24	854.83	507.94	90.90	26.47
2011	1840.18	1226.79	672.80	1268.01	845.34	514.15	91.02	28.68
2012	1801.70	1201.13	659.30	1241.40	827.60	503.78	84.74	29.59
2013	1803.08	1202.05	664.36	1226.27	817.52	502.02	88.43	30.89
2014	1796.62	1197.75	667.03	1206.75	804.50	497.06	92.98	32.01
2015	1789.83	1193.22	661.10	1183.44	788.96	485.03	94.93	33.46
2016	1765.10	1176.73	650.87	1154.09	769.39	471.47	96.54	34.28

注：1989年起，稻谷产量为抽样调查数，非稻谷产量为全面统计数。

4-2 主要年份分季分品种粮食播种面积与产量

单位：万亩、万吨

指标名称	2005		2010		2014		2015		2016	
	播种面积	产量	播种面积	产量	播种面积	产量	播种面积	产量	播种面积	产量
合　计	**1962.61**	**662.04**	**1848.45**	**661.89**	**1796.62**	**667.03**	**1789.83**	**661.10**	**1765.10**	**650.87**
按收获季节分										
春收粮食	152.28	35.46	129.37	31.66	136.83	36.54	139.42	37.92	141.82	38.63
夏收粮食	483.33	158.45	413.51	140.71	400.55	139.55	390.45	136.14	375.69	129.83
秋收粮食	1327.00	468.12	1305.57	489.52	1259.24	490.94	1259.96	487.04	1247.58	482.41
按品种分										
稻谷	1406.67	518.91	1282.24	507.94	1206.75	497.06	1183.44	485.03	1154.09	471.47
早稻	401.92	146.33	312.02	120.29	283.79	113.90	270.14	109.13	254.36	102.19
中稻	443.87	173.12	465.05	192.87	459.86	194.15	456.85	190.41	452.57	188.16
晚稻	560.88	199.46	505.17	194.78	463.10	189.01	456.46	185.49	447.15	181.11
甘薯	280.99	88.20	266.64	90.90	256.50	92.98	260.68	94.93	261.10	96.54
马铃薯	88.31	25.55	110.41	26.47	120.83	32.01	123.80	33.46	126.31	34.28
大豆	128.63	12.38	91.67	14.45	99.76	17.20	102.62	17.92	103.76	18.45
其它粮食	58.01	17.00	97.49	22.13	112.78	27.78	119.29	29.76	119.83	30.13

注：本表中稻不含一季晚稻，晚稻包含一季晚稻和双季晚稻。

4-3　主要年份畜禽生产情况

项　　目	单位	2005	2010	2014	2015	2016
出栏肉猪	(万头)	1881.92	1963.31	1990.47	1707.76	1720.52
出栏肉用牛	(万头)	21.60	22.35	27.36	29.18	30.19
出栏肉用羊	(万只)	107.00	133.29	159.90	170.25	179.58
出栏肉用禽	(万只)	19140.51	19934.33	39145.15	52882.52	57062.06
出栏肉用兔	(万只)	1559.27	1825.38	1956.04	1995.20	1927.63
肉类总产量	(万吨)	164.85	180.21	213.71	216.55	225.64
#猪　肉	(万吨)	134.69	146.62	151.12	134.53	136.00
牛　肉	(万吨)	2.17	2.25	2.85	3.07	3.21
羊　肉	(万吨)	1.45	1.82	2.22	2.36	2.52
禽　肉	(万吨)	24.57	26.32	54.16	73.17	80.48
兔　肉	(万吨)	1.97	2.56	2.83	2.91	2.84
奶类产量	(万吨)	19.10	15.74	15.36	15.37	15.86
禽蛋产量	(万吨)	37.91	26.28	25.42	25.51	27.85
肉蛋奶总产量	(万吨)	221.87	222.23	254.50	257.44	269.35
牛年末存栏数	(万头)	75.63	70.17	67.79	67.31	66.62
生猪年末存栏数	(万头)	1249.83	1272.57	1149.35	1066.16	983.18
#能繁母猪年末存栏数	(万头)		125.56	118.90	110.61	102.49
羊年末存栏数	(万只)	93.56	106.24	121.44	127.73	127.99
家禽年末存栏数	(万只)	9937.04	7707.70	10580.46	11048.74	10840.85
家兔年末存栏数	(万只)	822.67	909.23	981.27	978.05	945.51
养蜂年末箱数	(万箱)	35.32	36.26	47.19	48.63	

注：本表猪、禽各指标为抽样调查数，其余为全面统计数。

主要统计指标解释

稻谷 按生产季节分为早稻、中稻和晚稻。其中，晚稻包括一季晚稻和双季晚稻。一季晚稻是指其前作是非稻作物的单季晚稻。双季晚稻是仅指与早稻连作的稻谷。

农作物播种面积 是指实际播种或移植农作物的面积，凡是实际种植有农作物的面积，不论种植在耕地上还是非耕地上，也不论面积大小，均应统计。（1）当调查范围为农户时，租借种植一年以上的，计算播种面积；不满一年的，不计算播种面积。但不包括向村（村统一经营）承包（租）耕地上的种植面积；也不包括向村以上农作物生产经营单位承包（租）耕地上的种植面积；（2）当调查范围为行政村时，村统一经营的种植面积（仍未承包、租让给农户经营部分）当作一个农户看待。对村外出租、转让经营使用权的耕地，仍属于农作物播种面积抽样调查的范围。

粮食产量 指全社会的产量。包括全民所有制经营的，集体统一经营的和农民家庭经营的粮食产量，还包括工矿企业家属办的农场和其他生产单位产量。粮食除包括稻谷、小麦、玉米、高粱、谷子及其他杂粮外，还包括薯类和大豆。其产量计算方法，豆类按去豆荚后的干豆计算；薯类（包括甘薯和马铃薯，不包括芋头和木薯）1963 年以前按每 4 公斤鲜薯折 1 公斤粮食计算，从 1964 年开始及以后改为按 5 公斤鲜薯折 1 公斤粮食计算。其他粮食一律按脱粒后的原粮计算。

谷物 包括禾本科的稻谷、小麦、玉米、高粱、谷子、大麦、元麦、黑麦、燕麦、莜麦、粟、黍等及蓼科荞麦等。

豆类 指用作粮食的豆科作物。

薯类 用作粮食的薯芋类作物。

五、企业调查

资料整理：唐梅光　方　文

简要说明

一、本篇资料的主要内容及统计范围

本篇资料主要包括全省全部工业（包含规模以上、规模以下及个体户）基本情况，产品市场占有情况。

规模以下工业包括规模以下工业企业和全部个体经营工业单位两部分。企业调查内容：（1）企业基本情况：包括企业分类标识、组织机构代码、单位详细名称、单位负责人、联系方式、登记注册类型、主要业务活动（或主要产品）、行业代码、单位所在地、区划代码、邮政编码和开业（成立）时间；（2）企业经济指标：包括主营业务收入、营业利润和从业人员期末人数等；（3）企业问卷：包括企业生产经营状况、招工情况和融资情况等。个体调查内容：（1）样本村（居委会）基本情况：包括村（居委会）名称、邮政编码和区划代码；（2）个体经营工业单位基本情况：包括单位名称、业主姓名、联系方式、主要业务活动（或主要产品）和行业代码；（3）个体经营工业单位经济指标：包括从业人员期末人数、营业收入、生产支出、应付职工薪酬、资产总计和用电量。统计范围：2005 年为年主营业务收入 500 万元及以下的非国有工业企业和全部个体经营工业；2010 年为年主营业务收入 500 万元及以下的工业企业和全部个体经营工业；2011 年开始为年主营业务收入 2000 万元及以下的工业企业和全部个体经营工业。

产品市场占有情况反映福建省全部工业产品和规模以上工业产品的省内、省外、境外三大市场的销售比重及其变化情况，具体内容包括产品销售收入、省内市场销售比重、省外市场销售比重、境外市场销售比重。统计范围为福建省工业企业，行业分类按照《国民经济行业分类》（GB/T 4754-2011）标准划分。

二、本篇的资料来源

工业统计数据主要是根据工业统计年度报表及规模以下工业抽样调查年度报表有关资料整理汇总的。产品市场占有情况统计数据是根据福建产品市场占有情况统计调查数据结合相关数据汇总而成。

三、规模以下工业统计调查方法

规模以下工业企业中有企业名录的部分采用一阶段分层随机抽样，没有企业名录的企业和个体工业采用分层随机整群抽样方法。对于目录企业部分，根据各市企业名录库直接抽取 1701 个样本企业；对于个体经营工业单位和未包括在企业名录库中的非目录企业部分，在省一级直接抽取整群单位——360 个村(居委会)作为样本，对整群样本内部的个体工业单位和非目录企业进行全面调查。

四、产品市场占有情况统计调查方法

主要采用抽样调查和重点调查相结合的调查方法。参加全省汇总的调查样本量为 6918 家企业。

5-1 全部工业单位数(2014-2016年)

单位：个

项目	2014	2015	2016
合计	**246928**	**241100**	**246498**
企业	77753	66547	77631
个体	169175	174553	168867
按轻重分(含个体)			
轻工业	122621	119845	122613
重工业	124307	121255	123885
按企业登记注册分			
内资企业	68753	58628	71113
国有	634	518	378
集体	3365	2727	1466
股份合作	1070	875	438
联营	219	176	80
有限责任公司	7524	7143	15595
股份有限公司	998	899	978
私营企业	53821	45364	50178
其它企业	1123	927	2002
港澳台商投资企业	5829	5173	4234
合资经营企业(港或澳、台资)	999	926	752
合作经营企业(港或澳、台资)	56	47	108
港、澳、台商独资经营企业	4688	4107	3314
港、澳、台商投资股份有限公司	87	93	60
其他港、澳、台商投资企业			
外商投资企业	3171	2746	2284
中外合资经营企业	847	737	653
中外合作经营企业	42	35	10
外资企业	2213	1906	1577
外商投资股份有限公司	68	67	45
其他外商投资企业			
按企业规模分			
大型	446	451	437
中型	2929	2909	2851
小型	29777	26922	19226
微型	44601	36265	55117

注：全部工业包含规模以上企业、规模以下企业和个体工业经营户。

5-2 规模以下工业单位数(2014-2016年)

单位：个

项　目	2014	2015	2016
合　计	**230184**	**223860**	**229236**
企业	61009	49307	60369
个体	169175	174553	168867
按轻重分(含个体)			
轻工业	113254	110142	112788
重工业	116930	113718	116448
按企业登记注册分			
内资企业	56103	45342	57582
国有	588	475	343
集体	3253	2629	1388
股份合作	1009	815	384
联营	203	164	69
有限责任公司	3917	3166	11523
股份有限公司	708	573	612
私营企业	45330	36635	41292
其它企业	1096	886	1973
港澳台商投资企业	3225	2607	1757
合资经营企业(港或澳、台资)	456	369	215
合作经营企业(港或澳、台资)	42	34	92
港、澳、台商独资经营企业	2673	2160	1450
港、澳、台商投资股份有限公司	55	44	
其他港、澳、台商投资企业			
外商投资企业	1681	1358	1030
中外合资经营企业	411	332	295
中外合作经营企业	31	25	
外资企业	1202	971	727
外商投资股份有限公司	36	29	9
其他外商投资企业			
按企业规模分			
大型			
中型			
小型	17096	13817	5886
微型	43913	35490	54483

5-3 全部工业从业人员(2014-2016年)

单位：个

项　　目	2014	2015	2016
合　计	**6264273**	**5787341**	**5716828**
企业	5386223	5023788	4950003
个体	878050	763553	766825
按轻重分(含个体)			
轻工业	3838358	3564697	3514688
重工业	2425915	2222644	2202140
按企业登记注册分			
内资企业	3514393	3290266	3289784
国有	38490	32022	20183
集体	69135	52760	25172
股份合作	29607	23717	15047
联营	8262	5657	4616
有限责任公司	827846	861285	995631
股份有限公司	184873	214069	198606
私营企业	2330205	2078908	2012151
其它企业	25975	21849	18378
港澳台商投资企业	1145844	1094827	1047453
合资经营企业(港或澳、台资)	233337	241491	232284
合作经营企业(港或澳、台资)	5598	5022	6635
港、澳、台商独资经营企业	879618	815952	773352
港、澳、台商投资股份有限公司	27292	32363	35183
其他港、澳、台商投资企业			
外商投资企业	725986	638695	612765
中外合资经营企业	213195	191587	176360
中外合作经营企业	3950	3785	3613
外资企业	484960	424767	417512
外商投资股份有限公司	23881	18557	15280
其他外商投资企业			
按企业规模分			
大型	1109868	1112871	1081325
中型	1582073	1542343	1494006
小型	2273973	2070652	1803792
微型	420308	297922	570880

5-4　规模以下工业从业人员(2014-2016年)

单位：个

项　目	2014	2015	2016
合　计	**2072620**	**1636764**	**1646467**
企业	1194570	873211	879642
个体	878050	763553	766825
按轻重分(含个体)			
轻工业	1198317	946320	951930
重工业	874303	690444	694537
按企业登记注册分			
内资企业	1070602	782592	760577
国有	17981	13144	9514
集体	49994	36545	12429
股份合作	20649	15094	6518
联营	3233	2363	1244
有限责任公司	66298	48463	136591
股份有限公司	16285	11904	5674
私营企业	874661	639363	573585
其它企业	21501	15717	15022
港澳台商投资企业	80919	59151	61592
合资经营企业(港或澳、台资)	10815	7906	9680
合作经营企业(港或澳、台资)	989	723	1942
港、澳、台商独资经营企业	66740	48786	49971
港、澳、台商投资股份有限公司	2376	1737	
其他港、澳、台商投资企业			
外商投资企业	43049	31468	57472
中外合资经营企业	10804	7898	9136
中外合作经营企业	525	384	
外资企业	30475	22277	48206
外商投资股份有限公司	1245	910	130
其他外商投资企业			
按企业规模分			
大型			
中型			
小型	801756	586071	319668
微型	392813	287140	559974

5-5 全部工业总产值(2014-2016年)

单位：亿元

项　　目	2014	2015	2016
合　计	**41579.84**	**43888.84**	**47275.84**
企业	40515.11	43015.21	46345.66
个体	1064.73	873.63	930.18
按轻重分(含个体)			
轻工业	19914.45	21682.76	23713.96
重工业	21665.39	22206.08	23561.88
按企业登记注册分			
内资企业	25457.46	28158.58	31055.13
国有	276.82	312.77	121.90
集体	180.19	173.55	130.19
股份合作	88.42	94.02	86.68
联营	77.22	71.12	78.12
有限责任公司	9497.03	10683.11	12185.01
股份有限公司	1459.55	1914.91	2013.56
私营企业	13830.55	14816.73	16384.34
其它企业	47.68	92.36	55.33
港澳台商投资企业	8488.82	8992.15	9641.72
合资经营企业(港或澳、台资)	2039.73	2309.68	2468.44
合作经营企业(港或澳、台资)	27.80	32.92	48.51
港、澳、台商独资经营企业	5975.04	6227.61	6525.84
港、澳、台商投资股份有限公司	446.25	421.93	598.72
其他港、澳、台商投资企业			
外商投资企业	6568.83	5864.49	5648.82
中外合资经营企业	2693.55	2291.29	2121.78
中外合作经营企业	49.26	52.09	54.93
外资企业	3540.66	3356.79	3307.00
外商投资股份有限公司	285.36	164.32	165.11
其他外商投资企业			
按企业规模分			
大型	11171.71	12359.13	12927.84
中型	12656.73	12510.19	13305.05
小型	15471.73	16886.03	18475.21
微型	1214.95	1259.87	1637.56

5-6 规模以下工业总产值(2014-2016年)

单位：亿元

项目	2014	2015	2016
合计	**3174.52**	**2637.35**	**2731.75**
企业	2109.79	1763.72	1801.57
个体	1064.73	873.63	930.18
按轻重分(含个体)			
轻工业	1695.23	1408.38	1458.79
重工业	1479.29	1228.97	1272.96
按企业登记注册分			
内资企业	1851.47	1547.77	1629.29
国有	17.62	14.73	12.78
集体	50.12	41.90	14.53
股份合作	25.09	20.98	9.19
联营	3.34	2.80	2.91
有限责任公司	200.58	167.68	318.90
股份有限公司	19.12	15.99	7.47
私营企业	1517.60	1268.67	1240.61
其它企业	17.98	15.03	22.90
港澳台商投资企业	169.81	141.96	84.89
合资经营企业(港或澳、台资)	27.51	22.99	10.03
合作经营企业(港或澳、台资)	2.24	1.87	5.60
港、澳、台商独资经营企业	138.65	115.91	69.06
港、澳、台商投资股份有限公司	1.42	1.18	
其他港、澳、台商投资企业			
外商投资企业	88.51	73.99	87.39
中外合资经营企业	21.24	17.76	15.12
中外合作经营企业	1.07	0.90	
外资企业	65.29	54.58	72.25
外商投资股份有限公司	0.91	0.76	0.02
其他外商投资企业			
按企业规模分			
大型			
中型			
小型	1377.08	1151.20	679.91
微型	732.71	612.52	1121.66

5-7 全部工业企业按行业分单位数(2014-2016年)

单位：个

项　目	2014	2015	2016
总　计	**77753**	**66551**	**77630**
煤炭开采和洗选业	170	183	163
石油和天然气开采业			
黑色金属矿采选业	171	146	151
有色金属矿采选业	155	117	168
非金属矿采选业	1136	760	891
开采辅助活动	1		9
其他采矿业	6	3	1207
农副食品加工业	2850	2927	3323
食品制造业	1941	1914	2354
酒、饮料和精制茶制造业	2392	2346	2459
烟草制品业	6	6	885
纺织业	2307	2851	3530
纺织服装、服饰业	4731	4101	4772
皮革、毛皮、羽毛及其制品和制鞋业	3786	4112	4413
木材加工和木、竹、藤、棕、草制品业	3934	2769	3420
家具制造业	1410	1081	1462
造纸和纸制品业	2684	1856	1829
印刷和记录媒介复制业	2581	1876	3207
文教、工美、体育和娱乐用品制造业	3395	3646	3141
石油加工、炼焦和核燃料加工业	66	90	812
化学原料和化学制品制造业	2072	2072	1743
医药制造业	237	251	234
化学纤维制造业	200	146	792
橡胶和塑料制品业	4052	3462	5086
非金属矿物制品业	16301	8018	7459
黑色金属冶炼和压延加工业	659	592	470
有色金属冶炼和压延加工业	305	271	815
金属制品业	2758	3703	4311
通用设备制造业	3152	2711	2917
专用设备制造业	1907	2264	2462
汽车制造业	905	903	861
铁路、船舶、航空航天和其他运输设备制造业	383	503	1170
电气机械和器材制造业	1833	2310	2388
计算机、通信和其他电子设备制造业	1202	1438	1249
仪器仪表制造业	670	556	626
其他制造业	1297	846	875
废弃资源综合利用业	131	243	244
金属制品、机械和设备修理业	215	246	526
电力、热力生产和供应业	5024	4578	4487
燃气生产和供应业	42	53	150
水的生产和供应业	685	601	569

5-8 规模以下工业企业按行业分单位数(2014-2016年)

单位：个

项　　目	2014	2015	2016
总　计	**61009**	**49307**	**60368**
煤炭开采和洗选业	20	51	51
石油和天然气开采业			
黑色金属矿采选业	90	67	75
有色金属矿采选业	94	66	120
非金属矿采选业	975	602	722
开采辅助活动	1		9
其他采矿业	6	3	51
农副食品加工业	1818	1806	2717
食品制造业	1399	1332	1732
酒、饮料和精制茶制造业	1829	1744	2452
烟草制品业			
纺织业	1400	1947	2300
纺织服装、服饰业	3533	2880	3483
皮革、毛皮、羽毛及其制品和制鞋业	2472	2830	3636
木材加工和木、竹、藤、棕、草制品业	3218	2017	3085
家具制造业	1090	753	1025
造纸和纸制品业	2251	1416	1595
印刷和记录媒介复制业	2361	1648	2165
文教、工美、体育和娱乐用品制造业	2415	2604	3110
石油加工、炼焦和核燃料加工业	37	61	76
化学原料和化学制品制造业	1363	1335	1609
医药制造业	112	117	135
化学纤维制造业	100	45	50
橡胶和塑料制品业	3346	2729	3257
非金属矿物制品业	14526	6191	7171
黑色金属冶炼和压延加工业	337	275	330
有色金属冶炼和压延加工业	153	123	216
金属制品业	2202	3113	3732
通用设备制造业	2601	2118	2397
专用设备制造业	1426	1759	2094
汽车制造业	527	522	683
铁路、船舶、航空航天和其他运输设备制造业	201	316	464
电气机械和器材制造业	1068	1545	1870
计算机、通信和其他电子设备制造业	693	919	1097
仪器仪表制造业	532	413	452
其他制造业	1117	668	819
废弃资源综合利用业	82	187	221
金属制品、机械和设备修理业	193	223	249
电力、热力生产和供应业	4762	4312	4455
燃气生产和供应业	18	24	94
水的生产和供应业	640	550	569

5-9 全部工业企业按行业分从业人员数(2014-2016年)

单位：人

项　　目	2014	2015	2016
总　计	**5386223**	**5023788**	**4950273**
煤炭开采和洗选业	41443	39331	32121
石油和天然气开采业			
黑色金属矿采选业	11572	9780	8995
有色金属矿采选业	8059	4968	5754
非金属矿采选业	36786	29049	24654
开采辅助活动			81
其他采矿业		62	210093
农副食品加工业	227947	227159	169308
食品制造业	172443	176451	139128
酒、饮料和精制茶制造业	119952	128535	20192
烟草制品业	5111	5128	225303
纺织业	274461	259240	393488
纺织服装、服饰业	483519	480157	678012
皮革、毛皮、羽毛及其制品和制鞋业	716222	689457	179935
木材加工和木、竹、藤、棕、草制品业	165169	123500	97054
家具制造业	75905	72593	94125
造纸和纸制品业	121585	113980	56157
印刷和记录媒介复制业	65302	66632	253413
文教、工美、体育和娱乐用品制造业	270882	272671	60623
石油加工、炼焦和核燃料加工业	9376	9798	98481
化学原料和化学制品制造业	108196	111526	44660
医药制造业	33685	33933	38031
化学纤维制造业	45013	39300	164042
橡胶和塑料制品业	245664	213631	371397
非金属矿物制品业	656678	413692	178169
黑色金属冶炼和压延加工业	102103	84934	55151
有色金属冶炼和压延加工业	51257	51019	110854
金属制品业	124807	160539	159332
通用设备制造业	152990	154793	123058
专用设备制造业	90923	108906	127446
汽车制造业	112910	109720	52095
铁路、船舶、航空航天和其他运输设备制造业	42559	45661	209267
电气机械和器材制造业	215640	226302	291671
计算机、通信和其他电子设备制造业	291152	296913	58586
仪器仪表制造业	58458	42475	58128
其他制造业	103128	72526	19443
废弃资源综合利用业	3853	4825	8820
金属制品、机械和设备修理业	8457	11680	69664
电力、热力生产和供应业	110068	106573	42819
燃气生产和供应业	5469	5543	11949
水的生产和供应业	17485	20811	8505

5-10 规模以下工业企业按行业分从业人员数(2014-2016年)

单位：人

项 目	2014	2015	2016
总 计	**1194570**	**873211**	**879642**
煤炭开采和洗选业		2278	2159
石油和天然气开采业			
黑色金属矿采选业	1227	464	240
有色金属矿采选业	275	905	1195
非金属矿采选业	14905	7010	3609
开采辅助活动			81
其他采矿业		62	2538
农副食品加工业	27271	17468	21845
食品制造业	31077	27864	26980
酒、饮料和精制茶制造业	13085	16130	15069
烟草制品业			
纺织业	50259	41359	39291
纺织服装、服饰业	108702	116375	108855
皮革、毛皮、羽毛及其制品和制鞋业	75412	80596	82235
木材加工和木、竹、藤、棕、草制品业	71788	27407	34429
家具制造业	12187	9579	9305
造纸和纸制品业	31242	26656	21636
印刷和记录媒介复制业	29218	31357	39240
文教、工美、体育和娱乐用品制造业	56569	55810	51190
石油加工、炼焦和核燃料加工业	216	594	540
化学原料和化学制品制造业	11927	12445	13418
医药制造业	2776	1731	985
化学纤维制造业	5796	756	722
橡胶和塑料制品业	71261	48409	46685
非金属矿物制品业	325899	82003	100144
黑色金属冶炼和压延加工业	8975	4675	4675
有色金属冶炼和压延加工业	2329	1022	1484
金属制品业	32277	54664	52212
通用设备制造业	39484	42935	44458
专用设备制造业	12731	29602	23143
汽车制造业	10820	8036	14071
铁路、船舶、航空航天和其他运输设备制造业	657	4036	5264
电气机械和器材制造业	20479	22028	18700
计算机、通信和其他电子设备制造业	8320	23301	22844
仪器仪表制造业	22230	7140	5484
其他制造业	45601	15163	15548
废弃资源综合利用业	590	1143	800
金属制品、机械和设备修理业	433	3390	2646
电力、热力生产和供应业	40575	38678	37174
燃气生产和供应业	428	252	244
水的生产和供应业	7555	9893	8505

5-11 全部工业企业按行业分总产值(2014-2016年)

单位：亿元

项　目	2014	2015	2016
总　计	**40515.11**	**42990.72**	**46345.66**
煤炭开采和洗选业	120.92	123.30	112.72
石油和天然气开采业			
黑色金属矿采选业	146.43	156.85	164.03
有色金属矿采选业	73.05	63.87	72.11
非金属矿采选业	264.36	240.10	257.33
开采辅助活动			0.95
其他采矿业		0.09	3035.71
农副食品加工业	2518.03	2784.10	1465.16
食品制造业	1160.30	1342.81	983.05
酒、饮料和精制茶制造业	803.50	894.08	262.02
烟草制品业	266.46	260.05	2659.90
纺织业	2213.38	2442.39	2127.97
纺织服装、服饰业	1868.09	2005.64	3621.46
皮革、毛皮、羽毛及其制品和制鞋业	3083.06	3365.62	1212.91
木材加工和木、竹、藤、棕、草制品业	937.59	1001.86	541.10
家具制造业	401.41	442.41	1096.38
造纸和纸制品业	988.22	1032.25	370.16
印刷和记录媒介复制业	310.52	354.71	1727.13
文教、工美、体育和娱乐用品制造业	1386.05	1588.33	1127.02
石油加工、炼焦和核燃料加工业	1094.68	1056.25	1673.21
化学原料和化学制品制造业	1798.41	1611.67	366.06
医药制造业	255.60	293.41	1125.80
化学纤维制造业	907.83	1022.23	1666.15
橡胶和塑料制品业	1630.66	1661.48	3296.78
非金属矿物制品业	3106.95	3061.00	1941.43
黑色金属冶炼和压延加工业	1918.32	1639.33	1606.91
有色金属冶炼和压延加工业	1267.93	1512.22	1206.44
金属制品业	970.55	1194.14	1253.61
通用设备制造业	1030.92	1106.94	973.90
专用设备制造业	730.44	904.59	1263.36
汽车制造业	1004.33	1126.56	405.11
铁路、船舶、航空航天和其他运输设备制造业	403.39	421.97	1944.14
电气机械和器材制造业	1704.48	1820.15	3674.25
计算机、通信和其他电子设备制造业	3138.84	3372.19	277.06
仪器仪表制造业	214.33	209.80	300.74
其他制造业	332.43	307.05	129.09
废弃资源综合利用业	67.37	76.47	184.15
金属制品、机械和设备修理业	118.88	152.33	1877.10
电力、热力生产和供应业	1980.84	1974.57	280.52
燃气生产和供应业	245.17	239.17	50.07
水的生产和供应业	51.38	58.13	12.69

5-12 规模以下工业企业按行业分总产值(2014-2016年)

单位：亿元

项　目	2014	2015	2016
总　计	**2109.79**	**1739.23**	**1801.57**
煤炭开采和洗选业		4.74	3.63
石油和天然气开采业			
黑色金属矿采选业	3.80	0.92	0.67
有色金属矿采选业	0.77	1.73	3.59
非金属矿采选业	50.48	15.11	9.20
开采辅助活动			0.95
其他采矿业		0.09	3.05
农副食品加工业	84.69	57.17	54.37
食品制造业	44.91	49.67	50.53
酒、饮料和精制茶制造业	23.80	28.90	26.96
烟草制品业			
纺织业	65.06	67.44	75.76
纺织服装、服饰业	159.43	170.96	186.29
皮革、毛皮、羽毛及其制品和制鞋业	107.53	150.26	148.05
木材加工和木、竹、藤、棕、草制品业	114.00	51.58	67.99
家具制造业	30.88	21.92	21.17
造纸和纸制品业	75.79	54.84	48.80
印刷和记录媒介复制业	53.73	67.54	85.05
文教、工美、体育和娱乐用品制造业	94.96	122.97	96.90
石油加工、炼焦和核燃料加工业	1.59	1.54	1.67
化学原料和化学制品制造业	51.73	31.78	53.14
医药制造业	4.77	1.84	0.80
化学纤维制造业	10.59	1.27	1.36
橡胶和塑料制品业	162.49	105.27	123.12
非金属矿物制品业	490.25	163.38	173.25
黑色金属冶炼和压延加工业	12.63	8.29	8.62
有色金属冶炼和压延加工业	6.31	1.73	2.48
金属制品业	86.93	128.88	141.01
通用设备制造业	72.52	95.80	88.55
专用设备制造业	28.90	95.70	57.09
汽车制造业	31.65	20.35	26.36
铁路、船舶、航空航天和其他运输设备制造业	2.17	6.28	12.11
电气机械和器材制造业	37.15	57.21	54.39
计算机、通信和其他电子设备制造业	14.93	37.79	40.72
仪器仪表制造业	40.69	13.11	12.34
其他制造业	84.04	27.60	38.14
废弃资源综合利用业	1.39	2.30	2.11
金属制品、机械和设备修理业	0.19	5.43	5.19
电力、热力生产和供应业	49.43	53.77	63.10
燃气生产和供应业	1.21	0.53	0.40
水的生产和供应业	8.38	13.51	12.69

5-13 全部工业产品三大市场

年份	全部工业				采矿业和制造业				轻工业			
	销售收入(亿元)	销售区域比重(%)			销售收入(亿元)	销售区域比重(%)			销售收入(亿元)	销售区域比重(%)		
		省内	省外	境外		省内	省外	境外		省内	省外	境外
2004	8513.65	41.55	24.87	33.58	7911.41	37.14	26.77	36.09	3336.13	36.11	24.97	38.92
2005	9332.47	38.16	25.53	36.31	8702.07	33.69	27.38	38.93	3625.43	33.69	26.62	39.69
2006	11078.70	38.62	26.26	35.12	10355.18	34.33	28.10	37.57	4167.99	34.08	25.95	39.97
2007	13950.32	38.34	28.10	33.56	13055.16	34.09	30.04	35.87	5304.74	35.60	28.96	35.44
2008	16361.75	38.21	29.03	32.76	15365.96	34.21	30.91	34.88	6247.64	35.40	28.22	36.38
2009	18086.66	39.61	30.05	30.34	16884.64	35.31	32.19	32.50	7067.86	36.51	29.10	34.39
2010	23199.33	40.46	31.68	27.86	21773.71	36.57	33.75	29.68	8761.85	34.02	32.69	33.29
2011	29150.95	40.58	33.87	25.55	27498.13	36.99	35.92	27.09	11065.13	35.47	34.14	30.39
2012	31541.68	44.78	33.94	21.28	29737.62	36.79	39.57	23.64	12269.29	36.66	38.93	24.41
2013	34736.23	45.01	34.31	20.68	32654.83	41.50	36.50	22.00				
2014	39421.96	43.79	36.20	20.01	37194.77	40.42	38.37	21.21				
2015	41718.27	45.16	37.68	17.16	39509.95	42.09	39.79	18.12				
2016	44799.65	46.50	36.80	16.70	42671.97	43.79	38.63	17.58				

销售情况(2004-2016年)

重工业				采矿业				制造业			
销售收入(亿元)	销售区域比重(%)			销售收入(亿元)	销售区域比重(%)			销售收入(亿元)	销售区域比重(%)		
	省内	省外	境外		省内	省外	境外		省内	省外	境外
4575.28	37.89	28.08	34.03	157.84	68.02	22.33	9.65	7753.57	36.51	26.86	36.63
5076.65	33.68	27.93	38.39	77.39	64.50	23.36	12.14	8624.68	33.41	27.42	39.17
6187.18	34.50	29.55	35.96	237.32	68.06	24.55	7.39	10117.85	33.54	28.18	38.28
7750.43	33.05	30.78	36.17	305.13	69.71	28.41	1.88	12750.04	33.24	30.07	36.69
9118.33	33.39	32.76	33.85	424.57	70.24	27.79	1.97	14941.40	33.18	31.00	35.82
9816.78	34.44	34.41	31.15	430.87	73.52	25.73	0.75	16453.77	34.31	32.36	33.33
13011.86	38.28	34.47	27.25	602.62	76.74	22.76	0.50	21171.09	35.43	34.06	30.51
16432.99	38.02	37.11	24.87	871.58	72.77	26.74	0.49	26626.54	35.82	36.22	27.96
17468.33	36.87	40.03	23.10	637.60	70.90	28.12	0.98	29100.03	36.04	39.83	24.13
				622.84	78.09	20.93	0.98	32031.99	40.79	36.80	22.41
				660.57	81.53	17.82	0.65	36534.20	39.67	38.75	21.58
				635.86	81.90	17.38	0.72	38874.09	41.44	40.16	18.40
				681.53	83.45	15.48	1.07	41990.44	43.15	39.01	17.84

5-14 全部工业产品分行业三大市场销售变化情况

单位：%

行业名称	2014			2015			2016		
	省内	省外	境外	省内	省外	境外	省内	省外	境外
全部工业	**43.79**	**36.20**	**20.01**	**45.16**	**37.68**	**17.16**	**46.50**	**36.80**	**16.70**
采矿业和制造业	**40.42**	**38.37**	**21.21**	**42.09**	**39.79**	**18.12**	**43.79**	**38.63**	**17.58**
采矿业	**81.53**	**17.82**	**0.65**	**81.90**	**17.38**	**0.72**	**83.45**	**15.48**	**1.07**
煤炭开采和洗选业	83.27	16.73		88.96	11.04		83.73	16.27	
黑色金属矿采选业	87.67	12.33		86.60	13.40		91.37	8.63	
有色金属矿采选业	73.75	26.25		66.82	33.18		72.73	27.27	
非金属矿采选业	79.65	18.87	1.48	79.37	19.06	1.57	81.37	16.36	2.27
制造业	**39.67**	**38.75**	**21.58**	**41.44**	**40.16**	**18.40**	**43.15**	**39.01**	**17.84**
农副食品加工业	51.43	28.58	19.99	53.06	27.19	19.75	50.66	28.01	21.33
食品制造业	31.29	52.91	15.80	33.02	54.06	12.92	32.35	54.28	13.37
酒、饮料和精制茶制造业	51.86	43.69	4.45	56.50	41.42	2.08	61.00	37.13	1.87
烟草制品业	51.34	48.59	0.07	56.80	43.12	0.08	61.26	38.60	0.14
纺织业	40.99	50.14	8.87	43.10	49.78	7.12	44.84	47.81	7.35
纺织服装、服饰业	26.63	40.31	33.06	33.24	37.45	29.31	35.41	35.78	28.81
皮革、毛皮、羽毛及其制品和制鞋业	30.68	36.47	32.85	35.71	37.25	27.04	40.08	34.37	25.55
木材加工和木、竹、藤、棕、草制品业	43.01	44.27	12.72	48.31	42.44	9.25	52.92	37.45	9.63
家具制造业	25.68	40.25	34.07	36.54	30.29	33.17	41.65	29.41	28.94
造纸和纸制品业	55.81	36.81	7.38	65.02	30.15	4.83	65.99	31.43	2.58
印刷和记录媒介复制业	65.20	25.72	9.08	66.19	25.52	8.29	75.17	22.19	2.64
文教、工美、体育和娱乐用品制造业	24.50	33.51	41.99	31.51	35.97	32.52	30.98	34.98	34.04
石油加工、炼焦和核燃料加工业	71.21	28.77	0.02	68.76	31.22	0.02	68.52	31.20	0.28
化学原料和化学制品制造业	49.26	42.97	7.77	49.06	44.94	6.00	50.84	42.76	6.40
医药制造业	32.24	59.31	8.45	26.91	65.74	7.35	32.60	59.15	8.25
化学纤维制造业	64.09	29.88	6.03	62.56	33.01	4.43	64.61	31.27	4.12
橡胶和塑料制品业	40.98	38.98	20.04	29.37	58.83	11.80	31.67	55.17	13.16
非金属矿物制品业	46.75	37.14	16.11	51.92	37.91	10.17	54.15	36.46	9.39
黑色金属冶炼和压延加工业	66.73	31.01	2.26	62.30	36.05	1.65	68.69	29.24	2.07
有色金属冶炼和压延加工业	36.52	56.59	6.89	42.30	52.57	5.13	53.10	41.08	5.82
金属制品业	50.43	32.72	16.85	49.60	35.61	14.79	44.55	40.01	15.44
通用设备制造业	27.40	54.63	17.97	37.04	47.54	15.42	33.12	53.83	13.05
专用设备制造业	41.08	48.53	10.39	37.49	55.48	7.03	34.78	58.48	6.74
汽车制造业	25.27	59.89	14.84	28.78	58.52	12.70	24.28	65.93	9.79
铁路、船舶、航空航天和其他运输设备制造业	33.30	34.43	32.27	43.22	28.95	27.83	37.43	34.84	27.73
电气机械和器材制造业	27.94	43.81	28.25	28.20	44.64	27.16	31.28	44.74	23.98
计算机、通信和其他电子设备制造业	15.04	22.77	62.19	13.23	29.87	56.90	17.80	29.50	52.70
仪器仪表制造业	16.27	30.07	53.66	19.01	34.11	46.88	23.43	31.17	45.40
其他制造业	37.94	23.51	38.55	36.57	27.21	36.22	35.85	27.69	36.46
废弃资源综合利用业	58.92	41.08		51.15	48.85		62.73	37.27	
金属制品、机械和设备修理业	15.09	15.52	69.39	14.52	10.98	74.50	11.54	12.12	76.34

5-15 全部工业产品分行业三大市场销售情况(2016年)

行业名称	销售收入(亿元)	销售区域比重(%)		
		省内	省外	境外
全部工业	**44799.65**	**46.50**	**36.80**	**16.70**
采矿业和制造业	**42671.97**	**43.79**	**38.63**	**17.58**
采矿业	**681.53**	**83.45**	**15.48**	**1.07**
煤炭开采和洗选业	130.93	83.73	16.27	
黑色金属矿采选业	166.67	91.37	8.63	
有色金属矿采选业	64.31	72.73	27.27	
非金属矿采选业	319.62	81.37	16.36	2.27
制造业	**41990.44**	**43.15**	**39.01**	**17.84**
农副食品加工业	3045.06	50.66	28.01	21.33
食品制造业	1461.92	32.35	54.28	13.37
酒、饮料和精制茶制造业	991.26	61.00	37.13	1.87
烟草制品业	233.80	61.26	38.60	0.14
纺织业	2728.30	44.84	47.81	7.35
纺织服装、服饰业	2120.77	35.41	35.78	28.81
皮革、毛皮、羽毛及其制品和制鞋业	3516.99	40.08	34.37	25.55
木材加工和木、竹、藤、棕、草制品业	1118.43	52.92	37.45	9.63
家具制造业	485.05	41.65	29.41	28.94
造纸和纸制品业	1072.70	65.99	31.43	2.58
印刷和记录媒介复制业	362.87	75.17	22.19	2.64
文教、工美、体育和娱乐用品制造业	1670.70	30.98	34.98	34.04
石油加工、炼焦和核燃料加工业	827.94	68.52	31.20	0.28
化学原料和化学制品制造业	1676.46	50.84	42.76	6.40
医药制造业	286.93	32.60	59.15	8.25
化学纤维制造业	1011.51	64.61	31.27	4.12
橡胶和塑料制品业	1777.14	31.67	55.17	13.16
非金属矿物制品业	3508.78	54.15	36.46	9.39
黑色金属冶炼和压延加工业	1674.66	68.69	29.24	2.07
有色金属冶炼和压延加工业	1508.06	53.10	41.08	5.82
金属制品业	1231.08	44.55	40.01	15.44
通用设备制造业	1160.70	33.12	53.83	13.05
专用设备制造业	884.97	34.78	58.48	6.74
汽车制造业	1210.45	24.28	65.93	9.79
铁路、船舶、航空航天和其他运输设备制造业	362.38	37.43	34.84	27.73
电气机械和器材制造业	1894.46	31.28	44.74	23.98
计算机、通信和其他电子设备制造业	3364.84	17.80	29.50	52.70
仪器仪表制造业	243.67	23.43	31.17	45.40
其他制造业	294.10	35.85	27.69	36.46
废弃资源综合利用业	85.14	62.73	37.27	
金属制品、机械和设备修理业	179.32	11.54	12.12	76.34

5-16 规模以上工业产品三大

年 份	规模以上工业				采矿业和制造业				轻工业			
	销售收入(亿元)	销售区域比重(%)			销售收入(亿元)	销售区域比重(%)			销售收入(亿元)	销售区域比重(%)		
		省内	省外	境外		省内	省外	境外		省内	省外	境外
2008	14665.12	38.98	28.35	32.67	13691.16	34.64	30.37	34.99	5432.84	34.73	30.31	34.96
2009	16209.74	38.60	33.31	28.09	15088.33	34.03	35.79	30.18	6241.19	35.77	35.22	29.01
2010	21331.72	37.99	35.04	26.97	19922.99	33.60	37.52	28.88	7887.28	35.60	35.50	28.90
2011	27573.31	40.24	38.46	21.30	26267.49	37.27	40.37	22.36	10445.32	38.98	39.12	21.90
2012	28906.90	42.07	39.80	18.13	27135.83	38.29	42.40	19.31	11004.76	41.68	41.96	16.36
2013	32847.14	45.82	34.48	19.70	30792.19	42.20	36.78	21.02				
2014	36300.06	45.21	35.98	18.81	34112.19	41.69	38.29	20.02				
2015	38283.67	44.34	38.38	17.28	36853.23	42.19	39.86	17.95				
2016	42123.79	46.96	37.42	15.62	39996.10	44.17	39.38	16.45				

市场销售情况(2008-2016年)

重工业				采矿业				制造业			
销售收入(亿元)	销售区域比重(%)			销售收入(亿元)	销售区域比重(%)			销售收入(亿元)	销售区域比重(%)		
	省内	省外	境外		省内	省外	境外		省内	省外	境外
8258.32	34.58	30.42	35.00	348.60	68.09	30.76	1.15	13342.56	33.77	30.36	35.87
8847.14	32.80	36.19	31.01	365.78	80.35	18.17	1.48	14722.55	32.88	36.22	30.90
12035.71	32.29	38.85	28.86	519.48	60.91	38.06	1.03	19403.51	32.87	37.51	29.62
15822.17	36.14	41.20	22.66	765.72	61.86	37.66	0.48	25501.78	36.53	40.46	23.01
16131.07	35.98	42.70	21.32	521.64	72.55	26.44	1.01	26614.19	37.62	42.71	19.67
				532.16	77.31	21.85	0.84	30260.03	41.59	37.04	21.37
				541.00	81.60	17.68	0.72	33571.19	41.05	38.62	20.33
				536.91	81.29	17.94	0.77	36316.32	41.61	40.18	18.21
				559.27	87.23	12.03	0.74	39436.83	43.56	39.77	16.67

5-17 规模以上工业产品分行业三大市场销售情况(2016年)

行业名称	销售收入(亿元)	销售区域比重(%)		
		省内	省外	境外
规模以上工业	**42123.79**	**46.96**	**37.42**	**15.62**
采矿业和制造业	**39996.10**	**44.17**	**39.38**	**16.45**
采矿业	**559.27**	**87.23**	**12.03**	**0.74**
煤炭开采和洗选业	113.35	86.15	13.85	
黑色金属矿采选业	156.40	92.16	7.84	
有色金属矿采选业	57.55	71.33	28.67	
非金属矿采选业	231.98	88.36	9.85	1.79
制造业	**39436.83**	**43.56**	**39.77**	**16.67**
农副食品加工业	2905.23	49.92	28.78	21.30
食品制造业	1395.11	33.92	52.77	13.31
酒、饮料和精制茶制造业	902.54	62.74	35.59	1.67
烟草制品业	233.79	61.14	38.73	0.13
纺织业	2564.93	47.22	45.95	6.83
纺织服装、服饰业	1888.17	30.33	41.93	27.74
皮革、毛皮、羽毛及其制品和制鞋业	3303.59	39.47	35.98	24.55
木材加工和木、竹、藤、棕、草制品业	999.69	53.58	37.09	9.33
家具制造业	446.63	41.66	29.42	28.92
造纸和纸制品业	961.00	63.16	34.31	2.53
印刷和记录媒介复制业	297.96	72.14	25.63	2.23
文教、工美、体育和娱乐用品制造业	1526.00	29.54	36.43	34.03
石油加工、炼焦和核燃料加工业	825.51	68.09	31.51	0.40
化学原料和化学制品制造业	1597.22	52.17	41.96	5.87
医药制造业	282.05	34.47	58.21	7.32
化学纤维制造业	1006.36	65.80	30.88	3.32
橡胶和塑料制品业	1608.63	35.08	54.29	10.63
非金属矿物制品业	3077.66	53.40	37.73	8.87
黑色金属冶炼和压延加工业	1621.89	61.99	36.15	1.86
有色金属冶炼和压延加工业	1496.96	47.16	47.93	4.91
金属制品业	1148.03	45.71	39.40	14.89
通用设备制造业	1078.21	36.47	50.65	12.88
专用设备制造业	826.00	37.74	55.61	6.65
汽车制造业	1158.51	32.30	57.98	9.72
铁路、船舶、航空航天和其他运输设备制造业	347.22	45.11	35.70	19.19
电气机械和器材制造业	1845.50	30.34	47.08	22.58
计算机、通信和其他电子设备制造业	3346.99	25.38	30.39	44.23
仪器仪表制造业	219.87	20.37	35.95	43.68
其他制造业	268.94	36.84	25.98	37.18
废弃资源综合利用业	77.30	68.14	30.21	1.65
金属制品、机械和设备修理业	179.32	12.18	12.29	75.53

主要统计指标解释

全部工业：包含规模以上企业、规模以下企业和个体工业经营户。

规模以下工业：主营业务收入2000万元以下的工业企业和全部个体经营工业单位。

期末从业人数：指在报告期末在企业或个体经营单位工作，并取得劳动报酬的全部人员数。包括经营者、参加生产经营活动的家庭成员、职工、再就业的离退休人员以及在本单位中工作的其他人员。

工业总产值：以货币形式表现的，工业企业或个体经营单位在报告期内生产的工业最终产品或提供工业性服务的总价值量。具体内容包括：（1）本年生产成品价值。本年生产并在报告期内不再进行加工，经检验、包装入库的已经销售和准备销售的全部工业成品(半成品)价值合计，包括企业自制设备及提供给本企业在建工程、其他非工业部门和生活福利部门等单位使用的成品价值。生产成品价值按自备原材料生产的产品产量乘以本期不含增值税(销项税额)的产品实际销售平均单价计算，会计核算中按成本价格转帐的自制设备和成品，按成品价格计算生产成品价值。生产成品价值中不包括用订货者来料加工的成品(半成品)价值。（2）对外加工费收入。报告期内完成的对外承做工业品加工(包括用订货者来料加工产品)的加工费收入和对外工业品修理作业所收取的加工费收入，按不含增值税(销项税额)的价格计算。对于以对外加工生产为主，对外加工费收入所占比重较大的企业，如果对外加工费收入出现跨年度支付的情况，即本年应收取的对外加工费收入没有计入本年会计科目中，而是转到下一年实际收取时，计入了下一年的会计科目，或者相反，本年对外加工费收入中包括了实际应为上一年收取的加工费收入时，为保证指标计算口径的一致性，则应将对外加工费收入按实际情况调整，填报本年应收取的对外加工费收入。（3）自制半成品在产品期末期初差额价值。自制半成品和在产品报告期期末价值减去期初价值的差额。

省内市场销售比重：指在报告期内，福建工业产品在省内市场的销售额（或销售量）占同期福建工业产品在三大市场的总销售额（或销售量）的比重。

省外市场销售比重：指在报告期内，福建工业产品在省外市场的销售额（或销售量）占同期福建工业产品在三大市场的总销售额（或销售量）的比重。

境外市场销售比重：指在报告期内，福建工业产品在境外市场的销售额（或销售量）占同期福建工业产品在三大市场的总销售额（或销售量）的比重。

六、市县调查主要指标

资料整理：唐梅光　滕国达　陈晓兵　刘挺云
张凤园　陈　思　方　文　郑明坤

6-1 市县粮食播种面积与产量(2016年)

单位：亩(公顷)、吨

地区	粮食播种面积		稻谷		粮食产量	稻谷
	亩	公顷	亩	公顷		
全　　省	**17651013**	**1176734**	**11540865**	**769391**	**6508722**	**4714716**
福 州 市	**1495609**	**99707**	**780044**	**52003**	**528672**	**295762**
福州市辖区	20647	1376	12998	867	8016	4785
福 清 市	309087	20606	135869	9058	108250	50309
长 乐 市	194544	12970	121372	8091	75853	45971
闽 侯 县	182138	12143	99608	6641	64029	39462
连 江 县	141712	9447	82821	5521	50335	31843
罗 源 县	103323	6888	60551	4037	33437	21055
闽 清 县	158488	10566	121140	8076	57673	47284
永 泰 县	315044	21003	145467	9698	108828	54971
平 潭 县	70626	4708	218	15	22251	82
厦 门 市	**98717**	**6581**	**49870**	**3325**	**35272**	**18547**
厦门市辖区	98717	6581	49870	3325	**35272**	18547
莆 田 市	**692100**	**46140**	**377750**	**25183**	**258358**	**154147**
莆田市辖区	386363	25758	163965	10931	141857	65581
仙 游 县	305737	20382	213785	14252	116501	88566
三 明 市	**3319672**	**221311**	**2162669**	**144178**	**1173808**	**886845**
三明市辖区	88130	5875	56506	3767	31833	22865
永 安 市	225335	15022	159976	10665	84812	65488
明 溪 县	284620	18975	159971	10665	100590	64879
清 流 县	270470	18031	169526	11302	92721	66117
宁 化 县	605799	40387	373640	24909	209611	154375
大 田 县	395561	26371	192112	12807	122995	78304
尤 溪 县	547306	36487	313854	20924	178671	130441
沙　　县	237509	15834	177226	11815	93666	74080
将 乐 县	222397	14826	179539	11969	82423	70311
泰 宁 县	190406	12694	147947	9863	70903	59933
建 宁 县	252139	16809	232372	15491	105583	100052
泉 州 市	**2056430**	**137095**	**1089447**	**72630**	**691318**	**411301**
泉州市辖区	153325	10222	49608	3307	50150	18277
石 狮 市	20854	1390	2585	172	5807	1049
晋 江 市	111866	7458	21387	1426	39577	8705
南 安 市	475567	31704	361228	24082	179516	140896
惠 安 县	359947	23996	78472	5231	108489	30566
安 溪 县	347890	23193	190491	12699	105246	66075
永 春 县	373445	24896	271000	18067	132296	107831
德 化 县	213536	14236	114676	7645	70237	37902

6-1 续表

单位：亩(公顷)、吨

地区	粮食播种面积				粮食产量	
			稻谷			稻谷
	亩	公顷	亩	公顷		
漳州市	**1646558**	**109771**	**1056983**	**70466**	**671529**	**430749**
漳州市辖区	21069	1405	5516	368	6540	2110
龙海市	192255	12817	138277	9218	78533	57121
云霄县	229602	15307	159815	10654	102251	66088
漳浦县	466962	31131	252761	16851	193199	106375
诏安县	261726	17448	168632	11242	106905	70971
长泰县	105937	7062	68402	4560	43299	27074
东山县	18658	1244	1327	88	6628	540
南靖县	118761	7917	98450	6563	43957	36759
平和县	193595	12906	134083	8939	73933	51612
华安县	37993	2533	29720	1981	16284	12099
南平市	**3710181**	**247345**	**2708679**	**180579**	**1432408**	**1143203**
南平市辖区	256797	17120	167443	11163	84644	62678
邵武市	579561	38637	396000	26400	205088	162194
武夷山市	324029	21602	252322	16821	134069	111189
建瓯市	598474	39898	387439	25829	236412	165969
建阳市	520495	34700	460291	30686	214202	197049
顺昌县	191180	12745	137922	9195	68273	54348
浦城县	642644	42843	478932	31929	251675	214129
光泽县	208682	13912	178138	11876	80725	71580
松溪县	179029	11935	128554	8570	67326	54747
政和县	209290	13953	121638	8109	89994	49320
龙岩市	**2731648**	**182110**	**2191894**	**146126**	**1098022**	**931094**
龙岩市辖区	165650	11043	138285	9219	67720	59782
漳平市	196012	13067	158130	10542	77636	68221
长汀县	546298	36420	416229	27749	225218	183948
永定区	351939	23463	299720	19981	139157	121927
上杭县	472866	31524	416927	27795	197614	182831
武平县	567538	37836	464641	30976	222357	192577
连城县	431345	28756	297962	19864	168320	121808
宁德市	**1900098**	**126673**	**1123529**	**74902**	**619335**	**443068**
宁德市辖区	142004	9467	77194	5146	41975	29066
福安市	311657	20777	161513	10768	95441	62662
福鼎市	231271	15418	118290	7886	73739	45901
霞浦县	227366	15158	102377	6825	69286	40436
古田县	384294	25620	316048	21070	139357	124713
屏南县	169114	11274	121302	8087	62669	49358
寿宁县	183210	12214	106517	7101	61159	42963
周宁县	120407	8027	63371	4225	38585	25037
柘荣县	130775	8718	56917	3794	37124	22932

6-2 市县稻谷播种面积与产量(2016年)

单位：亩(公顷)、吨

地区	稻谷播种面积		早稻		中稻		晚稻		稻谷总产量	早稻	中稻	晚稻
	亩	公顷	亩	公顷	亩	公顷	亩	公顷				
全　省	**11540865**	**769391**	**2543623**	**169575**	**4525722**	**301715**	**4471520**	**298101**	**4714716**	**1021943**	**1881640**	**1811133**
福州市	**780044**	**52003**	**199811**	**13321**	**384893**	**25660**	**195340**	**13023**	**295762**	**74943**	**147906**	**72913**
福州市辖区	12998	867	2860	191	5409	361	4729	315	4785	1045	2100	1640
福清市	135869	9058	82003	5467			53866	3591	50309	30909		19400
长乐市	121372	8091	66050	4403			55322	3688	45971	25463		20508
闽侯县	99608	6641	14100	940	67870	4525	17638	1176	39462	5255	27169	7038
连江县	82821	5521	14302	953	40634	2709	27885	1859	31843	5575	15477	10791
罗源县	60551	4037	2007	134	54766	3651	3778	252	21055	731	18976	1348
闽清县	121140	8076	11201	747	87904	5860	22035	1469	47284	3379	35395	8510
永泰县	145467	9698	7070	471	128310	8554	10087	672	54971	2504	48789	3678
平潭县	218	15	218	15					82	82		
厦门市	**49870**	**3325**	**29012**	**1934**			**20858**	**1391**	**18547**	**11216**		**7331**
厦门市辖区	49870	3325	29012	1934			20858	1391	18547	11216		7331
莆田市	**377750**	**25183**	**189640**	**12643**	**71933**	**4796**	**116177**	**7745**	**154147**	**79071**	**31037**	**44039**
莆田市辖区	163965	10931	101488	6766	22172	1478	40305	2687	65581	41734	9490	14357
仙游县	213785	14252	88152	5877	49761	3317	75872	5058	88566	37337	21547	29682
三明市	**2162669**	**144178**	**166808**	**11121**	**805963**	**53731**	**1189898**	**79327**	**886845**	**61760**	**326750**	**498335**
三明市辖区	56506	3767	146	10	29762	1984	26598	1773	22865	58	11914	10893
永安市	159976	10665	24797	1653	57705	3847	77474	5165	65488	9676	23151	32661
明溪县	159971	10665	1199	80	108320	7221	50452	3363	64879	467	44091	20321
清流县	169526	11302	25769	1718	39641	2643	104116	6941	66117	8519	15705	41893
宁化县	373640	24909	16159	1077	159238	10616	198243	13216	154375	5782	63835	84758
大田县	192112	12807	29780	1985	32280	2152	130052	8670	78304	11162	13106	54036
尤溪县	313854	20924	20012	1334	203305	13554	90537	6036	130441	7671	85331	37439
沙县	177226	11815	23156	1544	45438	3029	108632	7242	74080	9149	19438	45493
将乐县	179539	11969	1684	112	110832	7389	67023	4468	70311	538	42446	27327
泰宁县	147947	9863	463	31	19442	1296	128042	8536	59933	165	7733	52035
建宁县	232372	15491	23643	1576			208729	13915	100052	8573		91479
泉州市	**1089447**	**72630**	**472374**	**31492**	**234131**	**15609**	**382942**	**25529**	**411301**	**183257**	**84030**	**144014**
泉州市辖区	49608	3307	23090	1539			26518	1768	18277	8807		9470
石狮市	2585	172	1316	88			1269	85	1049	534		515
晋江市	21387	1426	11961	797			9426	628	8705	4677		4028
南安市	361228	24082	182556	12170	2983	199	175689	11713	140896	71965	1133	67798
惠安县	78472	5231	46702	3113			31770	2118	30566	18318		12248
安溪县	190491	12699	97138	6476	46311	3087	47042	3136	66075	34668	15548	15859
永春县	271000	18067	108368	7225	72582	4839	90050	6003	107831	43876	30326	33629
德化县	114676	7645	1243	83	112255	7484	1178	79	37902	412	37023	467

6-2 续表

单位：亩(公顷)、吨

地区	稻谷播种面积		早稻		中稻		晚稻		稻谷总产量	早稻	中稻	晚稻
	亩	公顷	亩	公顷	亩	公顷	亩	公顷				
漳州市	**1056983**	**70466**	**524758**	**34984**	**39427**	**2628**	**492798**	**32853**	**430749**	**220970**	**15820**	**193959**
漳州市辖区	5516	368	2693	180			2823	188	2110	1045		1065
龙海市	138277	9218	71526	4768			66751	4450	57121	32055		25066
云霄县	159815	10654	84240	5616			75575	5038	66088	35436		30652
漳浦县	252761	16851	143500	9567			109261	7284	106375	61556		44819
诏安县	168632	11242	85275	5685			83357	5557	70971	36655		34316
长泰县	68402	4560	29012	1934	5825	388	33565	2238	27074	12099	2280	12695
东山县	1327	88	861	57			466	31	540	353		187
南靖县	98450	6563	36513	2434	25443	1696	36494	2433	36759	13268	10393	13098
平和县	134083	8939	62217	4148			71866	4791	51612	24768		26844
华安县	29720	1981	8921	595	8159	544	12640	843	12099	3735	3147	5217
南平市	**2708679**	**180579**	**176095**	**11740**	**1613904**	**107594**	**918680**	**61245**	**1143203**	**66232**	**703299**	**373672**
南平市辖区	167443	11163	16450	1097	80001	5333	70992	4733	62678	5006	31779	25893
邵武市	396000	26400	68697	4580	178310	11887	148993	9933	162194	25415	77830	58949
武夷山市	252322	16821	2128	142	194727	12982	55467	3698	111189	874	88050	22265
建瓯市	387439	25829	21426	1428	219786	14652	146227	9748	165969	7575	98395	59999
建阳区	460291	30686	44486	2966	197358	13157	218447	14563	197049	18597	86534	91918
顺昌县	137922	9195	4820	321	90936	6062	42166	2811	54348	1645	35716	16987
浦城县	478932	31929	14464	964	344253	22950	120215	8014	214129	5782	158076	50271
光泽县	178138	11876	809	54	121804	8120	55525	3702	71580	293	48532	22755
松溪县	128554	8570	1150	77	76447	5096	50957	3397	54747	417	33818	20512
政和县	121638	8109	1665	111	110282	7352	9691	646	49320	628	44569	4123
龙岩市	**2191894**	**146126**	**719988**	**47999**	**383592**	**25573**	**1088314**	**72554**	**931094**	**299220**	**178387**	**453487**
龙岩市辖区	138285	9219	40969	2731	48831	3255	48485	3232	59782	16954	22952	19876
漳平市	158130	10542	41570	2771	50840	3389	65720	4381	68221	17098	24368	26755
长汀县	416229	27749	162807	10854	29145	1943	224277	14952	183948	69481	14036	100431
永定区	299720	19981	68274	4552	47860	3191	183586	12239	121927	28274	21137	72516
上杭县	416927	27795	142717	9514	55650	3710	218560	14571	182831	58802	27098	96931
武平县	464641	30976	159353	10624	71903	4794	233385	15559	192577	67293	33295	91989
连城县	297962	19864	104298	6953	79363	5291	114301	7620	121808	41318	35501	44989
宁德市	**1123529**	**74902**	**65137**	**4342**	**991879**	**66125**	**66513**	**4434**	**443068**	**25274**	**394411**	**23383**
宁德市辖区	77194	5146	5988	399	56992	3799	14214	948	29066	2216	21658	5192
福安市	161513	10768	14532	969	128102	8540	18879	1259	62662	5649	50067	6946
福鼎市	118290	7886	18594	1240	85736	5716	13960	931	45901	7013	34700	4188
霞浦县	102377	6825	26023	1735	56894	3793	19460	1297	40436	10396	22983	7057
古田县	316048	21070			316048	21070			124713		124713	
屏南县	121302	8087			121302	8087			49358		49358	
寿宁县	106517	7101			106517	7101			42963		42963	
周宁县	63371	4225			63371	4225			25037		25037	
柘荣县	56917	3794			56917	3794			22932		22932	

6-3 设区市全体居民人均可支配收入(2016年)

单位：元

指标	可支配收入				
		工资性收入	经营净收入	财产净收入	转移净收入
全 省	**27607.93**	**16041.91**	**5280.21**	**2621.87**	**3663.95**
福 州	30045.02	18198.32	3741.88	3302.78	4802.05
厦 门	43142.98	30410.62	4223.75	4927.11	3581.51
莆 田	23622.72	12214.63	4876.49	2485.66	4045.94
三 明	22172.64	12551.46	5615.69	1341.22	2664.28
泉 州	30855.19	17397.42	7829.70	3076.51	2551.55
漳 州	22784.29	12903.77	5832.90	1071.40	2976.22
南 平	21073.27	11008.43	5396.93	1600.65	3067.25
龙 岩	22142.22	13123.75	5489.15	1618.59	1910.73
宁 德	20905.17	8577.96	8272.93	1401.80	2652.48

6-4 设区市全体居民人均可支配收入构成(2016年)

单位：%

指标	可支配收入				
		工资性收入	经营净收入	财产净收入	转移净收入
全 省	**100.0**	**58.1**	**19.1**	**9.5**	**13.3**
福 州	100.0	60.6	12.5	11.0	16.0
厦 门	100.0	70.5	9.8	11.4	8.3
莆 田	100.0	51.7	20.6	10.5	17.1
三 明	100.0	56.6	25.3	6.0	12.0
泉 州	100.0	56.4	25.4	10.0	8.3
漳 州	100.0	56.6	25.6	4.7	13.1
南 平	100.0	52.2	25.6	7.6	14.6
龙 岩	100.0	59.3	24.8	7.3	8.6
宁 德	100.0	41.0	39.6	6.7	12.7

6-5 设区市全体居民人均生活消费支出(2016年)

单位：元

指 标	生活消费支 出	食品烟酒	衣着	居住	生活用品及 服 务	交通通信	教育文化娱 乐	医疗保健	其他用品及 服 务
全 省	**20167.48**	**6907.01**	**1093.11**	**5199.85**	**1111.22**	**2504.23**	**1905.39**	**1053.86**	**392.81**
福 州	21912.65	7485.78	1250.67	6003.60	1162.10	2407.90	2248.69	924.78	429.13
厦 门	29211.11	9335.86	1615.38	7777.36	1561.85	4211.33	2912.48	1147.81	649.05
莆 田	17334.82	6529.85	865.05	4182.36	1250.44	1836.47	1489.89	771.59	409.17
三 明	16142.36	5814.28	909.97	3569.77	1052.18	1896.72	1836.73	759.88	302.84
泉 州	20617.32	7159.35	1382.41	4968.28	1242.95	2604.54	1781.08	882.51	596.20
漳 州	16075.05	6147.49	786.16	3484.84	958.82	1947.10	1590.78	846.66	313.22
南 平	14585.20	5105.33	844.19	3404.09	962.39	1663.57	1519.35	857.38	228.90
龙 岩	15592.17	5722.35	856.28	3642.86	757.31	1939.12	1527.32	844.19	302.75
宁 德	15355.11	5714.06	1047.24	3613.28	887.79	1326.57	1358.14	1080.75	327.29

6-6 设区市全体居民人均生活消费支出构成(2016年)

单位：%

指 标	生活消费支 出	食品烟酒	衣着	居住	生活用品及 服 务	交通通信	教育文化娱 乐	医疗保健	其他用品及 服 务
全 省	**100.0**	**34.2**	**5.4**	**25.8**	**5.5**	**12.4**	**9.4**	**5.2**	**1.9**
福 州	100.0	34.2	5.7	27.4	5.3	11.0	10.3	4.2	2.0
厦 门	100.0	32.0	5.5	26.6	5.3	14.4	10.0	3.9	2.2
莆 田	100.0	37.7	5.0	24.1	7.2	10.6	8.6	4.5	2.4
三 明	100.0	36.0	5.6	22.1	6.5	11.7	11.4	4.7	1.9
泉 州	100.0	34.7	6.7	24.1	6.0	12.6	8.6	4.3	2.9
漳 州	100.0	38.2	4.9	21.7	6.0	12.1	9.9	5.3	1.9
南 平	100.0	35.0	5.8	23.3	6.6	11.4	10.4	5.9	1.6
龙 岩	100.0	36.7	5.5	23.4	4.9	12.4	9.8	5.4	1.9
宁 德	100.0	37.2	6.8	23.5	5.8	8.6	8.8	7.0	2.1

6-7 市(县、区)全体居民人均收支情况(2016年)

单位：元

指 标	可支配收入	生活消费支出	指 标	可支配收入	生活消费支出
全 省	**27608**	**20167**	安溪县	18745	14163
福州市	**30045**	**21913**	永春县	21540	15114
鼓楼区	44364	31492	德化县	24435	17073
台江区	41133	29176	石狮市	43518	27776
仓山区	34736	24544	晋江市	34080	22314
马尾区	34898	25912	南安市	29112	19964
晋安区	38050	26786	**漳州市**	**22784**	**16075**
闽侯县	24815	18079	芗城区	31930	22459
连江县	20875	15807	龙文区	32109	23816
罗源县	18493	14196	云霄县	19559	13815
闽清县	16620	13219	漳浦县	22075	15387
永泰县	16395	12674	诏安县	17768	13643
平 潭	21110	16203	长泰县	22791	16946
福清市	27043	20356	东山县	24409	16850
长乐市	27381	20447	南靖县	20094	13896
厦门市	**43143**	**29211**	平和县	19172	12528
思明区	55840	39102	华安县	20209	13773
海沧区	40349	29073	龙海市	23765	16682
湖里区	45850	29607	**南平市**	**21073**	**14585**
集美区	38410	25733	延平区	24281	16575
同安区	31906	20986	顺昌县	18602	12905
翔安区	25698	18216	浦城县	18064	12465
莆田市	**23623**	**17335**	光泽县	17230	12442
城厢区	30039	19938	松溪县	16463	11630
涵江区	26793	18319	政和县	16686	12186
荔城区	29335	22434	邵武市	24997	16995
秀屿区	18276	14609	武夷山市	22434	16032
仙游县	18778	14194	建瓯市	20548	13815
三明市	**22173**	**16142**	建阳区	21270	15184
梅列区	33091	24707	**龙岩市**	**22142**	**15592**
三元区	29688	20996	新罗区	29080	19570
明溪县	18587	13438	长汀县	16719	12829
清流县	18293	13350	永定区	21893	14829
宁化县	16058	12137	上杭县	20632	14613
大田县	20911	15250	武平县	18569	13560
尤溪县	19687	14284	连城县	18061	13337
沙 县	24499	17934	漳平市	21795	15507
将乐县	20569	14683	**宁德市**	**20905**	**15355**
泰宁县	19160	14113	蕉城区	23176	17148
建宁县	17076	12065	霞浦县	19498	14268
永安市	24982	18358	古田县	18633	13152
泉州市	**30855**	**20617**	屏南县	16357	11179
鲤城区	38652	24614	寿宁县	16028	11590
丰泽区	46991	28332	周宁县	17994	12859
洛江区	25114	16591	柘荣县	18323	13240
泉港区	22442	15287	福安市	23495	17270
惠安县	27821	19646	福鼎市	22313	16987

6-8 设区市农村居民人均可支配收入(2016年)

单位：元

指标	可支配收入	工资性收入	经营净收入	财产净收入	转移净收入
全省	**14999.19**	**6785.20**	**5821.46**	**255.68**	**2136.85**
福州	16346.46	8662.70	4328.47	778.66	2576.62
厦门	18884.86	12565.80	4566.73	738.54	1013.79
莆田	15131.30	7344.57	3940.54	322.57	3523.63
三明	13918.22	5301.76	7171.17	282.92	1162.37
泉州	17178.57	9257.36	6045.06	293.18	1582.97
漳州	15319.50	7329.30	6274.92	179.68	1535.60
南平	13330.94	4633.19	7546.35	190.05	961.35
龙岩	14428.98	5683.84	7069.72	166.42	1509.01
宁德	13515.80	4082.39	8084.15	144.74	1204.52

6-9 设区市农村居民人均可支配收入构成(2016年)

单位：%

指标	可支配收入	工资性收入	经营净收入	财产净收入	转移净收入
全省	**100.0**	**45.2**	**38.8**	**1.7**	**14.2**
福州	100.0	53.0	26.5	4.8	15.8
厦门	100.0	66.5	24.2	3.9	5.4
莆田	100.0	48.5	26.0	2.1	23.3
三明	100.0	38.1	51.5	2.0	8.4
泉州	100.0	53.9	35.2	1.7	9.2
漳州	100.0	47.8	41.0	1.2	10.0
南平	100.0	34.8	56.6	1.4	7.2
龙岩	100.0	39.4	49.0	1.2	10.5
宁德	100.0	30.2	59.8	1.1	8.9

6-10 设区市农村居民人均生活消费支出(2016年)

单位：元

指 标	生活消费支 出	食品烟酒	衣着	居住	生活用品及服务	交通通信	教育文化娱 乐	医疗保健	其他用品及服务
全 省	**12910.84**	**4818.30**	**567.48**	**3203.95**	**687.94**	**1452.10**	**1071.34**	**866.95**	**242.78**
福 州	14033.41	5342.63	857.79	3617.90	808.28	1327.60	1162.54	644.28	272.39
厦 门	16300.21	6071.93	802.42	4282.86	967.61	2382.49	980.92	482.03	329.96
莆 田	12931.98	5347.95	571.79	3038.14	1036.51	1190.66	971.03	453.44	322.46
三 明	10598.09	4043.26	472.64	2301.51	629.39	1269.48	1074.38	599.47	207.97
泉 州	13479.81	5058.31	737.23	3572.74	883.35	1544.91	856.45	519.19	307.63
漳 州	11006.41	4381.19	395.85	2543.22	712.94	1160.09	916.91	699.76	196.46
南 平	10087.27	3666.09	500.26	2423.07	473.34	1222.92	845.86	807.63	148.11
龙 岩	10748.04	4278.68	419.06	2635.07	560.35	1161.73	845.71	614.08	233.36
宁 德	10645.73	4290.23	566.66	2640.76	480.09	876.72	819.68	784.66	186.93

6-11 设区市农村居民人均生活消费支出构成(2016年)

单位：%

指 标	生活消费支 出	食品烟酒	衣着	居住	生活用品及服务	交通通信	教育文化娱 乐	医疗保健	其他用品及服务
全 省	**100.0**	**37.3**	**4.4**	**24.8**	**5.3**	**11.2**	**8.3**	**6.7**	**1.9**
福 州	100.0	38.1	6.1	25.8	5.8	9.5	8.3	4.6	1.9
厦 门	100.0	37.3	4.9	26.3	5.9	14.6	6.0	3.0	2.0
莆 田	100.0	41.4	4.4	23.5	8.0	9.2	7.5	3.5	2.5
三 明	100.0	38.2	4.5	21.7	5.9	12.0	10.1	5.7	2.0
泉 州	100.0	37.5	5.5	26.5	6.6	11.5	6.4	3.9	2.3
漳 州	100.0	39.8	3.6	23.1	6.5	10.5	8.3	6.4	1.8
南 平	100.0	36.3	5.0	24.0	4.7	12.1	8.4	8.0	1.5
龙 岩	100.0	39.8	3.9	24.5	5.2	10.8	7.9	5.7	2.2
宁 德	100.0	40.3	5.3	24.8	4.5	8.2	7.7	7.4	1.8

6-12 市(县、区)农村居民人均收支情况(2016年)

单位：元

指　标	可支配收入	生活消费支出	指　标	可支配收入	生活消费支出
全　省	**14999**	**12911**	安溪县	14004	11585
福州市	**16346**	**14033**	永春县	13517	10509
鼓楼区			德化县	13015	10784
台江区			石狮市	21097	14884
仓山区			晋江市	19882	15695
马尾区	21241	18518	南安市	18250	13972
晋安区	16701	11764	**漳州市**	**15320**	**11006**
闽侯县	15646	13795	芗城区	15356	12830
连江县	14967	13048	龙文区	16687	14438
罗源县	12790	11204	云霄县	14047	9647
闽清县	12168	10821	漳浦县	16535	11711
永泰县	11790	10223	诏安县	13708	10268
平潭县	13609	11977	长泰县	16136	13010
福清市	19230	16005	东山县	17888	12872
长乐市	18835	16136	南靖县	14313	10600
厦门市	**18885**	**16300**	平和县	14827	9042
思明区			华安县	14974	10074
海沧区	23551	22208	龙海市	16101	12128
湖里区			**南平市**	**13331**	**10087**
集美区	22999	21773	延平区	14822	10722
同安区	17439	14204	顺昌县	12734	9438
翔安区	16991	14061	浦城县	12134	9286
莆田市	**15131**	**12932**	光泽县	11444	9135
城厢区	17002	13450	松溪县	10267	7938
涵江区	14680	12544	政和县	10559	8543
荔城区	16875	13612	邵武市	15286	11319
秀屿区	15602	14002	武夷山市	14622	11338
仙游县	13711	11744	建瓯市	14600	10696
三明市	**13918**	**10598**	建阳区	13357	10466
梅列区	15393	11377	**龙岩市**	**14429**	**10748**
三元区	16170	11646	新罗区	17501	12867
明溪县	12861	9835	长汀县	12766	9948
清流县	13217	9775	永定区	15352	10864
宁化县	12538	9753	上杭县	14074	11007
大田县	14094	10841	武平县	13676	9971
尤溪县	14429	10751	连城县	12810	9834
沙　县	15736	12869	漳平市	14496	10251
将乐县	13714	10324	**宁德市**	**13516**	**10646**
泰宁县	13106	10345	蕉城区	13565	10568
建宁县	12849	8308	霞浦县	13736	11124
永安市	15085	11993	古田县	14209	10464
泉州市	**17179**	**13480**	屏南县	12144	8466
鲤城区			寿宁县	11691	8856
丰泽区			周宁县	12620	10065
洛江区	14597	11159	柘荣县	12105	8398
泉港区	16866	13118	福安市	14146	11469
惠安县	17336	13587	福鼎市	13903	11475

6-13 设区市城镇居民人均可支配收入(2016年)

单位：元

指 标	可支配收入	工资性收入	经营净收入	财产净收入	转移净收入
全 省	**36014.26**	**22213.41**	**4919.35**	**4199.43**	**4682.07**
福 州	37832.78	23619.39	3408.39	4737.77	6067.23
厦 门	46253.74	32698.96	4179.77	5464.23	3910.79
莆 田	31818.39	16915.08	5779.85	4573.41	4550.06
三 明	29676.95	19142.34	4201.55	2303.34	4029.71
泉 州	39656.02	22635.51	8978.11	4867.57	3174.83
漳 州	30725.77	18834.21	5362.65	2020.06	4508.84
南 平	27817.52	16561.83	3524.60	2829.41	4901.68
龙 岩	30408.37	21096.97	3795.29	3174.85	2341.25
宁 德	28164.43	12994.37	8458.38	2636.73	4074.95

6-14 设区市城镇居民人均可支配收入构成(2016年)

单位：%

指 标	可支配收入	工资性收入	经营净收入	财产净收入	转移净收入
全 省	**100.0**	**61.7**	**13.7**	**11.7**	**13.0**
福 州	100.0	62.4	9.0	12.5	16.0
厦 门	100.0	70.7	9.0	11.8	8.5
莆 田	100.0	53.2	18.2	14.4	14.3
三 明	100.0	64.5	14.2	7.8	13.6
泉 州	100.0	57.1	22.6	12.3	8.0
漳 州	100.0	61.3	17.5	6.6	14.7
南 平	100.0	59.5	12.7	10.2	17.6
龙 岩	100.0	69.4	12.5	10.4	7.7
宁 德	100.0	46.1	30.0	9.4	14.5

6-15　设区市城镇居民人均生活消费支出(2016年)

单位：元

指　标	生活消费支　出	食品烟酒	衣着	居住	生活用品及服务	交通通信	教育文化娱　乐	医疗保健	其他用品及服务
全　省	**25005.52**	**8299.57**	**1443.55**	**6530.52**	**1393.43**	**3205.69**	**2461.45**	**1178.47**	**492.83**
福　州	26392.07	8704.18	1474.03	7359.89	1363.25	3022.05	2866.18	1084.24	518.25
厦　门	30866.75	9754.41	1719.63	8225.48	1638.05	4445.85	3160.18	1233.18	689.97
莆　田	21584.32	7670.59	1148.11	5286.72	1456.93	2459.79	1990.67	1078.65	492.85
三　明	21182.79	7424.36	1307.56	4722.77	1436.55	2466.96	2529.80	905.71	389.09
泉　州	25210.26	8511.36	1797.58	5866.31	1474.36	3286.40	2376.06	1116.31	781.89
漳　州	21467.37	8026.58	1201.40	4486.59	1220.39	2784.36	2307.69	1002.94	437.43
南　平	18503.30	6359.04	1143.79	4258.64	1388.39	2047.42	2106.02	900.72	299.27
龙　岩	20783.55	7269.50	1324.84	4722.88	968.38	2772.24	2257.79	1090.79	377.11
宁　德	19981.57	7112.81	1519.35	4568.68	1288.31	1768.49	1887.12	1371.63	465.18

6-16　设区市城镇居民人均生活消费支出构成(2016年)

单位：%

指　标	生活消费支　出	食品烟酒	衣着	居住	生活用品及服务	交通通信	教育文化娱　乐	医疗保健	其他用品及服务
全　省	**100.0**	**33.2**	**5.8**	**26.1**	**5.6**	**12.8**	**9.8**	**4.7**	**2.0**
福　州	100.0	33.0	5.6	27.9	5.2	11.5	10.9	4.1	2.0
厦　门	100.0	31.6	5.6	26.6	5.3	14.4	10.2	4.0	2.2
莆　田	100.0	35.5	5.3	24.5	6.7	11.4	9.2	5.0	2.3
三　明	100.0	35.0	6.2	22.3	6.8	11.6	11.9	4.3	1.8
泉　州	100.0	33.8	7.1	23.3	5.8	13.0	9.4	4.4	3.1
漳　州	100.0	37.4	5.6	20.9	5.7	13.0	10.7	4.7	2.0
南　平	100.0	34.4	6.2	23.0	7.5	11.1	11.4	4.9	1.6
龙　岩	100.0	35.0	6.4	22.7	4.7	13.3	10.9	5.2	1.8
宁　德	100.0	35.6	7.6	22.9	6.4	8.9	9.4	6.9	2.3

6-17 市(县、区)城镇居民人均收支情况(2016年)

单位：元

指　标	可支配收入	生活消费支出	指　标	可支配收入	生活消费支出
全　省	**36014**	**25006**	安溪县	27247	18788
福州市	**37833**	**26392**	永春县	27885	18755
鼓楼区	44364	31492	德化县	28887	19526
台江区	41133	29176	石狮市	50730	31923
仓山区	34736	24544	晋江市	42597	26284
马尾区	41415	29441	南安市	39093	25470
晋安区	38467	27079	**漳州市**	**30726**	**21467**
闽侯县	35531	23085	芗城区	34009	23667
连江县	30942	20506	龙文区	35067	25615
罗源县	28120	19246	云霄县	27588	19885
闽清县	26781	18693	漳浦县	30689	21103
永泰县	26135	17857	诏安县	25432	20015
平潭县	33296	23069	长泰县	31604	22159
福清市	38077	26500	东山县	30845	20775
长乐市	39231	26425	南靖县	28202	18519
厦门市	**46254**	**30867**	平和县	27556	19256
思明区	55840	39102	华安县	28746	19805
海沧区	42146	29808	龙海市	31621	21350
湖里区	45850	29607	**南平市**	**27818**	**18503**
集美区	41110	26426	延平区	28984	19312
同安区	38688	24166	顺昌县	25324	16804
翔安区	32988	21695	浦城县	26075	16720
莆田市	**31818**	**21584**	光泽县	25178	16889
城厢区	36426	23117	松溪县	24364	16577
涵江区	30273	19978	政和县	24849	16872
荔城区	35816	27022	邵武市	29159	19432
秀屿区	26475	16470	武夷山市	28958	19822
仙游县	27313	18335	建瓯市	27827	17788
三明市	**29677**	**21183**	建阳区	28065	19108
梅列区	33803	25216	**龙岩市**	**30408**	**20784**
三元区	32301	22786	新罗区	33952	22396
明溪县	25558	18024	长汀县	21268	16072
清流县	25863	18327	永定区	32138	21037
宁化县	23975	17386	上杭县	33019	21432
大田县	29700	20717	武平县	28439	20772
尤溪县	28483	20142	连城县	26265	18820
沙　县	30522	21296	漳平市	29056	20808
将乐县	28349	19662	**宁德市**	**28164**	**19982**
泰宁县	27185	19062	蕉城区	29134	21226
建宁县	24283	18097	霞浦县	28249	19043
永安市	30804	22072	古田县	26405	17872
泉州市	**39656**	**25210**	屏南县	23093	15516
鲤城区	38652	24614	寿宁县	21897	15289
丰泽区	46991	28332	周宁县	24411	16195
洛江区	34911	21651	柘荣县	23028	16903
泉港区	30018	18235	福安市	30084	21358
惠安县	37526	25254	福鼎市	29957	21997

6-18 设区市居民消费价格分类指数(2016年)

(上年=100)

地区	居民消费价格总指数	按城乡分		按类别分							
		城市	农村	食品烟酒	衣着	居住	生活用品及服务	交通和通信	教育文化和娱乐	医疗保健	其他用品和服务
福州市(含平潭)	102.3	102.5	101.7	103.5	101.0	102.2	99.1	99.0	101.5	109.1	102.6
厦门市	101.7			104.0	98.6	102.5	99.7	98.6	101.0	101.7	102.9
莆田市	101.3	101.6	100.8	104.2	100.8	99.3	99.9	99.2	100.9	101.1	102.1
三明市	101.1	101.0	101.3	103.4	101.4	98.3	99.9	99.2	101.1	103.4	101.9
泉州市	101.7	101.8	101.3	104.3	100.7	99.6	100.5	100.2	102.1	101.1	102.8
漳州市	101.5	101.3	102.0	104.3	100.3	100.1	99.2	99.7	100.0	102.1	102.8
南平市	101.3	101.4	101.3	103.0	102.1	100.2	100.4	99.3	100.9	101.3	102.4
龙岩市	101.5	101.5	101.6	103.3	98.9	101.4	99.7	99.7	100.6	103.3	101.8
宁德市	101.4	101.3	101.5	104.8	101.7	98.8	98.7	99.5	99.9	101.3	102.9

注：本表按国家统计局2015年10月制定的《流通和消费价格统计报表制度》进行分类。

6-19 设区市工业生产者出厂价格指数(2016年)

(上年=100)

项　目	福州	厦门	三明	泉州	漳州	南平	龙岩	宁德
总指数	**98.4**	**97.1**	**99.1**	**98.7**	**101.1**	**99.5**	**98.1**	**98.7**
按轻重分								
轻工业	97.5	100.1	99.1	100.5	101.5	100.6	99.3	100.0
以农产品为原料	99.9	101.3	98.6	100.6	101.6	100.3	99.3	100.2
以非农产品为原料	93.6	99.0	102.3	100.4	101.0	101.9	99.6	99.7
重 工 业	99.0	95.8	99.1	96.1	100.8	98.5	97.6	98.1
采掘工业	111.8		97.3	101.5	99.5	98.1	98.2	97.1
原料工业	98.9	94.8	98.6	91.2	97.3	100.1	98.1	96.3
加工工业	99.1	95.9	100.0	99.5	102.1	97.1	97.1	98.5
按两大部类分								
生产资料	97.8	96.4	98.8	96.8	100.4	98.8	97.4	98.1
采掘工业	111.8		97.3	101.5	99.5	98.1	98.2	97.1
原料工业	94.9	94.7	98.6	92.0	97.5	100.1	98.0	96.1
加工工业	98.9	96.6	99.2	99.7	101.2	98.0	96.8	98.6
生活资料	100.5	98.6	100.9	100.8	102.2	100.6	100.3	100.4
食　品	101.6	101.8	101.8	100.6	102.6	100.2	100.0	100.6
衣　着	100.3	101.4	100.6	100.9	102.2	99.9	102.5	101.5
一般日用品	100.2	101.3	100.3	100.7	100.7	101.1	100.1	99.4
耐用消费品	98.9	93.0	99.4	100.3	102.2	100.5	100.4	100.1
按行业分								
煤炭开采和洗选业			99.3	106.7		84.2	95.6	
黑色金属矿采选业			96.7	100.9		93.6	96.9	98.7
有色金属矿采选业			98.7	115.1		113.3	115.4	92.4
非金属矿采选业	111.8		96.2	100.0	99.5	92.2	100.2	100.3
农副食品加工业	101.2	104.5	101.5	103.3	102.5	99.5	95.4	100.3
食品制造业	100.1	101.9	100.4	99.8	101.8	101.9	99.0	100.3
酒、饮料和精制茶制造业	101.8	100.2	100.9	99.7	99.7	100.2	99.9	100.9
烟草制品业	101.1	100.3	100.0			100.0	100.3	

注：本表依据《国民经济行业分类》(GB/T 4754-2011)标准，莆田市本指数暂缺。

6-19 续表

(上年=100)

项　目	福州	厦门	三明	泉州	漳州	南平	龙岩	宁德
纺织业	98.2	98.3	96.6	99.1	101.6	99.9	98.0	98.5
纺织服装、服饰业	98.5	99.5	100.6	101.2	101.4	100.1	102.5	100.2
皮革、毛皮、羽毛及其制品和制鞋业	101.4	105.9	100.4	100.6	101.6	98.8	103.3	102.3
木材加工和木、竹、藤、棕、草制品业	101.1	106.6	99.4	98.7	98.5	101.1	99.1	99.7
家具制造业	100.8	104.5	100.0	100.3	102.1	100.6	100.9	100.4
造纸和纸制品业	98.0	100.0	100.0	98.7	98.8	101.3	100.5	95.0
印刷和记录媒介复制业	99.1	94.6	100.0	98.3	101.3	100.0	99.8	92.7
文教、工美、体育和娱乐用品制造业	98.0	103.9	103.9	102.8	100.2	103.5	104.0	99.1
石油加工、炼焦和核燃料加工业	95.7	100.5		87.7	103.2	91.5	95.1	98.6
化学原料和化学制品制造业	96.9	94.6	96.6	97.2	96.3	96.9	94.4	95.5
医药制造业	101.5	100.6	98.6	100.9	108.2	98.6	104.7	104.7
化学纤维制造业	88.1	92.5	94.1	96.3		98.8	85.3	89.0
橡胶和塑料制品业	100.1	98.0	99.4	98.9	99.5	99.2	97.1	98.4
非金属矿物制品业	99.0	100.5	93.3	98.7	101.8	92.3	96.6	98.1
黑色金属冶炼和压延加工业	101.1	101.2	107.1	116.0	109.4	103.1	96.4	96.5
有色金属冶炼和压延加工业	96.7	90.8	94.9	96.3	103.5	95.6	97.1	95.4
金属制品业	96.5	99.8	95.2	99.6	100.4	98.1	99.7	96.4
通用设备制造业	98.4	102.4	97.0	99.4	100.8	99.1	99.6	101.5
专用设备制造业	99.6	100.9	99.5	100.0	92.2	99.3	101.6	98.3
汽车制造业	98.4	98.9	96.9	98.3	98.3	98.8	97.3	104.4
铁路、船舶、航空航天和其他运输设备制造业	100.5	101.2	96.2	100.3	99.4		99.2	99.8
电气机械和器材制造业	98.9	99.9	109.7	99.2	100.5	98.6	100.1	101.7
计算机、通信和其他电子设备制造业	99.6	92.9	99.5	101.6	99.5	99.3	96.6	98.3
仪器仪表制造业	100.6	101.0	101.2	100.1	102.8	102.5	100.0	102.5
其他制造业	98.5	102.5	101.8	101.6	109.1		102.9	100.0
废弃资源综合利用业	87.8	95.4	100.0		102.8	98.6		89.8
金属制品、机械和设备修理业	100.0	105.6		94.7				
电力、热力生产和供应业	98.0	98.0	98.9	97.1	96.8	100.9	97.4	96.1
燃气生产和供应业	92.7	88.2	100.0	84.8	94.3		83.9	
水的生产和供应业	105.5	103.3	100.0	101.6	101.5	100.9	100.0	100.6

6-20 福州市房地产价格指数(2004-2016年)

(上年=100)

项　目	2004	2005	2006	2007	2008
新建住宅销售价格指数	**105.6**	**105.2**	**108.3**	**108.1**	**104.4**
#新建商品住宅					105.0
90平方米及以下					
90-144平方米					
144平方米以上					
二手住宅销售价格指数	**100.2**	**103.3**	**105.2**	**104.0**	**103.8**
90平方米及以下					
90-144平方米					
144平方米以上					
土地交易价格指数	**108.8**	**118.6**	**107.9**	**117.1**	**107.7**
#居住用地	109.0	118.5	107.8	118.6	107.5
工业用地					99.9
商业营业用地		109.0	108.3	111.7	109.6
住宅租赁价格指数	**99.7**	**100.4**	**101.4**	**103.0**	**102.6**
#廉租住房					
物业服务价格指数		**99.9**	**100.0**	**100.0**	**100.0**
#商品住宅		99.9	100.0	100.0	100.0

6-20 续表 1

(上年=100)

项　目	2009	2009	2009	2009	2013年
新建住宅销售价格指数	**99.5**	**106.3**	**103.7**	**100.0**	**109.4**
#新建商品住宅	99.4	106.5	103.8	100.0	109.5
90平方米及以下			102.4	99.9	110.6
90-144平方米			105.7	100.1	109.6
144平方米以上			102.6	99.9	108.9
二手住宅销售价格指数	**100.9**	**100.0**	**99.2**	**95.2**	**106.2**
90平方米及以下			99.6	94.5	106.6
90-144平方米			100.6	94.9	106.7
144平方米以上			98.5	96.6	105.2
土地交易价格指数	**110.4**	**112.0**	**105.0**	**101.4**	**101.8**
#居住用地	112.4	114.3	105.0	101.4	101.4
工业用地	95.7	101.6	101.5	100.8	100.3
商业营业用地	95.4	110.2	105.0	101.4	101.6
住宅租赁价格指数	**101.0**	**108.2**	**106.4**	**101.4**	**105.6**
#廉租住房		100.0	100.0	100.0	100.0
物业服务价格指数	**100.2**	**100.0**	**100.0**	**100.1**	**100.4**
#商品住宅	100.0	100.0	100.0	100.1	100.5

6-20 续表 2

(上年=100)

项 目	2014	2015	2016
新建住宅销售价格指数	**103.9**	**95.4**	**116.7**
#新建商品住宅	104.0	**95.4**	116.9
90平方米及以下	104.3	96.0	118.7
90-144平方米	103.8	94.6	116.7
144平方米以上	104.0	95.9	116.2
二手住宅销售价格指数	**103.0**	**97.3**	**110.1**
90平方米及以下	103.7	98.0	109.8
90-144平方米	103.3	97.2	109.8
144平方米以上	101.4	96.9	111.3

注：各城市统计范围仅包括其市辖区。土地交易价格指数、住宅租赁价格及物业服务价格指数报表自2014年起取消。

6-21 厦门市房地产价格指数(2004-2016年)

(上年=100)

项 目	2004	2005	2006	2007	2008
新建住宅销售价格指数	**108.3**	**109.9**	**108.6**	**107.3**	**103.0**
#新建商品住宅					104.2
90平方米及以下					
90-144平方米					
144平方米以上					
二手住宅销售价格指数	**108.6**	**107.5**	**105.0**	**106.7**	**102.3**
90平方米及以下					
90-144平方米					
144平方米以上					
土地交易价格指数	**110.2**	**108.5**	**108.3**	**111.3**	**104.2**
#居住用地	109.2	109.2	109.5	114.1	104.6
工业用地	113.1	107.6	107.3	106.8	102.7
商业营业用地		109.3	107.1	107.6	104.6
住宅租赁价格指数	**101.7**	**99.7**	**102.3**	**104.5**	**102.4**
#廉租住房		100.0	100.0	100.0	100.0
物业服务价格指数		**100.6**	**100.1**	**100.0**	**102.3**
#商品住宅		100.6	100.1	100.0	101.2

6-21 续表 1

(上年=100)

项　目	2009	2010	2011	2012	2013
新建住宅销售价格指数	**98.9**	**106.7**	**105.7**	**99.7**	**111.4**
#新建商品住宅	98.5	108.9	105.9	99.6	111.7
90平方米及以下			107.3	99.3	113.2
90-144平方米			106.6	99.6	111.9
144平方米以上			104.7	99.9	110.5
二手住宅销售价格指数	**100.4**	**107.8**	**102.2**	**98.8**	**106.0**
90平方米及以下			102.6	99.6	107.1
90-144平方米			102.2	98.6	106.7
144平方米以上			101.5	98.2	103.6
土地交易价格指数	**108.8**	**114.9**	**106.6**	**123.3**	**141.9**
#居住用地	115.1	122.1	109.4	145.2	170.1
工业用地	98.4	100.2	100.0	100.0	100.0
商业营业用地	105.3	107.9	103.2	99.8	113.3
住宅租赁价格指数	**99.6**	**103.2**	**107.2**	**106.3**	**107.8**
#廉租住房	100.0	100.0	100.0	100.0	100.0
物业服务价格指数	**100.6**	**100.4**	**102.0**	**100.4**	**100.2**
#商品住宅	100.6	100.4	101.8	100.4	100.2

6-21 续表 2

(上年=100)

项　目	2014	2015	2016
新建住宅销售价格指数	**108.6**	**101.1**	**131.5**
#新建商品住宅	108.8	**101.1**	131.8
90平方米及以下	109.6	102.3	131.6
90-144平方米	109.7	101.0	132.9
144平方米以上	107.3	100.5	130.1
二手住宅销售价格指数	**105.3**	**99.3**	**125.8**
90平方米及以下	105.5	99.5	127.2
90-144平方米	106.0	99.6	125.5
144平方米以上	103.8	98.8	124.7

6-22 泉州市房地产价格指数(2008-2016年)

(上年=100)

项 目	2008	2009	2010	2011	2012
新建住宅销售价格指数	**103.3**	**99.2**	**103.5**	**100.8**	**99.5**
#新建商品住宅	104.8	99.0	104.0	100.9	99.5
90平方米及以下				100.5	100.3
90-144平方米				101.7	99.3
144平方米以上				99.8	99.2
二手住宅销售价格指数	**101.9**	**98.8**	**98.9**	**99.9**	**96.8**
90平方米及以下				100.2	95.7
90-144平方米				99.7	97.8
144平方米以上				99.1	97.6
土地交易价格指数	**105.4**	**97.6**	**108.0**	**94.8**	**98.9**
#居住用地	105.3	95.8	116.4	95.0	98.0
工业用地	106.0	98.6	106.3	97.1	99.5
商业营业用地	99.9	100.9	87.1	95.3	99.9
住宅租赁价格指数	**103.5**	**101.4**	**101.6**	**103.2**	**101.4**
#廉租住房				100.0	100.0
物业服务价格指数	**100.3**	**100.9**	**100.2**	**101.5**	**102.7**
#商品住宅	100.4	101.1	100.2	101.6	102.7

6-22 续表

(上年=100)

项 目	2013	2014	2015	2016
新建住宅销售价格指数	**104.1**	**102.3**	**93.3**	**103.3**
#新建商品住宅	104.3	102.4	**93.0**	103.4
90平方米及以下	104.2	102.8	93.7	103.2
90-144平方米	104.6	102.8	93.0	103.1
144平方米以上	103.9	101.3	92.5	104.0
二手住宅销售价格指数	**101.1**	**100.7**	**95.9**	**100.8**
90平方米及以下	101.4	100.3	95.7	101.3
90-144平方米	100.8	101.1	96.0	100.2
144平方米以上	101.6	100.4	96.2	101.4
土地交易价格指数	**103.7**			
#居住用地	104.3			
工业用地	102.2			
商业营业用地	102.8			
住宅租赁价格指数	**100.5**			
#廉租住房	100.0			
物业服务价格指数	**103.7**			
#商品住宅	103.9			

6-23 福州市住宅销售价格月环比指数(2016年)

(上月=100)

指　标	1月	2月	3月	4月	5月	6月	7月	8月	9月	10月	11月	12月
新建住宅销售价格指数	**101.1**	**101.4**	**102.0**	**102.9**	**101.7**	**101.2**	**101.7**	**104.2**	**105.1**	**102.6**	**100.9**	**99.6**
#新建商品住宅	101.1	101.4	102.0	103.0	101.7	101.2	101.7	104.3	105.1	102.6	100.9	99.6
90平方米及以下	102.0	101.4	102.5	103.7	100.9	101.2	101.9	104.1	104.7	102.2	100.6	99.4
90-144平方米	100.9	101.2	102.2	102.9	102.4	101.4	101.5	104.7	105.5	102.7	100.9	99.6
144平方米以上	101.0	101.6	101.6	102.8	101.0	101.0	101.9	103.7	104.7	102.7	101.1	99.8
二手住宅销售价格指数	**100.7**	**100.8**	**100.9**	**101.8**	**100.7**	**100.4**	**101.0**	**102.8**	**104.2**	**101.4**	**100.3**	**100.5**
90平方米及以下	100.6	100.7	100.9	101.7	100.7	100.6	100.8	102.6	103.9	101.2	100.3	100.5
90-144平方米	100.6	100.7	100.9	101.5	100.7	100.4	101.1	102.9	104.4	101.4	100.2	100.6
144平方米以上	101.0	101.0	101.0	102.2	100.6	100.3	101.2	102.9	104.0	101.8	100.4	100.4

6-24 厦门市住宅销售价格月环比指数(2016年)

(上月=100)

指　标	1月	2月	3月	4月	5月	6月	7月	8月	9月	10月	11月	12月
新建住宅销售价格指数	**102.0**	**101.3**	**105.3**	**105.2**	**105.4**	**104.7**	**104.6**	**103.9**	**102.9**	**100.5**	**99.8**	**99.9**
#新建商品住宅	102.0	101.3	105.4	105.3	105.5	104.7	104.6	103.9	102.9	100.5	99.8	99.9
90平方米及以下	101.0	101.1	105.2	106.1	105.8	105.1	104.2	104.2	102.8	100.2	99.2	100.9
90-144平方米	102.4	101.6	105.5	105.3	105.7	105.0	104.8	103.8	102.8	100.0	100.0	99.2
144平方米以上	102.1	100.9	105.2	104.7	104.9	104.0	104.6	103.9	103.1	101.6	99.8	100.5
二手住宅销售价格指数	**100.8**	**102.0**	**104.9**	**104.2**	**106.3**	**104.3**	**102.4**	**102.4**	**102.0**	**100.0**	**99.5**	**100.0**
90平方米及以下	100.8	102.0	105.0	104.1	106.6	104.7	102.8	102.6	102.2	100.0	99.6	99.9
90-144平方米	100.7	101.9	105.1	104.3	106.4	104.1	102.0	102.3	102.0	100.0	99.4	100.0
144平方米以上	100.8	102.2	104.6	104.4	105.7	104.0	102.7	102.3	101.8	99.9	99.3	100.0

6-25 泉州市住宅销售价格月环比指数(2016年)

(上月=100)

指　标	1月	2月	3月	4月	5月	6月	7月	8月	9月	10月	11月	12月
新建住宅销售价格指数	**99.8**	**100.3**	**100.6**	**100.9**	**99.9**	**99.8**	**100.6**	**101.2**	**101.6**	**101.1**	**102.0**	**100.8**
#新建商品住宅	99.8	100.3	100.6	101.0	99.9	99.8	100.6	101.3	101.6	101.1	102.1	100.8
90平方米及以下	100.0	100.5	100.4	101.3	99.5	99.8	100.7	101.4	101.2	101.1	102.9	100.4
90-144平方米	99.8	100.5	100.2	100.9	99.6	100.0	100.6	100.8	102.0	101.2	102.2	100.7
144平方米以上	99.8	100.0	101.4	100.9	100.5	99.4	100.5	101.8	101.2	100.9	101.3	101.1
二手住宅销售价格指数	**99.8**	**99.9**	**99.8**	**100.3**	**99.8**	**99.9**	**100.3**	**100.5**	**101.5**	**100.8**	**101.9**	**101.1**
90平方米及以下	100.1	100.0	100.0	100.3	99.9	99.6	100.0	100.6	101.3	100.8	101.6	101.0
90-144平方米	99.6	99.7	99.5	100.3	99.8	99.9	100.3	100.5	101.7	100.8	102.0	101.2
144平方米以上	99.9	100.0	99.9	100.2	99.9	100.3	100.5	100.6	101.5	100.9	102.2	101.2

6-26 福州市住宅销售价格月同比指数(2016年)

(上年同月=100)

指　标	1月	2月	3月	4月	5月	6月	7月	8月	9月	10月	11月	12月
新建住宅销售价格指数	**103.3**	**105.5**	**107.7**	**111.0**	**112.8**	**113.8**	**115.4**	**120.2**	**126.0**	**128.8**	**128.9**	**127.3**
#新建商品住宅	103.3	105.5	107.7	111.1	112.9	113.9	115.5	120.4	126.2	129.1	129.2	127.6
90平方米及以下	105.4	107.5	110.0	114.0	114.9	115.9	118.2	122.9	128.6	130.4	129.6	127.4
90-144平方米	102.1	104.0	106.7	109.8	112.3	113.5	114.9	120.4	126.8	130.1	130.5	129.1
144平方米以上	104.2	106.8	108.2	111.6	112.9	113.5	115.1	119.2	124.1	127.0	127.0	125.3
二手住宅销售价格指数	**103.5**	**104.8**	**105.8**	**107.3**	**107.5**	**107.6**	**108.2**	**111.2**	**115.6**	**116.9**	**116.5**	**116.6**
90平方米及以下	103.7	104.9	105.9	107.2	107.4	107.6	108.1	110.7	114.9	115.8	115.4	115.5
90-144平方米	103.0	104.4	105.2	106.6	106.8	106.9	107.6	110.7	115.4	116.7	117.8	116.5
144平方米以上	104.0	105.5	106.6	108.4	108.6	108.6	109.4	112.5	116.8	118.6	118.2	118.0

6-27 厦门市住宅销售价格月同比指数(2016年)

(上年同月=100)

指 标	1月	2月	3月	4月	5月	6月	7月	8月	9月	10月	11月	12月
新建住宅销售价格指数	**108.6**	**110.1**	**115.7**	**121.5**	**128.0**	**133.6**	**139.2**	**143.8**	**146.5**	**145.5**	**143.4**	**141.5**
#新建商品住宅	108.7	110.2	115.9	121.7	128.3	134.0	139.6	144.3	147.0	145.9	143.9	141.9
90平方米及以下	108.4	109.5	114.9	121.7	128.1	134.2	139.5	145.1	147.5	145.5	142.7	142.0
90-144平方米	108.8	110.9	116.8	122.5	129.5	135.7	141.5	145.9	148.6	147.2	145.4	142.2
144平方米以上	108.6	109.7	115.0	120.5	126.4	131.0	136.7	141.1	144.2	144.1	142.2	141.3
二手住宅销售价格指数	**105.2**	**108.1**	**113.9**	**118.4**	**125.5**	**130.6**	**133.2**	**135.4**	**137.0**	**135.9**	**133.9**	**132.4**
90平方米及以下	105.8	108.6	114.3	118.7	126.2	131.9	134.9	137.3	139.2	138.1	136.3	134.5
90-144平方米	105.3	108.1	113.9	118.5	125.7	130.6	132.7	134.7	136.3	135.2	133.1	131.7
144平方米以上	104.4	107.5	113.1	118.0	124.5	129.3	132.1	134.1	135.5	134.5	132.6	131.2

6-28 泉州市住宅销售价格月同比指数(2016年)

(上年同月=100)

指 标	1月	2月	3月	4月	5月	6月	7月	8月	9月	10月	11月	12月
新建住宅销售价格指数	**99.0**	**100.0**	**100.7**	**101.8**	**101.8**	**101.8**	**102.5**	**103.7**	**105.3**	**106.1**	**108.3**	**108.9**
#新建商品住宅	99.0	100.0	100.7	101.9	101.9	101.8	102.5	103.8	105.4	106.2	108.4	109.1
90平方米及以下	98.2	99.3	99.9	101.1	101.0	101.5	102.1	103.8	105.5	106.5	110.0	109.8
90-144平方米	99.1	100.0	100.2	101.5	101.2	101.2	102.3	103.1	104.9	106.0	108.4	108.9
144平方米以上	99.4	100.5	101.9	102.9	103.4	102.8	103.2	104.9	106.0	106.4	107.7	109.0
二手住宅销售价格指数	**99.2**	**99.2**	**99.1**	**99.5**	**99.5**	**99.4**	**99.7**	**100.1**	**101.6**	**102.4**	**104.5**	**105.8**
90平方米及以下	99.8	100.1	100.2	100.5	100.5	100.2	100.2	100.8	101.8	102.6	104.1	105.2
90-144平方米	98.7	98.6	98.3	98.7	98.8	98.6	98.9	99.3	101.1	101.9	104.1	105.4
144平方米以上	99.2	99.3	99.3	99.5	99.5	99.9	100.5	100.7	102.3	103.0	105.7	107.4

6-29 主要年份设区市规模以下工业基本情况表

地　区	单位数(个)				
	2005	2010	2014	2015	2016
全省	**233561**	**230698**	**230184**	**223860**	**229236**
企业	45225	47683	61009	49307	60369
个体	188336	183015	169175	174553	168867
福州市	23911	24551	25264	22996	25010
企业	6098	7241	9263	6487	7064
个体	17813	17311	16001	16510	17946
厦门市	9186	10419	11832	11435	23250
企业	4844	6199	7932	7410	8650
个体	4343	4220	3901	4025	14600
莆田市	15856	15791	15186	15194	21237
企业	1314	1660	2124	1717	4687
个体	14542	14131	13062	13478	16550
三明市	15918	15711	15821	15278	14639
企业	3512	3655	4677	3780	4632
个体	12406	12055	11143	11498	10007
泉州市	69275	66178	66490	64320	43324
企业	16579	14972	19156	15482	12848
个体	52696	51207	47334	48839	30476
漳州市	34046	33684	32587	32455	32872
企业	3585	4083	5225	4223	6211
个体	30461	29600	27362	28232	26661
南平市	17146	16601	16588	16115	17616
企业	3661	3497	4475	3616	5442
个体	13485	13104	12113	12498	12174
龙岩市	27559	27218	26245	26206	31529
企业	2693	3055	3909	3159	4976
个体	24866	24163	22337	23047	26553
宁德市	20665	20544	20176	19861	19759
企业	2940	3320	4248	3433	5858
个体	17725	17224	15922	16428	13901

注：2011年以后规模以下工业划分标准为主营业务收入2000万元以下的工业企业和全部个体经营工业单位。

6-29 续表 1

地 区	从业人员(人)				
	2005	2010	2014	2015	2016
全省	**2131915**	**2032387**	**2072620**	**1636764**	**1646467**
企业	966406	986844	1194570	873211	879642
个体	1165509	1045543	878050	763553	766825
福州市	277529	255046	266027	201872	186186
企业	148978	139843	169279	117740	114361
个体	128551	115203	96748	84132	71825
厦门市	114974	141801	164560	128517	219226
企业	93658	122677	148499	114551	166380
个体	21316	19124	16061	13966	52846
莆田市	115122	110749	105907	86258	115867
企业	30468	34799	42124	30792	46923
个体	84654	75950	63783	55466	68944
三明市	90926	92720	98207	76194	89734
企业	48738	54870	66420	48552	46215
个体	42188	37850	31787	27642	43519
泉州市	963717	878114	892394	705887	449779
企业	450880	418006	505994	369873	247647
个体	512838	460109	386400	336014	202132
漳州市	200961	193628	186952	151555	202936
企业	58339	65670	79494	58109	78209
个体	142622	127957	107459	93446	124727
南平市	99278	94822	99575	77563	121166
企业	53550	53796	65119	47601	71228
个体	45728	41026	34455	29962	49938
龙岩市	151479	148919	143002	116234	129222
企业	39435	48395	58582	42823	49018
个体	112044	100524	84420	73411	80204
宁德市	117930	116588	115996	92684	132352
企业	42360	48788	59058	43170	59661
个体	75570	67800	56939	49514	72691

6-29 续表 2

地区	总产值(亿元)				
	2005	2010	2014	2015	2016
全省	**1859.91**	**1904.09**	**3174.52**	**2637.35**	**2731.75**
企业	799.54	1107.83	2109.79	1763.72	1801.57
个体	1060.37	796.26	1064.73	873.63	930.18
福州市	335.00	298.04	491.94	323.70	322.04
企业	162.50	164.68	313.61	236.36	231.17
个体	172.50	133.37	178.33	87.34	90.87
厦门市	70.39	154.02	288.84	318.90	370.08
企业	59.82	146.12	278.28	272.63	323.53
个体	10.58	7.90	10.56	46.27	46.55
莆田市	86.24	83.91	131.59	161.32	176.55
企业	19.62	34.17	65.08	79.78	132.83
个体	66.62	49.74	66.51	81.54	43.72
三明市	46.62	76.99	139.31	115.74	109.05
企业	29.35	64.09	122.06	101.31	53.52
个体	17.27	12.89	17.24	14.43	55.53
泉州市	879.46	817.94	1349.33	1047.82	993.92
企业	387.42	450.58	858.10	666.36	625.65
个体	492.04	367.36	491.22	381.46	388.27
漳州市	195.77	197.19	312.04	259.24	269.22
企业	45.86	85.26	162.37	135.74	161.67
个体	149.91	111.93	149.67	122.80	107.56
南平市	52.32	64.03	113.77	121.77	123.75
企业	33.06	49.65	94.55	91.19	62.24
个体	19.26	14.38	19.23	30.58	61.51
龙岩市	89.26	97.52	158.81	131.94	157.75
企业	25.71	50.08	95.38	79.73	83.76
个体	63.55	47.45	63.44	52.05	73.99
宁德市	104.85	114.45	188.89	156.93	209.38
企业	36.21	63.20	120.37	100.62	127.21
个体	68.64	51.25	68.52	56.22	82.17

6-30 设区市规模以上工业产品三大市场销售情况(2016年)

地　区	销售收入(亿元)	销售区域比重(%)		
		省内	省外	境外
全省规模以上工业	**42123.79**	**46.96**	**37.42**	**15.62**
采矿业和制造业	39996.10	44.17	39.38	16.45
采矿业	559.27	87.23	12.03	0.74
制造业	39436.83	43.56	39.77	16.67
福州市规模以上工业	**8464.91**	**45.76**	**36.15**	**18.09**
采矿业和制造业	7446.99	38.48	40.96	20.56
采矿业	22.47	72.72	27.28	
制造业	7424.52	38.38	41.00	20.62
厦门市规模以上工业	**4725.41**	**37.26**	**27.32**	**35.42**
采矿业和制造业	4674.06	36.57	27.62	35.81
采矿业				
制造业	4674.06	36.57	27.62	35.81
莆田市规模以上工业	**2703.57**	**53.45**	**29.73**	**16.82**
采矿业和制造业	2559.27	50.82	31.40	17.78
采矿业	1.63	80.00	20.00	
制造业	2557.64	50.80	31.41	17.79
三明市规模以上工业	**3418.66**	**64.48**	**33.38**	**2.14**
采矿业和制造业	3338.52	63.62	34.18	2.20
采矿业	307.41	90.16	8.49	1.35
制造业	3031.11	60.93	36.79	2.28
泉州市规模以上工业	**11422.08**	**45.73**	**41.45**	**12.82**
采矿业和制造业	11037.44	43.84	42.89	13.27
采矿业	45.30	91.78	8.20	0.02
制造业	10992.14	43.64	43.04	13.32
漳州市规模以上工业	**4806.52**	**49.60**	**33.81**	**16.59**
采矿业和制造业	4673.69	48.17	34.76	17.07
采矿业	19.13	96.72	3.28	
制造业	4654.57	47.97	34.89	17.14
南平市规模以上工业	**1673.28**	**46.29**	**41.59**	**12.12**
采矿业和制造业	1625.94	44.72	42.81	12.47
采矿业	38.03	74.93	25.07	
制造业	1587.90	44.00	43.23	12.77
龙岩市规模以上工业	**1935.28**	**57.45**	**38.31**	**4.24**
采矿业和制造业	1861.36	55.76	39.84	4.40
采矿业	117.53	85.96	14.04	
制造业	1743.83	53.73	41.57	4.70
宁德市规模以上工业	**2974.08**	**33.70**	**55.94**	**10.36**
采矿业和制造业	2778.84	29.04	59.87	11.09
采矿业	7.77	43.93	56.07	
制造业	2771.07	29.00	59.88	11.12

6-31 福州市规模以上工业产品分行业三大市场销售情况(2016年)

行业名称	销售收入(亿元)	销售区域比重(%)		
		省内	省外	境外
规模以上工业	**8464.91**	**45.76**	**36.15**	**18.09**
采矿业和制造业	**7446.99**	**38.48**	**40.96**	**20.56**
采矿业	**22.47**	**72.72**	**27.28**	
煤炭开采和洗选业				
黑色金属矿采选业				
有色金属矿采选业				
非金属矿采选业	22.47	72.72	27.28	
制造业	**7424.52**	**38.38**	**41.00**	**20.62**
农副食品加工业	674.46	45.27	27.88	26.85
食品制造业	119.51	52.97	43.30	3.73
酒、饮料和精制茶制造业	101.44	58.28	40.68	1.04
烟草制品业	1.73	55.26	44.74	
纺织业	929.56	30.95	66.42	2.63
纺织服装、服饰业	147.33	31.47	23.53	45.00
皮革、毛皮、羽毛及其制品和制鞋业	538.18	18.46	40.26	41.28
木材加工和木、竹、藤、棕、草制品业	35.44	73.33	20.84	5.83
家具制造业	89.02	55.09	21.98	22.93
造纸和纸制品业	67.18	65.92	31.41	2.67
印刷和记录媒介复制业	45.71	68.40	31.40	0.20
文教、工美、体育和娱乐用品制造业	218.90	21.44	20.00	58.56
石油加工、炼焦和核燃料加工业	19.57	92.91	6.62	0.47
化学原料和化学制品制造业	186.87	44.56	41.62	13.82
医药制造业	78.23	26.00	60.75	13.25
化学纤维制造业	682.53	65.95	33.33	0.72
橡胶和塑料制品业	243.84	34.08	60.83	5.09
非金属矿物制品业	456.37	58.60	26.96	14.44
黑色金属冶炼和压延加工业	325.63	55.40	39.55	5.05
有色金属冶炼和压延加工业	180.80	60.29	34.22	5.49
金属制品业	167.07	54.87	39.08	6.05
通用设备制造业	128.73	34.71	47.12	18.17
专用设备制造业	108.38	36.94	61.60	1.46
汽车制造业	328.43	20.29	69.10	10.61
铁路、船舶、航空航天和其他运输设备制造业	75.26	32.75	19.69	47.56
电气机械和器材制造业	445.45	24.29	54.34	21.37
计算机、通信和其他电子设备制造业	905.33	18.03	28.05	53.92
仪器仪表制造业	74.55	20.90	37.19	41.91
其他制造业	13.95	34.48	27.04	38.48
废弃资源综合利用业	2.33	94.65	5.35	
金属制品、机械和设备修理业	32.74	49.64	27.61	22.75

6-32 厦门市规模以上工业产品分行业三大市场销售情况(2016年)

行业名称	销售收入(亿元)	销售区域比重(%)		
		省内	省外	境外
规模以上工业	**4725.41**	**37.26**	**27.32**	**35.42**
采矿业和制造业	**4674.06**	**36.57**	**27.62**	**35.81**
采矿业				
煤炭开采和洗选业				
黑色金属矿采选业				
有色金属矿采选业				
非金属矿采选业				
制造业	**4674.06**	**36.57**	**27.62**	**35.81**
农副食品加工业	207.41	62.04	29.87	8.09
食品制造业	59.28	43.60	40.34	16.06
酒、饮料和精制茶制造业	100.27	82.66	16.72	0.62
烟草制品业	99.01	61.95	37.97	0.08
纺织业	75.80	51.18	16.68	32.14
纺织服装、服饰业	87.22	28.15	32.46	39.39
皮革、毛皮、羽毛及其制品和制鞋业	36.48	26.65	9.05	64.30
木材加工和木、竹、藤、棕、草制品业	2.09	81.89		18.11
家具制造业	44.27	23.07	34.79	42.14
造纸和纸制品业	26.79	86.55	9.27	4.18
印刷和记录媒介复制业	32.16	72.92	22.09	4.99
文教、工美、体育和娱乐用品制造业	85.32	17.91	6.13	75.96
石油加工、炼焦和核燃料加工业	3.37	44.73	55.27	
化学原料和化学制品制造业	101.51	38.06	48.63	13.31
医药制造业	42.63	42.31	56.75	0.94
化学纤维制造业	32.16	35.05	36.93	28.02
橡胶和塑料制品业	250.46	20.92	44.07	35.01
非金属矿物制品业	88.78	74.35	14.94	10.71
黑色金属冶炼和压延加工业	6.95	96.03	3.85	0.12
有色金属冶炼和压延加工业	127.17	40.00	41.19	18.81
金属制品业	236.61	26.31	29.60	44.09
通用设备制造业	134.39	27.60	43.60	28.80
专用设备制造业	105.75	38.78	37.08	24.14
汽车制造业	278.38	54.18	29.15	16.67
铁路、船舶、航空航天和其他运输设备制造业	36.55	27.33	36.80	35.87
电气机械和器材制造业	369.61	36.06	30.20	33.74
计算机、通信和其他电子设备制造业	1811.87	30.59	23.13	46.28
仪器仪表制造业	45.90	38.13	13.69	48.18
其他制造业	22.93	35.69	18.08	46.23
废弃资源综合利用业	3.20	60.00		40.00
金属制品、机械和设备修理业	119.76	1.55	7.51	90.94

6-33 莆田市规模以上工业产品分行业三大市场销售情况(2016年)

行业名称	销售收入(亿元)	销售区域比重(%)		
		省内	省外	境外
规模以上工业	**2703.57**	**53.45**	**29.73**	**16.82**
采矿业和制造业	**2559.27**	**50.82**	**31.40**	**17.78**
采矿业	**1.63**	**80.00**	**20.00**	
煤炭开采和洗选业				
黑色金属矿采选业				
有色金属矿采选业				
非金属矿采选业	1.63	80.00	20.00	
制造业	**2557.64**	**50.80**	**31.41**	**17.79**
农副食品加工业	206.57	71.40	15.86	12.74
食品制造业	59.83	67.65	25.56	6.79
酒、饮料和精制茶制造业	53.42	90.13	8.93	0.94
烟草制品业				
纺织业	91.33	86.54	10.29	3.17
纺织服装、服饰业	101.21	47.29	23.29	29.42
皮革、毛皮、羽毛及其制品和制鞋业	644.51	38.24	11.87	49.89
木材加工和木、竹、藤、棕、草制品业	44.03	32.40	64.38	3.22
家具制造业	40.68	26.64	72.26	1.10
造纸和纸制品业	58.60	62.42	30.84	6.74
印刷和记录媒介复制业	26.10	97.16	1.26	1.58
文教、工美、体育和娱乐用品制造业	409.99	39.70	56.51	3.79
石油加工、炼焦和核燃料加工业				
化学原料和化学制品制造业	133.36	59.50	40.10	0.40
医药制造业	8.19	8.67	91.33	
化学纤维制造业	36.04	66.00	24.00	10.00
橡胶和塑料制品业	98.45	37.68	40.60	21.72
非金属矿物制品业	83.77	90.49	9.50	0.01
黑色金属冶炼和压延加工业	4.91	91.66	8.34	
有色金属冶炼和压延加工业	14.16	22.00	77.53	0.47
金属制品业	120.74	61.82	38.10	0.08
通用设备制造业	96.04	55.86	39.77	4.37
专用设备制造业	32.48	86.63	9.56	3.81
汽车制造业	10.34	15.80	49.77	34.43
铁路、船舶、航空航天和其他运输设备制造业	7.86	14.38	81.86	3.76
电气机械和器材制造业	21.75	66.11	1.78	32.11
计算机、通信和其他电子设备制造业	118.59	28.22	66.92	4.86
仪器仪表制造业	24.65	10.08	88.41	1.51
其他制造业	1.20	59.55	40.45	
废弃资源综合利用业	8.86	61.69	38.31	
金属制品、机械和设备修理业				

6-34 三明市规模以上工业产品分行业三大市场销售情况(2016年)

行业名称	销售收入(亿元)	销售区域比重(%)		
		省内	省外	境外
规模以上工业	**3418.66**	**64.48**	**33.38**	**2.14**
采矿业和制造业	**3338.52**	**63.62**	**34.18**	**2.20**
采矿业	**307.41**	**90.16**	**8.49**	**1.35**
煤炭开采和洗选业	41.62	96.82	3.18	
黑色金属矿采选业	100.47	90.62	9.38	
有色金属矿采选业	43.95	81.98	18.02	
非金属矿采选业	121.37	90.45	6.14	3.41
制造业	**3031.11**	**60.93**	**36.79**	**2.28**
农副食品加工业	144.87	55.97	34.15	9.88
食品制造业	81.53	14.11	75.26	10.63
酒、饮料和精制茶制造业	63.71	82.49	17.30	0.21
烟草制品业	1.62		100.00	
纺织业	371.77	47.42	52.50	0.08
纺织服装、服饰业	44.30	79.23	16.58	4.19
皮革、毛皮、羽毛及其制品和制鞋业	20.62	90.00	10.00	
木材加工和木、竹、藤、棕、草制品业	412.08	57.51	40.64	1.85
家具制造业	38.81	65.73	34.08	0.19
造纸和纸制品业	67.93	31.66	67.62	0.72
印刷和记录媒介复制业	38.96	73.44	26.56	
文教、工美、体育和娱乐用品制造业	50.14	70.65	17.33	12.02
石油加工、炼焦和核燃料加工业	9.35	95.00	5.00	
化学原料和化学制品制造业	364.91	61.38	37.00	1.62
医药制造业	42.38	43.10	56.72	0.18
化学纤维制造业	17.07	50.76	39.86	9.38
橡胶和塑料制品业	129.00	49.33	48.91	1.76
非金属矿物制品业	306.51	91.88	8.04	0.08
黑色金属冶炼和压延加工业	323.34	76.03	23.16	0.81
有色金属冶炼和压延加工业	26.51	37.62	62.38	
金属制品业	76.71	73.03	23.89	3.08
通用设备制造业	98.06	66.62	32.52	0.86
专用设备制造业	114.48	53.18	43.93	2.89
汽车制造业	83.05	31.78	66.52	1.70
铁路、船舶、航空航天和其他运输设备制造业	4.48	100.00		
电气机械和器材制造业	46.49	49.91	49.85	0.24
计算机、通信和其他电子设备制造业	16.63	0.13	57.13	42.74
仪器仪表制造业	6.81	1.50	71.53	26.97
其他制造业	4.53	68.71	31.29	
废弃资源综合利用业	23.24	94.91	5.09	
金属制品、机械和设备修理业	1.24	100.00		

6-35 泉州市规模以上工业产品分行业三大市场销售情况(2016年)

行业名称	销售收入(亿元)	销售区域比重(%)		
		省内	省外	境外
规模以上工业	**11422.08**	**45.73**	**41.45**	**12.82**
采矿业和制造业	**11037.44**	**43.84**	**42.89**	**13.27**
采矿业	**45.30**	**91.78**	**8.20**	**0.02**
煤炭开采和洗选业	7.66	100.00		
黑色金属矿采选业	21.77	100.00		
有色金属矿采选业				
非金属矿采选业	15.88	76.55	23.39	0.06
制造业	**10992.14**	**43.64**	**43.04**	**13.32**
农副食品加工业	206.07	69.98	12.50	17.52
食品制造业	473.49	30.45	63.14	6.41
酒、饮料和精制茶制造业	206.21	59.07	40.13	0.80
烟草制品业				
纺织业	845.02	60.82	26.10	13.08
纺织服装、服饰业	1390.54	25.85	48.14	26.01
皮革、毛皮、羽毛及其制品和制鞋业	1969.26	45.69	43.41	10.90
木材加工和木、竹、藤、棕、草制品业	22.16	95.11	4.89	
家具制造业	75.24	24.07	44.28	31.65
造纸和纸制品业	387.93	62.80	34.37	2.83
印刷和记录媒介复制业	103.51	71.23	26.14	2.63
文教、工美、体育和娱乐用品制造业	464.35	22.23	34.30	43.47
石油加工、炼焦和核燃料加工业	769.36	67.54	32.18	0.28
化学原料和化学制品制造业	301.34	63.59	34.53	1.88
医药制造业	31.31	54.40	40.43	5.17
化学纤维制造业	217.79	73.37	20.53	6.10
橡胶和塑料制品业	331.93	53.23	38.35	8.42
非金属矿物制品业	1383.92	32.31	56.71	10.98
黑色金属冶炼和压延加工业	156.77	67.73	31.29	0.98
有色金属冶炼和压延加工业	91.09	70.48	19.05	10.47
金属制品业	185.38	29.03	56.93	14.04
通用设备制造业	370.26	20.91	70.54	8.55
专用设备制造业	243.68	32.06	57.00	10.94
汽车制造业	85.03	49.84	34.86	15.30
铁路、船舶、航空航天和其他运输设备制造业	29.67	52.17	41.01	6.82
电气机械和器材制造业	232.69	44.72	49.76	5.52
计算机、通信和其他电子设备制造业	186.58	11.00	59.99	29.01
仪器仪表制造业	14.32	21.92	33.79	44.29
其他制造业	183.64	38.60	24.49	36.91
废弃资源综合利用业	17.56	33.04	66.96	
金属制品、机械和设备修理业	16.02			100.00

6-36 漳州市规模以上工业产品分行业三大市场销售情况(2016年)

行业名称	销售收入(亿元)	销售区域比重(%)		
		省内	省外	境外
规模以上工业	**4806.52**	**49.60**	**33.81**	**16.59**
采矿业和制造业	**4673.69**	**48.17**	**34.76**	**17.07**
采矿业	**19.13**	**96.72**	**3.28**	
煤炭开采和洗选业				
黑色金属矿采选业	2.58	90.00	10.00	
有色金属矿采选业				
非金属矿采选业	16.54	97.77	2.23	
制造业	**4654.57**	**47.97**	**34.89**	**17.14**
农副食品加工业	918.86	45.02	27.29	27.69
食品制造业	427.77	27.77	43.96	28.27
酒、饮料和精制茶制造业	107.65	61.84	35.38	2.78
烟草制品业				
纺织业	78.35	37.32	49.53	13.15
纺织服装、服饰业	42.24	22.11	39.06	38.83
皮革、毛皮、羽毛及其制品和制鞋业	66.94	39.88	43.23	16.89
木材加工和木、竹、藤、棕、草制品业	81.43	54.94	7.07	37.99
家具制造业	107.92	38.41	12.40	49.19
造纸和纸制品业	284.36	72.81	26.52	0.67
印刷和记录媒介复制业	29.85	49.71	48.61	1.68
文教、工美、体育和娱乐用品制造业	109.65	29.79	40.11	30.10
石油加工、炼焦和核燃料加工业	8.82	59.69	40.31	
化学原料和化学制品制造业	187.52	49.02	48.93	2.05
医药制造业	22.88	40.64	49.19	10.17
化学纤维制造业	0.76	18.98	68.02	13.00
橡胶和塑料制品业	128.95	47.42	39.95	12.63
非金属矿物制品业	375.58	59.63	33.02	7.35
黑色金属冶炼和压延加工业	358.45	91.76	5.83	2.41
有色金属冶炼和压延加工业	50.76	60.71	37.59	1.70
金属制品业	253.37	58.80	30.37	10.83
通用设备制造业	120.81	47.48	34.80	17.72
专用设备制造业	29.05	62.90	28.66	8.44
汽车制造业	269.77	19.26	77.63	3.11
铁路、船舶、航空航天和其他运输设备制造业	55.15	68.43	30.92	0.65
电气机械和器材制造业	221.47	32.91	44.95	22.14
计算机、通信和其他电子设备制造业	230.23	30.10	46.19	23.71
仪器仪表制造业	44.21	11.69	26.42	61.89
其他制造业	34.89	26.26	41.90	31.84
废弃资源综合利用业	6.37	81.81	18.19	
金属制品、机械和设备修理业	0.50	49.11	50.89	

6-37 南平市规模以上工业产品分行业三大市场销售情况(2016年)

行业名称	销售收入(亿元)	销售区域比重(%)		
		省内	省外	境外
规模以上工业	**1673.28**	**46.29**	**41.59**	**12.12**
采矿业和制造业	**1625.94**	**44.72**	**42.81**	**12.47**
采矿业	**38.03**	**74.93**	**25.07**	
煤炭开采和洗选业	1.33	62.80	37.20	
黑色金属矿采选业	5.95	100.00		
有色金属矿采选业	4.18		100.00	
非金属矿采选业	26.57	81.72	18.28	
制造业	**1587.90**	**44.00**	**43.23**	**12.77**
农副食品加工业	192.91	43.67	55.01	1.32
食品制造业	71.18	44.73	50.15	5.12
酒、饮料和精制茶制造业	86.42	70.15	26.36	3.49
烟草制品业	1.66	20.00	80.00	
纺织业	66.79	30.60	67.16	2.24
纺织服装、服饰业	16.12	66.76	6.90	26.34
皮革、毛皮、羽毛及其制品和制鞋业	11.12	1.36	25.87	72.77
木材加工和木、竹、藤、棕、草制品业	312.16	45.12	40.05	14.83
家具制造业	21.71	57.10	17.39	25.51
造纸和纸制品业	34.26	46.50	43.10	10.40
印刷和记录媒介复制业	13.68	83.19	9.63	7.18
文教、工美、体育和娱乐用品制造业	121.80	23.77	37.14	39.09
石油加工、炼焦和核燃料加工业	5.09	68.78	31.22	
化学原料和化学制品制造业	149.20	31.60	45.61	22.79
医药制造业	22.43	17.44	60.04	22.52
化学纤维制造业	11.96	29.67	70.00	0.33
橡胶和塑料制品业	67.37	24.19	75.74	0.07
非金属矿物制品业	75.02	91.72	8.28	
黑色金属冶炼和压延加工业	29.25	65.99	32.68	1.33
有色金属冶炼和压延加工业	53.31	48.29	48.21	3.50
金属制品业	25.03	60.05	39.95	
通用设备制造业	13.24	54.58	43.37	2.05
专用设备制造业	25.00	15.02	81.95	3.03
汽车制造业	21.52	50.79	49.00	0.21
铁路、船舶、航空航天和其他运输设备制造业	2.51	56.00	44.00	
电气机械和器材制造业	96.64	52.70	45.85	1.45
计算机、通信和其他电子设备制造业	36.21	2.05	10.45	87.49
仪器仪表制造业	2.59	28.31	63.09	8.60
其他制造业				
废弃资源综合利用业	1.71	100.00		
金属制品、机械和设备修理业				

6-38 龙岩市规模以上工业产品分行业三大市场销售情况(2016年)

行业名称	销售收入(亿元)	销售区域比重(%)		
		省内	省外	境外
规模以上工业	**1935.28**	**57.45**	**38.31**	**4.24**
采矿业和制造业	**1861.36**	**55.76**	**39.84**	**4.40**
采矿业	**117.53**	**85.96**	**14.04**	
煤炭开采和洗选业	62.73	77.89	22.11	
黑色金属矿采选业	25.63	89.92	10.08	
有色金属矿采选业	5.06	99.21	0.79	
非金属矿采选业	24.11	100.00		
制造业	**1743.83**	**53.73**	**41.57**	**4.70**
农副食品加工业	96.04	83.80	16.00	0.20
食品制造业	58.82	27.83	68.32	3.85
酒、饮料和精制茶制造业	33.14	74.40	25.26	0.34
烟草制品业	129.77	61.89	37.93	0.18
纺织业	58.19	49.13	49.78	1.09
纺织服装、服饰业	44.71	67.86	12.69	19.45
皮革、毛皮、羽毛及其制品和制鞋业	4.54	17.31	13.92	68.77
木材加工和木、竹、藤、棕、草制品业	64.71	49.58	44.02	6.40
家具制造业	19.49	67.22	13.39	19.39
造纸和纸制品业	19.04	46.26	51.10	2.64
印刷和记录媒介复制业	6.12	94.59	0.19	5.22
文教、工美、体育和娱乐用品制造业	28.73	34.84	27.72	37.44
石油加工、炼焦和核燃料加工业	9.55	49.53	39.29	11.18
化学原料和化学制品制造业	104.02	35.95	60.02	4.03
医药制造业	22.82	23.71	72.75	3.54
化学纤维制造业	6.65	57.50	29.45	13.05
橡胶和塑料制品业	32.75	67.17	31.58	1.25
非金属矿物制品业	168.58	84.59	14.15	1.26
黑色金属冶炼和压延加工业	27.98	60.59	39.41	
有色金属冶炼和压延加工业	443.81	54.21	39.65	6.14
金属制品业	42.09	35.68	63.31	1.01
通用设备制造业	45.69	69.90	29.84	0.26
专用设备制造业	120.13	17.81	80.91	1.28
汽车制造业	63.72	25.53	71.83	2.64
铁路、船舶、航空航天和其他运输设备制造业	2.13	56.00	8.00	36.00
电气机械和器材制造业	45.29	73.81	24.09	2.10
计算机、通信和其他电子设备制造业	31.31	22.70	76.50	0.80
仪器仪表制造业				
其他制造业	6.60	28.94		71.06
废弃资源综合利用业	7.39	51.97	48.03	
金属制品、机械和设备修理业				

6-39 宁德市规模以上工业产品分行业三大市场销售情况(2016年)

行业名称	销售收入(亿元)	销售区域比重(%)		
		省内	省外	境外
规模以上工业	**2974.08**	**33.70**	**55.94**	**10.36**
采矿业和制造业	**2778.84**	**29.04**	**59.87**	**11.09**
采矿业	**7.77**	**43.93**	**56.07**	
煤炭开采和洗选业				
黑色金属矿采选业				
有色金属矿采选业	4.36		100.00	
非金属矿采选业	3.42	100.00		
制造业	**2771.07**	**29.00**	**59.88**	**11.12**
农副食品加工业	258.04	25.25	41.00	33.75
食品制造业	43.70	47.94	48.05	4.01
酒、饮料和精制茶制造业	150.30	33.17	63.49	3.34
烟草制品业				
纺织业	48.12	77.07	22.39	0.54
纺织服装、服饰业	14.51	62.38	34.56	3.06
皮革、毛皮、羽毛及其制品和制鞋业	11.94	22.66	22.86	54.48
木材加工和木、竹、藤、棕、草制品业	25.59	69.72	28.56	1.72
家具制造业	9.50	56.87	7.72	35.41
造纸和纸制品业	14.92	40.38	59.62	
印刷和记录媒介复制业	1.86	27.74	72.26	
文教、工美、体育和娱乐用品制造业	37.12	41.65	26.78	31.57
石油加工、炼焦和核燃料加工业	0.40	100.00		
化学原料和化学制品制造业	68.48	58.28	41.33	0.39
医药制造业	11.18	37.76	62.24	
化学纤维制造业	1.40	70.25	29.75	
橡胶和塑料制品业	325.89	15.96	83.27	0.77
非金属矿物制品业	139.13	50.31	38.34	11.35
黑色金属冶炼和压延加工业	388.61	24.86	75.02	0.12
有色金属冶炼和压延加工业	509.35	33.71	66.29	
金属制品业	41.03	17.90	81.67	0.43
通用设备制造业	70.99	26.13	48.15	25.72
专用设备制造业	47.05	35.39	62.59	2.02
汽车制造业	18.27	38.92	43.00	18.08
铁路、船舶、航空航天和其他运输设备制造业	133.61	45.32	44.00	10.68
电气机械和器材制造业	366.10	5.33	60.40	34.27
计算机、通信和其他电子设备制造业	10.24	8.70	91.30	
仪器仪表制造业	6.83	1.02	3.06	95.92
其他制造业	1.20	25.00	38.00	37.00
废弃资源综合利用业	6.63	67.11	32.89	
金属制品、机械和设备修理业	9.06	24.74	41.37	33.89

附录 全国及各省（市、区）调查主要指标

资料整理：滕国达 陈晓兵 王 娟 唐洪民
李 君 郑明坤

附录1　主要年份全国及各省(市、区)粮食播种面积

单位：千公顷

地　区	2010	2014	2015	2016
全　国	**109876.09**	**112722.58**	**113342.93**	**113034.48**
北　京	223.47	120.17	104.45	87.33
天　津	311.78	345.82	350.04	357.25
河　北	6282.20	6332.00	6392.48	6327.41
山　西	3239.23	3286.38	3287.19	3241.42
内蒙古	5498.72	5650.99	5726.67	5784.79
辽　宁	3179.30	3235.13	3297.42	3231.40
吉　林	4492.24	5000.72	5077.95	5021.66
黑龙江	11454.70	11696.41	11765.23	11804.74
上　海	179.18	164.86	161.94	140.07
江　苏	5282.36	5376.07	5424.64	5432.70
浙　江	1275.83	1266.81	1277.85	1255.40
安　徽	6616.42	6628.93	6632.90	6644.50
福　建	**1232.30**	**1197.75**	**1193.22**	**1176.73**
江　西	3639.13	3697.34	3705.60	3686.21
山　东	7084.80	7440.04	7492.10	7511.45
河　南	9740.17	10209.82	10267.15	10286.15
湖　北	4068.37	4370.35	4466.03	4436.87
湖　南	4809.10	4975.14	4944.65	4890.60
广　东	2531.93	2507.01	2505.84	2509.33
广　西	3061.06	3067.68	3059.34	3023.61
海　南	437.21	394.01	375.63	360.38
重　庆	2243.89	2242.52	2233.96	2250.05
四　川	6402.00	6467.40	6453.90	6453.90
贵　州	3039.50	3138.35	3114.91	3113.26
云　南	4274.40	4508.20	4487.30	4481.17
西　藏	170.15	176.40	178.89	182.94
陕　西	3159.70	3076.54	3073.52	3068.71
甘　肃	2799.78	2842.46	2849.63	2813.95
青　海	274.51	280.10	277.06	281.05
宁　夏	844.05	771.33	770.42	778.32
新　疆	2028.60	2255.85	2395.02	2401.13

附录2 主要年份全国及各省(市、区)粮食总产量

单位：万吨

地区	2010	2014	2015	2016
全国	**54647.71**	**60702.61**	**62143.92**	**61625.05**
北京	115.68	63.94	62.64	53.69
天津	159.74	175.95	181.75	196.37
河北	2975.90	3360.17	3363.81	3460.24
山西	1085.10	1330.78	1259.57	1318.51
内蒙古	2158.20	2753.01	2827.01	2780.25
辽宁	1765.40	1753.90	2002.50	2100.63
吉林	2842.50	3532.84	3647.04	3717.21
黑龙江	5012.80	6242.19	6323.96	6058.50
上海	118.40	112.54	112.08	99.16
江苏	3235.10	3490.62	3561.34	3466.01
浙江	770.67	757.41	752.23	752.20
安徽	3080.49	3415.83	3538.12	3417.40
福建	**661.89**	**667.03**	**661.10**	**650.87**
江西	1954.69	2143.50	2148.71	2138.11
山东	4335.68	4596.60	4712.70	4700.71
河南	5437.09	5772.30	6067.10	5946.60
湖北	2315.80	2584.17	2703.28	2554.12
湖南	2847.49	3001.26	3002.93	2953.20
广东	1316.49	1357.34	1358.13	1360.22
广西	1412.32	1534.41	1524.75	1521.30
海南	180.38	186.60	183.99	177.86
重庆	1156.10	1144.54	1154.89	1166.00
四川	3222.90	3374.90	3442.80	3483.50
贵州	1112.30	1138.50	1180.00	1192.38
云南	1531.00	1860.70	1876.36	1902.89
西藏	91.20	97.97	100.63	101.91
陕西	1164.90	1197.78	1226.79	1228.29
甘肃	958.30	1158.65	1171.13	1140.59
青海	102.00	104.81	102.72	103.45
宁夏	356.50	377.90	372.60	370.60
新疆	1170.70	1414.47	1521.26	1512.28

附录3　全国及各省(市、区)居民人均可支配收入(2013-2016年)

单位：元

地　区	2013	2014	2015	2016
全　国	**18310.76**	**20167.12**	**21966.19**	**23820.98**
北　京	40830.04	44488.57	48457.99	52530.38
天　津	26359.2	28832.29	31291.36	34074.46
河　北	15189.64	16647.4	18118.09	19725.42
山　西	15119.72	16538.32	17853.67	19048.88
内蒙古	18692.89	20559.34	22310.09	24126.64
辽　宁	20817.84	22820.15	24575.58	26039.70
吉　林	15998.12	17520.39	18683.7	19966.99
黑龙江	15903.45	17404.39	18592.65	19838.50
上　海	42173.64	45965.83	49867.17	54305.35
江　苏	24775.54	27172.77	29538.85	32070.10
浙　江	29774.99	32657.57	35537.09	38529.00
安　徽	15154.31	16795.52	18362.57	19998.10
福　建	**21217.95**	**23330.85**	**25404.36**	**27607.93**
江　西	15099.68	16734.17	18437.11	20109.56
山　东	19008.26	20864.21	22703.19	24685.27
河　南	14203.71	15695.18	17124.75	18443.08
湖　北	16472.46	18283.23	20025.56	21786.64
湖　南	16004.9	17621.74	19317.49	21114.79
广　东	23420.75	25684.96	27858.86	30295.80
广　西	14082.3	15557.08	16873.42	18305.08
海　南	15733.28	17476.46	18978.97	20653.44
重　庆	16568.67	18351.9	20110.11	22034.14
四　川	14230.99	15749.01	17220.96	18808.26
贵　州	11083.06	12371.06	13696.61	15121.15
云　南	12577.87	13772.21	15222.57	16719.90
西　藏	9740.43	10730.22	12254.3	13639.24
陕　西	14371.55	15836.75	17394.98	18873.74
甘　肃	10954.4	12184.71	13466.59	14670.31
青　海	12947.84	14373.98	15812.7	17301.76
宁　夏	14565.78	15906.78	17329.09	18832.28
新　疆	13669.62	15096.62	16859.11	18354.65

附录4 全国及各省(市、区)城镇居民人均可支配收入(2013-2016年)

单位：元

地　区	2013	2014	2015	2016
全　国	**26467**	**28843.85**	**31194.83**	**33616.25**
北　京	44563.93	48531.85	52859.17	57275.31
天　津	28979.82	31506.03	34101.35	37109.57
河　北	22226.75	24141.34	26152.16	28249.39
山　西	22258.2	24069.43	25827.72	27352.33
内蒙古	26003.62	28349.64	30594.1	32974.95
辽　宁	26696.96	29081.75	31125.73	32876.09
吉　林	21331.08	23217.82	24900.86	26530.42
黑龙江	20848.4	22609.03	24202.62	25736.43
上　海	44878.32	48841.4	52961.86	57691.67
江　苏	31585.48	34346.26	37173.48	40151.59
浙　江	37079.68	40392.72	43714.48	47237.18
安　徽	22789.34	24838.52	26935.76	29155.98
福　建	**28173.9**	**30722.39**	**33275.34**	**36014.26**
江　西	22119.66	24309.19	26500.12	28673.28
山　东	26882.39	29221.94	31545.27	34012.08
河　南	21740.67	23672.06	25575.61	27232.92
湖　北	22667.94	24852.28	27051.47	29385.80
湖　南	24351.99	26570.16	28838.07	31283.89
广　东	29537.29	32148.11	34757.16	37684.25
广　西	22689.38	24669	26415.87	28324.43
海　南	22411.43	24486.53	26356.42	28453.47
重　庆	23058.22	25147.23	27238.84	29609.96
四　川	22227.51	24234.41	26205.25	28335.30
贵　州	20564.93	22548.21	24579.64	26742.62
云　南	22460.02	24299.01	26373.23	28610.57
西　藏	20394.46	22015.81	25456.63	27802.39
陕　西	22345.93	24365.76	26420.21	28440.09
甘　肃	19873.44	21803.86	23767.08	25693.49
青　海	20352.38	22306.57	24542.35	26757.41
宁　夏	21475.73	23284.56	25186.01	27153.01
新　疆	21091.48	23214.03	26274.66	28463.43

附录5　全国及各省(市、区)农村居民人均可支配收入(2013-2016年)

单位：元

地　区	2013	2014	2015	2016
全　国	**9429.59**	**10488.88**	**11421.71**	**12363.41**
北　京	17101.18	18867.3	20568.72	22309.52
天　津	15352.6	17014.18	18481.63	20075.64
河　北	9187.71	10186.14	11050.51	11919.35
山　西	7949.47	8809.44	9453.91	10082.45
内蒙古	8984.92	9976.3	10775.89	11609.00
辽　宁	10161.21	11191.49	12056.87	12880.71
吉　林	9780.68	10780.12	11326.17	12122.94
黑龙江	9369.01	10453.2	11095.22	11831.85
上　海	19208.31	21191.64	23205.2	25520.40
江　苏	13521.29	14958.44	16256.7	17605.64
浙　江	17493.92	19373.28	21125	22866.07
安　徽	8850	9916.42	10820.73	11720.47
福　建	**11404.85**	**12650.19**	**13792.7**	**14999.19**
江　西	9088.78	10116.58	11139.08	12137.72
山　东	10686.86	11882.26	12930.37	13954.06
河　南	8969.11	9966.07	10852.86	11696.74
湖　北	9691.8	10849.06	11843.89	12724.97
湖　南	9028.55	10060.17	10992.55	11930.41
广　东	11067.79	12245.56	13360.44	14512.15
广　西	7793.08	8683.18	9466.58	10359.47
海　南	8801.73	9912.57	10857.55	11842.86
重　庆	8492.55	9489.82	10504.71	11548.79
四　川	8380.69	9347.74	10247.35	11203.13
贵　州	5897.77	6671.22	7386.87	8090.28
云　南	6723.64	7456.13	8242.08	9019.81
西　藏	6553.38	7359.2	8243.68	9093.85
陕　西	7092.2	7932.21	8688.91	9396.45
甘　肃	5588.78	6276.59	6936.21	7456.85
青　海	6461.59	7282.73	7933.41	8664.36
宁　夏	7598.67	8410.02	9118.69	9851.63
新　疆	7846.59	8723.83	9425.08	10183.18

附录6 主要年份全国及各省(市、区)居民消费价格指数

(上年=100)

地 区	2005	2010	2014	2015	2016
国 家	**101.8**	**103.3**	**102.0**	**101.4**	**102.0**
北 京	101.5	102.4	101.6	101.8	101.4
天 津	101.5	103.5	101.9	101.7	102.1
河 北	101.8	103.1	101.7	100.9	101.5
山 西	102.3	103.0	101.7	100.6	101.1
内 蒙 古	102.4	103.2	101.6	101.1	101.2
辽 宁	101.4	103.0	101.7	101.4	101.6
吉 林	101.5	103.7	102.0	101.7	101.6
黑 龙 江	101.2	103.9	101.5	101.1	101.5
上 海	101.0	103.1	102.7	102.4	103.2
江 苏	102.1	103.8	102.2	101.7	102.3
浙 江	101.3	103.8	102.1	101.4	101.9
安 徽	101.4	103.1	101.6	101.3	101.8
福 建	**102.2**	**103.2**	**102.0**	**101.7**	**101.7**
江 西	101.7	103.0	102.3	101.5	102.0
山 东	101.7	102.9	101.9	101.2	102.1
河 南	102.1	103.5	101.9	101.3	101.9
湖 北	102.9	102.9	102.0	101.5	102.2
湖 南	102.3	103.1	101.9	101.4	101.9
广 东	102.3	103.1	102.3	101.5	102.3
广 西	102.4	103.0	102.1	101.5	101.6
海 南	101.5	104.8	102.4	101.0	102.8
重 庆	100.8	103.2	101.8	101.3	101.8
四 川	101.7	103.2	101.6	101.5	101.9
贵 州	101.0	102.9	102.4	101.8	101.4
云 南	101.4	103.7	102.4	101.9	101.5
西 藏	101.5	102.2	102.9	102.0	102.5
陕 西	101.2	104.0	101.6	101.0	101.3
甘 肃	101.7	104.1	102.1	101.6	101.3
青 海	100.8	105.4	102.8	102.6	101.8
宁 夏	101.5	104.1	101.9	101.1	101.5
新 疆	100.7	104.3	102.1	100.6	101.4

附录7　主要年份全国及各省(市、区)商品零售价格指数

(上年=100)

地　区	2005	2010	2014	2015	2016
国　家	**100.8**	**103.1**	**100.1**	**101.0**	**100.7**
北　京	99.7	100.4	99.1	98.5	98.1
天　津	99.9	103.4	100.9	100.3	100.5
河　北	101.1	103.1	101	100.2	101.2
山　西	100.3	102.3	100.6	99.3	100.5
内蒙古	101.5	103	100.7	100.5	100.6
辽　宁	100.1	103.2	101	100.5	101.0
吉　林	101.1	104.1	101.2	99.8	101.3
黑龙江	100.4	103.1	100.8	100.1	101.1
上　海	99.4	101.7	100.9	101.1	100.8
江　苏	100.3	103.2	101.6	100.6	100.8
浙　江	100.9	103.9	100.9	99.9	101.0
安　徽	100.6	103.2	100.4	99.7	100.8
福　建	**100.6**	**103.4**	**101.1**	**99.9**	**100.7**
江　西	100.9	102.7	101.2	100.5	100.6
山　东	100.6	102.7	101	100.2	101.3
河　南	101.7	103.7	101	99.8	100.3
湖　北	102.1	103.1	100.9	100.5	100.8
湖　南	102.3	103.1	101.2	99.9	101.0
广　东	101.8	103.3	101.4	99.6	100.8
广　西	101.1	103	101.4	100.1	100.4
海　南	100.9	104.6	101.2	99.8	101.0
重　庆	98.7	101.7	100.9	100.2	101.3
四　川	100.6	103	100.6	100.2	100.8
贵　州	101.3	103	101.2	100.1	100.2
云　南	100.1	103.6	101.6	100.8	100.7
西　藏	100.8	101	102.2	101.4	102.1
陕　西	100.1	103.6	100.7	99.8	100.3
甘　肃	99.9	104.6	101.7	101	100.9
青　海	100.7	104.3	101.5	101	100.4
宁　夏	100.4	103.2	100.9	100.1	100.7
新　疆	99.4	104.6	101.7	99.6	100.5

附录8 主要年份全国及各省(市、区)工业生产者出厂价格指数

(上年=100)

地 区	2005	2010	2014	2015	2016
全 国	**104.9**	**105.5**	**98.1**	**94.8**	**98.6**
北 京	101.3	102.2	99.1	96.9	98.1
天 津	100.1	105.1	96.3	90.3	97.9
河 北	104.4	109.0	95.2	89.1	99.9
山 西	110.2	109.5	91.4	87.7	96.8
内蒙古	105.1	106.7	97.3	94.0	98.9
辽 宁	105.1	107.4	98.2	93.9	98.8
吉 林	104.3	105.2	99.1	95.3	98.4
黑龙江	116.7	115.0	97.1	86.0	95.1
上 海	101.7	102.3	98.9	96.1	98.8
江 苏	102.6	107.3	98.3	95.3	98.1
浙 江	102.3	106.2	98.8	96.4	98.3
安 徽	103.3	109.0	97.4	93.9	98.5
福 建	**100.2**	**103.2**	**98.6**	**97.0**	**99.1**
江 西	108.8	115.3	97.8	93.7	98.6
山 东	103.7	107.2	98.4	95.2	98.5
河 南	106.1	107.8	98.1	95.4	99.0
湖 北	104.5	104.9	98.4	96.7	99.0
湖 南	105.9	106.9	98.4	96.3	98.9
广 东	101.5	103.2	98.9	96.8	99.4
广 西	104.9	112.0	98.4	97.0	99.1
海 南	99.5	107.7	97.6	89.8	96.0
重 庆	103	103.1	98.3	97.2	98.6
四 川	104	105.0	98.7	96.4	98.9
贵 州	107.2	104.7	98.3	96.1	97.9
云 南	104.5	108.8	97.8	94.9	97.6
西 藏		105.8	99.0	93.2	102.9
陕 西	110.4	108.7	97.1	90.8	97.6
甘 肃	109.6	115.0	96.7	87.0	94.9
青 海	110.2	109.4	96.1	93.1	98.5
宁 夏	106.2	109.1	96.3	93.7	99.1
新 疆	116.6	125.3	96.2	82.4	94.5

附录9　全国及各省(市、区)工业生产者购进价格指数(2011-2016年)

(上年=100)

地　区	2011	2012	2013	2014	2015	2016
全　国	**109.1**	**98.2**	**98.0**	**97.8**	**93.9**	**98.0**
北　京	108.4	98.7	97.8	98.8	93.7	98.5
天　津	109.7	97.1	97.4	97.1	92.4	98.3
河　北	110.9	96.2	97.6	95.6	90.3	98.3
山　西	108.1	98.1	95.5	96.2	93.1	98.1
内蒙古	106.1	102.0	99.3	98.4	95.9	97.4
辽　宁	108.3	99.0	98.5	98.0	93.5	97.9
吉　林	106.1	99.3	99.4	99.2	96.6	97.8
黑龙江	111.1	98.8	98.7	97.6	88.2	96.0
上　海	107.5	94.7	96.5	95.9	90.6	97.7
江　苏	108.9	95.8	97.1	97.0	92.1	98.0
浙　江	108.3	96.7	97.7	98.2	94.5	97.8
安　徽	110.8	98.2	96.9	97.2	93.5	98.4
福　建	**108.0**	**97.7**	**98.4**	**98.3**	**96.1**	**98.0**
江　西	112.4	98.3	98.4	98.4	93.6	97.7
山　东	109.2	99.2	98.4	98.2	95.0	98.0
河　南	110.1	99.2	99.3	98.4	95.4	99.2
湖　北	111.5	98.9	98.2	97.8	92.8	98.3
湖　南	110.8	100.1	98.4	97.9	94.5	98.0
广　东	107.3	99.5	98.2	98.8	95.3	98.0
广　西	110.0	99.2	98.9	98.2	95.7	98.3
海　南	115.3	99.6	97.0	99.0	88.5	94.8
重　庆	105.7	99.5	97.6	98.1	97.1	98.4
四　川	112.6	100.0	99.2	98.7	96.7	98.8
贵　州	115.0	102.3	96.4	98.6	97.5	98.5
云　南	108.0	99.3	98.8	99.0	96.9	95.9
西　藏						
陕　西	109.6	100.0	99.3	98.5	95.2	95.9
甘　肃	115.1	98.7	97.8	97.6	87.0	94.6
青　海	107.0	98.6	98.8	97.6	97.7	96.2
宁　夏	112.8	99.5	97.0	97.0	92.1	96.9
新　疆	117.8	97.9	97.8	97.5	84.3	95.5

附录10　主要年份全国及各省(市、区)固定资产投资价格指数

(上年=100)

地　区	2005	2010	2014	2015	2016
全　国	**101.6**	**103.6**	**100.5**	**98.2**	**99.4**
北　京	100.7	102.5	100.0	97.6	99.7
天　津	101.2	102.6	100.5	99.9	99.4
河　北	101.9	103.7	100.2	98.0	99.4
山　西	103	103.7	99.6	98.2	100.0
内蒙古	103.7	105.4	99.8	98.0	99.5
辽　宁	102.8	103.3	99.7	97.9	99.2
吉　林	102	102.4	100.2	97.6	98.7
黑龙江	102.2	105.2	100.0	99.0	99.4
上　海	100.8	103.8	100.5	97.0	99.6
江　苏	100.9	105.1	101.1	96.2	98.8
浙　江	100.3	104.7	100.6	97.4	99.5
安　徽	101	105.4	100.3	96.9	99.2
福　建	**100.7**	**103.3**	**100.4**	**98.3**	**100.0**
江　西	100.5	104.8	100.1	96.8	100.0
山　东	102.9	103.6	100.3	97.7	99.1
河　南	101.4	103.5	100.0	97.6	99.2
湖　北	102.2	104.7	101.0	99.4	100.1
湖　南	103.6	104.0	101.5	100.4	100.4
广　东	101.6	103.0	101.5	99.0	100.3
广　西	101.4	103.0	101.6	98.8	99.5
海　南	101.2	105.2	100.6	99.4	100.1
重　庆	102.3	102.1	100.3	98.2	98.9
四　川	103.9	102.5	100.5	97.9	99.8
贵　州	101.4	102.7	101.1	98.4	98.6
云　南	104.6	102.7	101.0	99.1	100.1
西　藏					
陕　西	103.7	103.6	101.1	98.8	99.9
甘　肃	102.2	103.5	100.1	97.7	98.7
青　海	102.1	103.8	100.9	98.2	99.6
宁　夏	102.1	104.2	100.8	97.5	99.6
新　疆	102.8	104.6	100.3	98.3	99.9

附录11　主要年份全国及各省(市、区)建筑安装工程投资价格指数

(上年=100)

地　区	2005	2010	2014	2015	2016
全　国	**101.8**	**104.9**	**100.6**	**97.3**	**99.4**
北　京	100.5	104.0	98.5	94.4	98.8
天　津	101.4	104.2	100.5	99.6	98.9
河　北	101.8	105.0	100.2	97.1	99.4
山　西	102.7	105.5	99.5	97.7	100.5
内蒙古	104.5	107.3	99.8	97.3	99.6
辽　宁	103.7	104.2	99.3	97.0	99.1
吉　林	102.5	103.2	100.4	96.3	98.6
黑龙江	102.2	106.7	99.9	98.7	99.4
上　海	100.9	106.1	100.3	94.9	99.3
江　苏	99.6	106.9	101.7	93.4	98.3
浙　江	99.3	106.7	100.3	95.4	99.3
安　徽	101	107.5	100.4	95.5	99.3
福　建	**101.1**	**104.9**	**100.4**	**97.6**	**99.8**
江　西	99.2	105.6	100.0	95.4	100.3
山　东	103.7	105.3	100.2	96.6	99.1
河　南	101.3	104.9	100.1	96.5	99.1
湖　北	102.1	105.9	101.1	99.1	100.2
湖　南	104.3	104.8	101.5	100.3	100.7
广　东	102.3	104.3	102.0	98.4	100.4
广　西	101.3	103.8	102.2	98.0	99.4
海　南	101.4	105.5	100.6	99.2	100.4
重　庆	102.2	102.7	100.4	97.5	98.5
四　川	105.3	103.2	100.6	96.4	100.1
贵　州	101.8	103.6	101.3	98.1	98.3
云　南	105.4	103.5	101.2	98.7	100.1
西　藏					
陕　西	103.7	105.3	101.2	98.4	99.8
甘　肃	102.4	105.0	100.2	97.5	98.5
青　海	102.1	104.5	101.1	97.7	99.6
宁　夏	102.2	105.3	101.1	96.9	99.5
新　疆	102.7	105.9	100.2	97.6	99.9

附录12 主要年份全国及各省(市、区)农产品生产者价格指数

地 区	2005	2010	2014	2015	2016
全 国	**101.4**	**110.9**	**99.8**	**101.7**	**103.4**
北 京	103.5	106.5	99.7	99.8	99.7
天 津	103.4	110.2	102.9	100.7	103.0
河 北	102.5	115.1	100.2	97.5	96.8
山 西	103.5	110.2	101.5	95.8	95.2
内蒙古	103.2	111.4	102.7	98.0	95.1
辽 宁	101.5	110.6	101.7	99.5	100.7
吉 林	100.3	111.8	102.9	100.6	93.1
黑龙江	101	109.2	101	98.7	93.6
上 海	105.7	107.1	99.5	102.4	106.6
江 苏	100.3	108.8	101.3	102.3	104.0
浙 江	105.9	114.8	99.5	102.0	104.5
安 徽	98.7	110.8	100.2	99.8	101.0
福 建	**103.9**	**111.5**	**100.3**	**101.2**	**108.3**
江 西	100.5	107.5	100.3	103.7	104.1
山 东	102.9	118.8	100.5	100.1	102.8
河 南	100.7	112.5	97.5	100.7	103.2
湖 北	100.3	112.3	100	99.5	106.2
湖 南	99.5	109.9	98.6	104.1	104.7
广 东	103.5	107.6	102.2	102.3	106.5
广 西	100	107.6	98.1	102.0	106.1
海 南	102.2	107.9	105.6	99.1	106.7
重 庆	100	103.2	100.2	102.4	109.8
四 川	103.2	105.9	99.9	103.3	105.6
贵 州	101.8	106.7	99.5	104.6	108.7
云 南	104	112.5	100.6	101.3	103.9
西 藏					
陕 西	104.9	121.7	102.1	96.3	98.0
甘 肃	103.1	113.8	102.1	99.8	99.2
青 海	103.3	124.3	100	96.1	104.5
宁 夏	103.3	117	98.3	98.4	98.7
新 疆	108.3	131.5	97.8	90.4	107.6